Norbert F. Pötzl
Bismarck

NORBERT F. PÖTZL

BISMARCK

DER WILLE ZUR MACHT

NIKOL
VERLAG

Genehmigte Lizenzausgabe 2020 für
Nikol Verlagsgesellschaft mbH & Co. KG, Hamburg

Satz: Pinkuin Satz und Datentechnik, Berlin
Porträtfoto Otto von Bismarck, Seite 293:
mauritius images/History and Art Collection/Alamy
Umschlaggestaltung: Nele Schütz Design unter
Verwendung von AKG/Anton von Werner,
»Der Kongreß zu Berlin«
Druck: GGP Media GmbH
Printed in Germany

ISBN: 978-3-86820-581-7

Besuchen Sie uns im Internet:
www.nikol-verlag.de

INHALT

WIDERSPRÜCHE

FEHLER

MYTHOS

ANHANG

VORWORT

Selten ist der Lauf der Geschichte so sehr von einer einzelnen Persönlichkeit geprägt worden. Otto von Bismarck wurde, nach vertrödeltem Studium und einer langen Phase der Selbstfindung, mit 36 Jahren als Seiteneinsteiger ohne entsprechende Vorbildung und Qualifikation preußischer Gesandter beim Deutschen Bund; mit 47 war er Ministerpräsident und Außenminister, mit 55 Kanzler des Kaiserreichs, mit fast 75 wurde er aus seinen Ämtern entlassen. Von 1862 bis 1890, fast drei Jahrzehnte lang, hatte er die politische Spitzenposition in Preußen und im Reich inne.

Es waren Jahrzehnte, die alles umwälzten. Bismarck war der Mann des Übergangs zwischen dem 18. und dem 20. Jahrhundert. Als er auf die politische Bühne kam, herrschten Biedermeier und die Restauration des Wiener Kongresses. Als er abtrat, war Deutschland eine führende Industrienation, aber bald auch auf dem Weg in den Ersten Weltkrieg.

Bismarck hat die Geschichte Deutschlands und Europas in seiner langen Regierungszeit entscheidend mitgestaltet. Ob zum Guten oder zum Schlechten – das ist eine Frage, über die sich die Deutschen seit Generationen streiten.

In der ersten Hälfte des 20. Jahrhunderts hat sich der Reichsgründer von 1871 als politische Ikone in das kollektive Gedächtnis eingegraben. Bismarck galt als der deutsche Nationalheld schlechthin. Die tonangebenden Historiker glorifizierten den erzreaktionären Staatsmann als charismatischen Führer, als außenpolitisches Genie und Schöpfer des Einheitsstaates; die innenpolitischen Irrwege und Bismarcks autoritäres Regime, das die in anderen Ländern voranschreitende Demokratisierung in Deutschland blockierte, wurden von seinen Verehrern ausgeblendet.

Nach dem Zweiten Weltkrieg veränderte sich das Bismarckbild rasch. Nun dominierten die negativen Aspekte: Bismarcks Skrupellosigkeit im politischen Handeln, seine charakterlichen Defizite im Umgang mit Freunden und Feinden, die Ablehnung des parlamentarischen Systems – man sprach sogar vom »Dämon der Deutschen« (Johannes Willms), dessen Politik Adolf Hitler den Weg geebnet habe.

Ist also über Bismarck nicht alles gesagt und geschrieben? In der Tat gibt es unzählige dickleibige, detailverliebte Bismarck-Biographien und gelehrte Abhandlungen über das von ihm geschaffene Reich und die Folgen seiner Politik. Allein in den vergangenen dreieinhalb Jahrzehnten wurden vier große Lebensbeschreibungen des »Eisernen Kanzlers« veröffentlicht, die dessen Leistungen und Schwächen akribisch ausgelotet haben.

Der Frankfurter Historiker Lothar Gall publizierte 1980 die erste große, wissenschaftlich fundierte Bismarck-Biographie mit dem programmatischen, von Henry Kissinger entlehnten Untertitel »Der weiße Revolutionär«. Michael Stürmer schrieb über Bismarck damals in einer Rezension: »Bis heute wissen die Deutschen nicht, ob sie sich seiner mit Stolz erinnern sollen oder ob nicht schon, wie Friedrich Meinecke nach dem Zweiten Weltkrieg andeutete, die Wendung vom ›Heilvollen‹ zum ›Unheilvollen‹ mit ihm und seinem Tun ursächlich zusammenhing.«[1]

Der Marxist Ernst Engelberg, der damals in Ost-Berlin lehrte, publizierte sein Opus magnum 1986 und 1990 in zwei Bänden mit insgesamt fast 1600 Seiten. Darin näherte er sich Bismarck »manchmal sogar mit recht generöser Sympathie«.[2]

Der amerikanische Historiker Otto Pflanze legte sein 1990 in den USA erschienenes Werk sogar in drei Bänden an; die zweibändige deutsche Ausgabe umfasst mehr als 1700 Seiten. Sie vermittelt mit ihrer bisweilen psychoanalytischen Sicht auf die Lebensgewohnheiten Bismarcks ein besonders plastisches Bild von dem »hysterischen Koloss« (Thomas Mann).

Auf ganz eigene Weise näherte sich Jonathan Steinberg 2011 seinem Protagonisten: Der US-Historiker charakterisierte Bismarck »anhand Dutzender zeitgenössischer Erinnerungen von Leuten, die sehr persönliche Gründe hatten, Bismarck zu lieben, zu fürchten oder zu hassen«.[3]

Warum mit diesem Buch also noch eine Bismarck-Biographie? Weil sie anders ist. Weil sie sich auf das Wesentliche im Leben und Wirken Bismarcks konzentriert. Sie zeichnet in thematisch gegliederten Querschnittskapiteln die bedeutendsten Ereignisse nach und erhellt die wichtigsten Zusammenhänge. So will diese Lebensbeschreibung durch das Dickicht der Bismarck-Historiographie eine Schneise schlagen und den Blick öffnen auf die Kernpunkte und Kernfragen. Dabei schöpft sie aus der gesamten voluminösen Bismarckforschung.

Erstaunlicherweise ist ja die Faszination, die von der Person Bismarck ausgeht, immer noch ungebrochen. Doch worauf beruht diese Faszination? Ein wesentlicher Faktor, wenn nicht der wesentlichste, war Bismarcks Wille zur Macht, seine enorme Durchsetzungs- und Gestaltungskraft, die Steinberg das »souveräne Selbst« nennt. Dieser Wille zur Macht, Bismarcks zentrale Charaktereigenschaft, zieht sich als roter Faden durch sein Leben – und auch durch dieses Buch.

In jüngerer Zeit rückte Bismarck vor allem durch die wiedergewonnene deutsche Einheit erneut ins Blickfeld. Als im Herbst 1989 die Berliner Mauer fiel, sorgten sich viele Beobachter im In- und Ausland, dass in einem vereinigten

Deutschland die Mythen des deutschen Nationalismus neu belebt würden. Manche sahen bereits die alte Großmannssucht der wilhelminischen Kaiserzeit wieder heraufziehen.

Doch die öffentlich ausgetragene Kontroverse über Parallelen und Divergenzen zwischen der Reichsgründung 1871 und der Wiedervereinigung von 1990 flaute rasch wieder ab. Es setzte sich die Erkenntnis durch, dass die neue Berliner Republik in ihrer Verfassung, ihrer außenpolitischen Orientierung und ihrer politischen Kultur kaum Gemeinsamkeiten mit dem Bismarckreich aufweist. Von dem ersten deutschen Nationalstaat unterscheidet den zweiten vieles – nämlich alles, was das Bismarckreich zu einem Militär- und Obrigkeitsstaat gemacht hat.

Bismarck ist Geschichte. Je größer der zeitliche Abstand, desto nüchterner und vorurteilsfreier kann man Leben und Charakter des Staatsmannes, seine Erfolge, Fehler und Widersprüche beschreiben. Das sind auch die Gesichtspunkte, nach denen diese Biographie gegliedert ist, abgerundet durch eine Betrachtung des Mythos, der schon zu Bismarcks Lebzeiten einsetzte und lange über seinen Tod hinausreichte. Mittlerweile polarisiert die Bismarckdeutung längst nicht mehr so stark wie einst, trotzdem bleibt die Beschäftigung mit diesem großen Staatsmann lehrreich. An Bismarcks Lebensgeschichte können auch wir Heutigen noch ablesen, wie man Macht gewinnt, erhält und verliert.

LEBEN

Das Elternhaus

Er war stolz darauf, ein preußischer Junker zu sein. Gern prahlte Otto von Bismarck mit seiner bis ins 13. Jahrhundert zurückreichenden Ahnenreihe, obwohl es ihm nie in den Sinn kam, selbst in alten Familiendokumenten, genealogischen Tafeln oder gar in staatlichen Akten zu forschen.[4] Aber die Hinterlassenschaften seiner Vorfahren, die Gutshäuser, Möbel, Ahnenbilder und Grabsteine, vermittelten dem am 1. April 1815 in Schönhausen in der Altmark geborenen Otto von Bismarck ein Bewusstsein seiner feudalen Herkunft.

Seiner Braut Johanna von Puttkamer suchte Bismarck 1847 zu imponieren, indem er ihr »einigermaßen stolz« von dem »langjährigen Walten des konservativen Prinzips hier im Hause« vorschwärmte, »in welchem meine Väter seit Jahrhunderten in denselben Zimmern gewohnt haben, geboren und gestorben sind, wie die Bilder im Hause und in der Kirche sie zeigen«.[5] Der Ort Schönhausen bei Stendal, 70 Kilometer nördlich von Magdeburg am östlichen Ufer der Elbe, war seit 1562 in Familienbesitz. Das Schloss I, ein barockes Herrenhaus, in dem Bismarck zur Welt kam, wurde um 1700 vollendet;[6] das Schloss II, ab 1729 erbaut, gehörte einem anderen Zweig der Bismarck-Familie und musste 1830 wegen Überschuldung verkauft werden.

Die preußischen Junker waren die Nachfahren der Ministerialen und Militärführer, die im späten Mittelalter als Begleiter von Fürsten und Ordensrittern Elbe und Saale überschritten hatten, um slawisches Gebiet zu erobern. Für ihre Dienste bei der Kolonisation waren sie mit Land belehnt worden. Aus ihnen entstand die dominierende Oberschicht, die später die Geschicke des preußischen Staates lenken sollte.[7] Noch das Allgemeine Landrecht von 1794, das bis zum Jahr 1900 die Grundlage des privaten und öffentlichen Rechts in Preußen war, bezeichnete den Adel als »ersten Stand im Staate«, dem »die Verteidigung des Staates sowie die Unterstützung der äußeren Würde und inneren Verfassung desselben« hauptsächlich obliegen sollten.[8]

Dieses Erbe prägte Bismarck. Für ihn war die Junkerklasse mit Heer und Staatsverwaltung fest verschmolzen, dem Staat zu dienen war oberstes Gebot. Die Schranken zwischen Adel und Bürgertum wurden quasi als naturgesetzlich empfunden, die Junker übten eine fast uneingeschränkte Herrschaft auf ihren Gütern aus und bestimmten den militärischen Ehrenkodex.[9]

Zu Ottos Leidwesen war sein Vater, Ferdinand von Bismarck, keine besondere Zierde seiner Kaste. Er war ein einfacher Leutnant außer Diensten, etwas exzentrisch, derb und dickfellig, träge und nicht sehr tüchtig. Otto konnte in ihm nicht das starke männliche Vorbild sehen, das er sich gewünscht hätte, und er schämte sich für seinen Vater, wenn dieser sich wieder einmal ungehobelt benahm.[10] Dabei liebte er ihn wirklich, wie er seiner Verlobten schrieb, und er fühlte »Reue über mein Benehmen gegen ihn«.[11]

Die gesellschaftliche Trennlinie zwischen Adel und Bürgertum verlief mitten durch Ottos Elternhaus. Ferdinand von Bismarck hatte 1806 eine Bürgerliche geheiratet. Wilhelmine

Mencken stammte aus einer Familie von angesehenen Gelehrten und hohen Beamten. Ihr Vater, Anastasius Ludwig Mencken, ein Mann von aufklärerischer Denkungsart und kritischem Scharfsinn, war unter Friedrich dem Großen Kabinettssekretär sowie unter dessen Nachfolgern Friedrich Wilhelm II. und Friedrich Wilhelm III. Kabinettsrat gewesen. Doch in den Adelsstand wurde der begabte und gebildete Staatsdiener nicht erhoben.[12]

Wilhelmine war erst zwölf, als ihr Vater 1801 starb. Mencken hätte es wohl kaum gutgeheißen, dass seine einzige Tochter, das jüngere seiner beiden Kinder, diesen gewöhnlichen, 18 Jahre älteren Mann heiratete. Aber als junge Frau ohne Vermögen hatte sie keine Wahl.[13] Von der Berliner Hofgesellschaft wurde Wilhelmine geschnitten, wie ihre Nichte Hedwig von Bismarck berichtete: Ihr fehlte das »von« vor dem Namen und das »argent in der poche« – das Silber in der Börse.[14] Sie hat »die schwärmerische Leidenschaft ihres Bewerbers nicht erwidert und nur auf Zureden ihrer Familie ihr Jawort gegeben«.[15]

Die schwierige Verbindung dieses geistig und charakterlich so unterschiedlichen Paares entwickelte eine Dynamik, die sich auch auf Otto von Bismarcks spätere Gewohnheiten und Einstellungen auswirkte. Er verachtete Männer, die sich von ihren Frauen beherrschen ließen, hatte keine hohe Meinung von Intellektuellen, misstraute »Geheimräten«, wie sein Großvater mütterlicherseits einer gewesen war, er sehnte sich nach dem Landleben und hatte eine Abneigung gegen Städte.[16]

Während er von der Lethargie seines Vaters nur enttäuscht war, verband ihn mit seiner Mutter eine lebenslange Hassliebe. »Meine Mutter«, schrieb Bismarck seiner Braut, »war eine schöne Frau, die äußere Pracht liebte, von hellem lebhaftem Verstande, aber wenig von dem, was der Berliner Gemüt nennt. Sie wollte, dass ich viel lernen und viel werden sollte, und es schien mir oft, dass sie hart, kalt gegen mich sei. Als kleines Kind hasste ich sie, später hinterging ich sie mit Falschheit und Erfolg.«[17]

Am Tag nach Ottos Geburt meldete der Vater in Berliner Zeitungen nicht nur das freudige Ereignis, sondern verkündete auch stolz, »dass des Königs Majestät aus allerhöchsteigenem Beweggrunde geruhet« habe, ihm »den Johanniter-Orden und den Charakter als Rittmeister allergnädigst zu erteilen«.[18] Otto hatte einen älteren Bruder (Bernhard, geboren 1810) und eine jüngere Schwester (Malwine, geboren 1827); drei weitere Geschwister überlebten die frühe Kindheit nicht.

Im Frühjahr 1816 übersiedelte Ferdinand von Bismarck mit seiner Familie nach Hinterpommern auf das von der Witwe eines Vetters äußerst günstig erworbene Gut Kniephof samt den benachbarten Gütern Jarchlin und Külz, ohne dass er Schönhausen aufgab.[19] Otto liebte Kniephof, wo er »fast immer in freier Luft oder in den Ställen« war.[20]

Aber die unbeschwerte Kindheit währte nicht lange. Adlige ließen schon aus Dünkel nicht zu, dass ihre Söhne zusammen mit den Bauernkindern in der Dorfschule unterrichtet wurden, und die bildungsbeflissene Mutter drängte darauf, dass ihre Jungen eine renommierte Erziehungsstätte in Berlin besuchen. Ottos Bruder Bernhard war bereits im Knabeninternat der Plamannschen Lehranstalt, als 1822 auch Otto dort eingeschult wurde. Ferdinand von Bismarck verpachtete seine Güter und zog mit seiner Familie in die Stadt, wo er ohnehin eine Wohnung besaß.[21]

Schulzeit und Studium

Die Plamannsche Lehranstalt folgte ursprünglich den Grundsätzen des Schweizer Reformpädagogen Johann Heinrich Pestalozzi. Als Otto dort eintrat, hatte die Schule indes den Charakter einer zivilen Kadettenanstalt angenommen: Es herrschte eine strenge Disziplin, das Essen war schlecht und karg, die Erziehung spartanisch. Die Schule war aber immer noch geprägt von patriotisch gesinnten Lehrern, die für die nationalstaatliche Einigung der 35 Fürstentümer und vier freien Städte in Deutschland eintraten. National zu sein war gleichbedeutend mit einer liberalen, fortschrittlichen, antifeudalen Einstellung.

Das berühmteste Mitglied des Plamannschen Lehrerkollegiums war der »Turnvater« Friedrich Ludwig Jahn gewesen, der Initiator der deutschen Turnbewegung, die eng mit der Nationalbewegung verbunden war. Doch 1819, drei Jahre vor Bismarcks Schuleintritt, war Jahn als »Demagoge« verurteilt worden und hatte nun eine fünfjährige Festungshaft abzusitzen. Wilhelmine von Bismarck wählte die Schule wohl wegen deren liberaler Tradition für ihre Söhne aus.[22]

Die Lehrer, erzählte Bismarck später, seien »demagogische Turner« gewesen, »welche den Adel hassten«.[23] Spöttisch vermerkte er in seinen Erinnerungen: »Die Auffassungen, die ich mit der Muttermilch einsog, waren eher liberal als reaktionär.« Auch aus der Plamannschen Anstalt habe er »deutschnationale Eindrücke« mitgenommen, doch seien diese »nicht stark genug« gewesen, »um angeborne preußisch-monarchische Gefühle auszutilgen«. Bismarck hielt fest: »Meine geschichtlichen Sympathien blieben aufseiten der Autorität.«[24]

Man habe ihm seine Kindheit »in der Plamannschen Anstalt verdorben, die mir wie ein Zuchthaus vorkam«, klagte

Bismarck noch 1864, als fast 50-Jähriger, gegenüber seinem Freund Robert von Keudell. Erst später, als Bismarck aufs Gymnasium und in eine Privatpension kam, fand er seine »Lage erträglich«.[25] Er besuchte das Friedrich-Wilhelm-Gymnasium und das Gymnasium zum Grauen Kloster. Harmlose Unfälle beim Reitsport boten ihm einen Vorwand, den Unterricht bisweilen zu schwänzen. In seinem Entlassungszeugnis wurde in der Rubrik Fleiß vermerkt: »War zuweilen unterbrochen, auch fehlte seinem Schulbesuch unausgesetzte Regelmäßigkeit.«[26]

Seinen Schulabschluss charakterisierte Bismarck ironisch in dem berühmten ersten Satz seiner *Gedanken und Erinnerungen*: »Als normales Produkt unsres staatlichen Unterrichts verließ ich Ostern 1832 die Schule als Pantheist, und wenn nicht als Republikaner, doch mit der Überzeugung, dass die Republik die vernünftigste Staatsform sei, und mit Nachdenken über die Ursachen, welche Millionen von Menschen bestimmen könnten, *Einem* dauernd zu gehorchen, während ich von Erwachsenen manche bittere oder geringschätzige Kritik über die Herrscher hören konnte.«[27]

Als jüngerer Sohn einer adligen Familie hatte Bismarck die Wahl zwischen zwei Laufbahnen. Er konnte Offizier in der preußischen Armee werden oder höherer Beamter in der Verwaltung oder im diplomatischen Dienst. Das Militär mit seiner strengen Disziplin reizte Bismarck nicht. Um zum höheren Verwaltungsdienst zugelassen zu werden, musste man in Preußen Rechts- und Staatswissenschaften studieren und dann einige Jahre als unbezahlter Referendar oder »Auskultator« dienen.[28]

Am 10. Mai 1832 immatrikulierte sich der gerade 17-jährige Bismarck an der Universität in Göttingen, um dort nach dem Willen seiner Mutter Jura zu studieren. Göttingen lag im Königreich Hannover, das mit Großbritannien in Personalunion verbunden war. Daher studierten dort auch viele Engländer und Amerikaner. Dieser Umgang, hoffte die ehrgeizige Mutter, würde dem Sohn für sein berufliches Fortkommen nützlich sein.[29]

Doch die drei Semester in Göttingen verbummelte Bismarck, für seine spätere Karriere tat er wenig. Von der Tagespolitik nahm er kaum Notiz. Während er unbeschwert in den Tag hinein lebte, versammelten sich am 27. Mai 1832 vor der Schlossruine bei Hambach mehr als 20000 national und liberal gesinnte Bürger, unter ihnen viele Studenten, um für eine politische Erneuerung Deutschlands zu demonstrieren.

Er sei, schrieb Bismarck in seinen Memoiren, »zunächst zur Burschenschaft in Beziehung« getreten, da diese »die Pflege des nationalen Gefühls als ihren Zweck bezeichnete«. Nachdem er aber einige Mitglieder persönlich kennengelernt habe, hätten ihm »ihre Weigerung, Satisfaktion zu geben, und ihr Mangel an äußerer Erziehung und an Formen der guten Gesellschaft« missfallen, »bei näherer Bekanntschaft auch die Extravaganz ihrer politischen Auffassungen, die auf einem Mangel an Bildung und an Kenntnis der vorhandenen, historisch gewordenen Lebensverhältnisse beruhte«.[30]

Die Ablehnung begründete Bismarck also in erster Linie mit der Verweigerung des Duells – eines typischen Kennzeichens der Korpsstudenten. Umgehend schloss sich Bismarck einer schlagenden Verbindung, der Hannovera, an. Bei den akademischen Fechtern pflegte er freilich nicht die »Formen der guten Gesellschaft«, deren Verletzung er den Burschenschaftern vorwarf; vielmehr beteiligte er sich leidenschaftlich an den dort üblichen Raufereien und Saufgelagen.[31] Bei 25 Mensuren erhielt er insgesamt sieben »kommentmäßige Blutige«; von den Schnitten blieb jedoch nur einer als Schramme an der Oberlippe sichtbar, die Bismarck später mit seinem Walrossschnauzbart verdeckte.[32]

Sein amerikanischer Kommilitone John Lothrop Motley, mit dem sich Bismarck anfreundete, nannte das Duellieren einen albernen Brauch, »der nur in Deutschland möglich ist«. Die national gesinnten Burschenschafter verabscheute er jedoch wie Bismarck als »Abschaum der Universität«.[33]

Motley, der später US-Diplomat wurde und bis zu seinem Tod 1877 einer der wenigen persönlichen Freunde Bismarcks blieb, veröffentlichte 1839 einen Schlüsselroman unter dem Titel *Morton's Hope*. Zwar war Bismarck nicht, wie Motleys Romanheld Otto von Rabenmark, ein begnadeter Musiker oder außergewöhnlicher Linguist, obwohl er fließend Englisch und Französisch parlieren konnte; aber wie Rabenmark war auch Bismarck ein verwegen und provokativ auftretender junger Mann, der ständig in Ehrenhändel verstrickt war und Duelle ausfocht.[34] In der Stadt erregte der hochgewachsene Bismarck Aufsehen, wenn er in einer Art Schlafrock, der bis zum Boden reichte, mit seinem riesigen schwarzgelben Hund spazieren ging. »Ich werde entweder der größte Lump oder der erste Mann Preußens«, soll er zu Korpsbrüdern gesagt haben.[35]

Motley begeisterte seinen Freund für die englischen Dichter Lord Byron und William Shakespeare. Durch deren Lektüre vertiefte Bismarck nicht nur seine Englischkenntnisse, von Shakespeare übernahm er auch dessen plastische Bildersprache. In Byron, mit seinem kühnen Titanentrotz und leidenschaftlichen Streben nach Unabhängigkeit, erkannte er einen Seelenverwandten. »Was ist Demokratie?«, fragte Byron und gab die gewiss auch Bismarck gefällige Antwort: »Eine Aristokratie von Lumpengesindel.« Shakespeare zitierte er oft, nicht den betrogenen Othello, den vom schlechten Gewissen geplagten Macbeth oder den grüblerischen Hamlet, sondern den autokratischen römischen Kriegshelden Coriolanus, einen ehrgeizigen und ruhmsüchtigen Patrioten, der sein Volk hochmütig als eine »schmutzige, wankelmütige Menge« beschimpft.[36] Schiller, speziell dessen *Wallenstein*, mochte er lieber als Goethe. Den Weimarer »Fürstendiener« hielt er, wie später berichtet wurde, »für einen echten Bürokraten, der stolzer auf seine Ministerwürde als auf sein Dichtertalent war«.[37] Über einige Figuren Goethes wie Tasso oder Egmont schrieb Bismarck, es seien »schwache, weichliche, sentimentale Menschen, keine Männer wie bei Shakespeare«.[38]

Die einzige Vorlesung, die Bismarck in Göttingen regelmäßig und mit wachsendem Interesse besuchte, war die des schon 71-jährigen Historikers Arnold Heeren. In seinen Vorträgen gab der Gelehrte einen Überblick über die Geschichte der europäischen Hauptmächte seit der Völkerwanderung und vermittelte eine allgemeine historische Staatslehre. Heeren hatte auch ein »Handbuch« veröffentlicht, in dem er aufzeigte, wie sich aus der wachsenden wechselseitigen Abhängigkeit der einzelnen Staaten und Regionen des Kontinents schließlich nach langen Kämpfen ein funktionierendes System zwischenstaatlicher Beziehungen entwickelt habe. Dieses System mache die Beziehungen der Staaten untereinander berechenbar – unter der Voraussetzung, dass die Vertragspartner sich an gewisse Grundregeln hielten und nicht versuchten, das System einseitig zu sprengen.[39]

»Was ich etwa über auswärtige Politik dachte, mit der das Publikum sich damals wenig beschäftigte, war im Sinne der Freiheitskriege, vom preußischen Offiziersstandpunkt gesehen«, erinnerte sich Bismarck später. »Beim Blick auf die Landkarte ärgerte mich der französische Besitz von Straßburg, und der Besuch von Heidelberg, Speyer und der Pfalz stimmte mich rachsüchtig und kriegslustig.«[40]

Im September 1833 verließ Bismarck Göttingen, um sein Studium, nun doch zielstrebig, in Berlin fortzusetzen. Aber auch hier mied er die Hörsäle, sein Examenswissen erwarb er beim Repetitor. Offenbar hatten ihm seine Eltern ernsthafte Vorhaltungen gemacht und schließlich kategorisch verlangt, er solle Offizier werden; sie schienen zu zweifeln, dass er sein Examen jemals bestehen würde. Da er zum Militärdienst keine Neigung empfand, bekundete er die entschiedene Absicht, »den sehr achtungswerten Charakter eines Rechtskandidaten mit dem eines kgl. Beamten ... zu vertauschen« und »das diplomatische Examen zu machen«.[41]

Seinem Korpsbruder Gustav Scharlach beschrieb er im April 1834, was aus ihm wohl werden würde, wenn er sich gegen den Eintritt in den Staatsdienst entschiede und auf die väterlichen Güter zurückkehrte. In diesem Fall werde er sich »einige Jahre mit der rekrutendressierenden Fuchtelklinge amüsieren, dann ein Weib nehmen, Kinder zeugen, das Land bauen und die Sitten meiner Bauern durch unmäßige Branntweinfabrikation untergraben«. Wenn Scharlach dann »in zehn Jahren einmal in die hiesige Gegend kommen« sollte, werde er »hier einen fettgemästeten Landwehroffizier finden, einen Schnurrbart, der schwört und flucht, dass die Erde zittert, eine große Abscheu vor Franzosen hegt und Hunde und Bedienstete auf das Brutalste prügelt, wenn er von seiner Frau tyrannisiert worden« ist.[42] Bismarck karikierte damit ironisch sein eigenes soziales Milieu. Er mimte in jungen Jahren gern den etwas vertrottelten Krautjunker aus der Provinz.[43]

Mit seinem Ausblick auf die eigene Zukunft lag der spätere Reichskanzler jedoch vollkommen daneben. Im Sommer 1834 lernte Bismarck zufällig den jungen Leutnant Albrecht von Roon kennen, durch dessen Protektion er 28 Jahre später Ministerpräsident von Preußen werden sollte. Roon, Absolvent der prestigeträchtigen Kriegsakademie und zwölf Jahre älter als Bismarck, arbeitete in Pommern gerade daran, die Landschaft für den Generalstab zu kartographieren. Er bat seinen Neffen Moritz von Blanckenburg, ihm dabei zu helfen und noch jemanden mitzubringen. So entstand Bismarcks Beziehung zu Roon, denn Blanckenburg war sein bester Freund seit gemeinsamen Berliner Schultagen im Grauen Kloster.[44]

Der Landjunker

Im Mai 1835 legte Bismarck sein erstes juristisches Examen ab. Der Dienst als Auskultator am Berliner Kammergericht, in dem es galt, »die Verbrechen der Berliner ans Licht zu ziehen und zu bestrafen«,[45] gefiel ihm jedoch bald nicht mehr. Durch Beziehungen schaffte er es, zur Vorbereitung auf den diplomatischen Dienst im Juli 1836 als Referendar beim Regierungspräsidenten von Aachen im preußischen Rheinland angestellt zu werden.[46]

Auch diese Tätigkeit langweilte ihn rasch, und er stürzte sich in amouröse Abenteuer. Nacheinander verliebte er sich in zwei junge englische Frauen. Um bei ihnen und ihren Familien Eindruck zu schinden, leistete er sich verschwenderische Extravaganzen wie Champagnerdiners und stieg in den teuersten Hotels ab.[47] Der aberwitzig selbstbewusste märkische Landjunker ließ sich von Reichtum und Lebensart der englischen Aristokratie blenden.[48]

Die Versuche, seine dadurch angehäuften Schulden in Spielkasinos zu vermindern, scheiterten und verschlimmerten seine Lage. Weil er unerlaubt mehrere Monate dem Dienst fernblieb, wurde der disziplinlose Bonvivant entlassen. Ein knappes halbes Jahr setzte er den Verwaltungsdienst in Potsdam fort, dann kehrte er, Ende September 1837, auf das hinterpommersche Gut Kniephof zurück, »arm im Beutel, krank am Herzen«.[49]

Anfang 1838 versuchte Bismarck, sich wegen angeblicher »Muskelschwäche« vor dem Militärdienst zu drücken; schließlich meldete er sich als Einjährig-Freiwilliger zu einem Jäger-Bataillon nach Greifswald. Diese verkürzte Ausbildung für bessergestellte Absolventen höherer Schulen bot die Möglichkeit, Reserveoffizier zu werden. Trotz des unrühmlichen Versuchs, die Wehrpflicht zu umgehen, hatte Bismarck später ein Faible für Uniformen. Nachdem er 1866 nach der Schlacht von Königgrätz zum Generalmajor ernannt worden war, trug er ständig Militärkleidung. Im Deutsch-Französischen Krieg verspottete ihn ein Generalstäbler deshalb als »Zivilist im Kürassierrock«.[50]

Im Spätsommer 1838 entschloss sich Bismarck, den Staatsdienst endgültig zu quittieren und sich ganz der Landwirtschaft zu widmen. Als Verwalter der väterlichen Güter hoffte er, seine immensen Schulden abbauen zu können. Allerdings waren die Latifundien – Schönhausen, Kniephof, Külz, Jarchlin – mit hohen Hypotheken belastet. Bismarcks Flucht aufs Land behob deshalb seine finanziellen Sorgen nicht. Selbst wenn er keine neuen Schulden gemacht hätte, wäre er den größten Teil seines Lebens damit beschäftigt gewesen, die Hypotheken durch profitable Bewirtschaftung seiner Güter zu tilgen.[51]

Eine Cousine, die 17 Jahre ältere Caroline von Bismarck-Bohlen, beschwor ihn, seine Karriere im Staatsdienst nicht aufzugeben. Ihr schrieb er: »Der preußische Beamte gleicht dem Einzelnen im Orchester; mag er die erste Violine oder den Triangel spielen: ohne Übersicht und Einfluss auf das Ganze, muss er sein Bruchstück abspielen, wie es ihm gesetzt ist, er mag es für gut oder schlecht halten. Ich will aber Musik machen, wie ich sie für gut erkenne, oder gar keine.«[52] Diese Aussage erschien Bismarck so bedeutend, dass er Abschriften des Briefes auch seinem Vater und seinem Bruder sowie, Jahre später, seiner Verlobten Johanna von Puttkamer schickte.

In dem Brief gab Bismarck zwar viele Gründe an, warum er aus dem Staatsdienst ausscheiden und Gutsherr werden wollte, verschwieg aber den wichtigsten: dass ihm das Wasser bis zum Halse stand. Erst seiner Braut gestand er 1847, dass die »ganz enorme Summe von Schulden«, deren Ausmaß er seinen Angehörigen verheimlichte, »ein Hauptgrund« für seinen Weggang aus Aachen gewesen sei.[53]

Am Neujahrstag 1839 starb Bismarcks Mutter kurz vor ihrem fünfzigsten Geburtstag an einem Krebsleiden. Es ist bemerkenswert, dass Bismarck seine Absicht, den Staatsdienst zu verlassen, erst jetzt, nach ihrem Tod, verwirklichte. Ostern 1839 zog er nach Kniephof und wurde Vollzeitlandwirt; von dort aus leitete er bis 1841 gemeinsam mit seinem Bruder Bernhard die pommerschen Güter.

Anfangs gefiel sich Bismarck in seiner neuen Rolle als Gutsherr. Er hatte niemandem zu gehorchen, konnte über sein Land und seine Leute gebieten. Preußische Landjunker waren kleine Könige. Sie saßen über ihre Bauern, die sie Untertanen nannten, zu Gericht, sie beriefen Pastoren und Schulmeister, und sie hatten die Polizeigewalt inne. Allen Versuchen, diese feudalen Relikte zu beseitigen, widersetzte sich Bismarck im kommenden Jahrzehnt noch verbissener als viele seiner Standesgenossen.

Die pommerschen Rittergüter waren groß, die Entfernungen zwischen den Herrenhäusern immens. Zwar besuchte Bismarck gelegentlich die junkerlichen Nachbarn und sie ihn, wobei er seine Gäste stets mit freundlicher Kaltblütigkeit unter den Tisch soff, oder er ging mit ihnen zur Jagd; die meiste Zeit aber verbrachte er einsam auf seinem Gut. Er las viel, vor allem englische Romanliteratur und zeitgenössische Lyrik, aber er sprach auch reichlich dem Alkohol zu.

Über seine Eskapaden, die ihm den Ruf als »toller Junker« eintrugen, erzählte man sich in der ganzen Gegend wilde Geschichten. Er machte sich ein Vergnügen daraus, seine adligen Nachbarn mit ungebührlichem Benehmen zu provozieren. Einmal weckte er Bekannte, die bei ihm übernachteten, mit Pistolenschüssen durch das geschlossene Fenster.[54] Er war ein schlechter, aber verwegener Reiter, der bei einigen seiner vielen Stürze Gehirnerschütterungen und Rippenbrüche davontrug. Über seine gelegentlichen Romanzen wurde viel gelästert.[55]

Doch hinter der Maske des Draufgängers verbarg sich ein einsamer, ruheloser und mit sich selbst hadernder Mann. Die Missstimmung und Ziellosigkeit versuchte er 1842 durch monatelange Reisen durch England, Frankreich und die Schweiz zu bekämpfen. »Um etwas Veränderung in die Dekoration meiner Komödie zu bringen«, erwog er sogar, wie er einem Freund anvertraute, eine Reise nach Indien zu unternehmen und »einige Jahre Asiat zu spielen«.[56]

Im Mai 1844 wollte es Bismarck noch einmal mit der Beamtenlaufbahn versuchen und stellte in Potsdam den Antrag, seinen Vorbereitungsdienst fortsetzen zu dürfen. Diesmal hielt er es jedoch nur knapp zwei Wochen aus und kehrte aus einem Urlaub nicht zurück.[57] Seinem Korpsbruder Scharlach beschrieb er die preußische Bürokratie als »krähwinkelig« und »lächerlich«.

Bis zu seinem 30. Lebensjahr hatte Bismarck also nichts Rechtes zuwege gebracht. Seine Versuche, als nützliches Mitglied der Gesellschaft Fuß zu fassen, waren allesamt gescheitert; weder war es ihm gelungen, im Staatsdienst zu reüssieren, noch fand er Erfüllung im Landjunkerleben.[58]

Eine unerwartete Begegnung veränderte sein Leben. Im Februar 1843 lernte Bismarck bei einem Besuch des benachbarten Gutsherrn Adolf von Thadden-Trieglaff dessen 20-jährige Tochter Marie kennen. Er verliebte sich in die junge Frau und sie sich auch in ihn. Aber Marie war seit einem halben Jahr mit Moritz von Blanckenburg verlobt, dem Schulfreund Bismarcks. Für sie kam es nicht in Frage, das Verlöbnis zu lösen. »Wäre sie frei gewesen«, meint der Bismarck-Biograph Jonathan Steinberg, hätte der Junker aus Schönhausen »möglicherweise Deutschland nicht vereinigt, so lächerlich das klingen mag«.[59]

Maries Vater war das Oberhaupt einer pietistischen Erweckungsbewegung in Pommern, die nach den Befreiungskriegen gegen Napoleon innerhalb der lutherischen Kirche entstanden war. Sie wurde angeführt von Adligen, die glaubten, dass Gott auch ohne priesterliche Vermittlung zu erreichen sei; Laienprediger hielten Andachten und Bibellesungen in Privathäusern ab. Zu den Mitbegründern der Bewegung zählten die Brüder Leopold und Ludwig von Gerlach; der eine war zu jener Zeit Chef des Generalstabs des III. Armeekorps und ab 1849 Generaladjutant des Königs Friedrich Wilhelm IV., der andere ab 1844 Präsident des Oberlandes- und Appellationsgerichts in Magdeburg.

Bismarck erkannte die Chance, durch diese Kontakte seiner Karriere einen Schub zu geben. Tatsächlich wurden die Brüder Gerlach von 1847 an seine politischen Mentoren und Kampfgefährten. 1851 sollten sie den König, zu dem sie direkten Zugang hatten, dazu bewegen, den 36-Jährigen, der weder über Qualifikation noch Erfahrung verfügte, auf den wichtigsten diplomatischen Posten in Deutschland zu berufen: den des preußischen Gesandten beim Bundestag, dem obersten Organ des Deutschen Bundes in Frankfurt am Main. Die Gerlachs haben Bismarck zum Politiker aufgebaut, vor allem Leopold betrachtete ihn als sein Geschöpf. Sie hatten sich jedoch, wie sich erweisen sollte, in ihm getäuscht. Als Bismarck seine wahren Ziele und Methoden offenbarte, erkannten die Gerlach-Brüder, dass sie einem Mann zur Macht verholfen hatten, der ihre Prinzipien nicht wirklich teilte.

Die Lebensanschauungen der pommerschen Pietisten, ihre strenge Askese und unkritische Bibelgläubigkeit wie auch die äußeren Formen ihrer Frömmigkeit – all das war Bismarck in Wirklichkeit ganz fremd. Zwei Gründe gab es, warum er dennoch in diesem Kreis verkehrte: die Protektion der Gerlachs und die intensiver werdende freundschaftliche Bindung an Moritz von Blanckenburg und dessen Braut Marie.[60]

Bei deren Hochzeit am 4. Oktober 1844 sah Bismarck zum ersten Mal Johanna von Puttkamer, eine Freundin Maries, ebenfalls aus streng pietistischem Haus. Sie war das einzige Kind eines pommerschen Landedelmanns aus Reinfeld im äußersten Osten der Provinz.[61] Doch die Erwartung des Brautpaares, dass Bismarck für seine Tischdame Johanna entflammen würde, erfüllte sich nicht. Auch weitere Begegnungen im Haus der Blanckenburgs brachten die beiden einander nicht näher. Erst knapp zwei Jahre später, im Sommer 1846, als Marie hintersinnig eine Harzreise mit Freunden arrangierte, schien Bismarck ein näheres Verhältnis zu Johanna erwogen zu haben. Sie war, anders als Marie, weder hübsch noch gebildet, aber Bismarck musste sich damit abfinden, dass die verheiratete Marie von Blanckenburg für ihn unerreichbar war.

Ein Schicksalsschlag machte jeden Vergleich zwischen den beiden Frauen ohnehin obsolet: Am 10. November 1846 starb Marie an einer Gehirnentzündung. Es sei, schrieb Bismarck seiner Schwester Malwine, »das erste Mal, dass ich jemand durch den Tod verliere, der mir nahestand und dessen Scheiden eine große und unerwartete Lücke in meinen Lebenskreis reißt«.[62] Weder der Tod seiner Mutter noch der seines Vaters, der im November 1845 gestorben war, trafen Bismarck so schwer: »Wenn noch etwas gefehlt hat, um mir den Entschluss, Pommern zu verlassen, leicht zu machen, so war es dies.« Bismarck führte fortan das väterliche Gut Schönhausen, während sein Bruder Bernhard den rund 450 Kilometer entfernten Kniephof übernahm.

Wenige Wochen nach Maries Tod entschloss sich Bismarck, Johanna zu heiraten. In seinem berühmt gewordenen »Werbebrief« vom 21. Dezember 1846 an ihren Vater Heinrich von Puttkamer, in dem er »um die Hand Ihrer Fräulein Tochter« anhielt, zog er alle Register seines diplomatischen Talents. Da er um seinen schlechten Ruf wusste, trat er die Flucht nach vorn an. Über sein »äußerliches Auftreten« werde es dem Empfänger des Briefes »leicht sein, Nachrichten durch andere zu erhalten«; deshalb begnüge er sich mit einer Darstellung seines »inneren Lebens« und besonders seines »Standpunktes zum Christentum«.

Er holte weit aus, um seine Erziehung zu schildern, die von dem Grundsatz bestimmt worden sei, »dass alles der Ausbildung des Verstandes und dem frühzeitigen Erwerb positiver Kenntnisse untergeordnet blieb« – ein Seitenhieb auf die Mutter. »So, mit keinem anderen Zügel als etwa dem der konventionellen Rücksichten, stürzte ich mich blind in das Leben hinein, geriet, bald verführt, bald Verführer, in schlechte Gesellschaften jeder Art und hielt, auch in den bewusstesten Augenblicken, alle Sünden für erlaubt, sobald sie mir die Rechte anderer, nach ihrer laxesten Auslegung, nicht zu beeinträchtigen schienen.« Erst in dem Kreis um Thadden-Trieglaff habe er Leute gefunden, »vor denen ich mich schämte, dass ich mit der dürftigen Leichte meines Verstandes Dinge hatte untersuchen wollen, welche so überlegene Geister mit kindlichem Glauben für wahr und heilig annahmen«. Bei der Nachricht von der tödlichen Erkrankung Maries habe er zum ersten Mal wieder gebetet.

Mögliche Bedenken Puttkamers hinsichtlich der Ernsthaftigkeit seiner Bekehrung entkräftete Bismarck listig mit dem Hinweis, dass beim »Einsatz eines so teuren Pfandes« ohnehin das »Vertrauen auf Gott das ergänzen« müsse, »was das Vertrauen auf Menschen nicht leisten kann«. Wie sollte sich der fromme Mann einer solchen Beweisführung entziehen? Er bitte darum, schloss Bismarck seinen Brief, nach Reinfeld kommen zu dürfen, um dort sein Anliegen persönlich zu vertreten.[63]

Zunächst war Puttkamer über diese Brautwerbung so erschrocken, dass er ausrief: »Es ist mir wie dem Ochsen, den der Fleischer mit dem Beile vor den Kopf schlägt.«[64] Seine Antwort war so ausweichend, dass Bismarck sie nicht recht deuten konnte. Aber er, der Johanna zwei Jahre lang unentschlossen begegnet war, hatte es plötzlich eilig, zum Ziel zu kommen.

Am 12. Januar 1847 reiste Bismarck nach Reinfeld und »rückte«, wie er seinem Bruder mitteilte, gleich zu Beginn durch »eine entschlossene Accolade« (Umarmung) Johannas »die Sache zum sprachlosen Staunen der Eltern in ein anderes Stadium, in welchem binnen fünf Minuten alles in Richtigkeit geriet«.[65] Tags darauf wurde offiziell die Verlobung gefeiert. Seine Schwester beschied Bismarck bündig: »all right. B.«[66]

So bewährte sich bereits im Privaten Bismarcks Methode, die er später in der Politik anwandte: nach einem sorgsam inszenierten diplomatischen Manöver ebenso überraschend wie entschlossen zur Attacke überzugehen und den Erfolg zu sichern. Am 28. Juli 1847 fand die Trauung in der Dorfkirche von Alt Kolziglow statt.

Johanna war eine biedere, unscheinbare, fromme und etwas schüchterne Person, die sich damit von den anderen Frauen, die in Bismarcks Leben eine Rolle spielten, deutlich unterschied. Die beiden jungen Engländerinnen, denen er in Aachen nachgestiegen war, Marie von Thadden, die Liebe seines Lebens, oder Katharina Orlowa, die 25 Jahre jüngere russische Diplomatengattin, mit der er 1862 in Biarritz einen heißen Flirt hatte, waren allesamt schöne, energische Frauen und insofern Bismarcks Mutter ähnlich. Johanna hatte von Bismarcks Zuneigung zu Marie gewusst, und sie nahm es klaglos hin, als Bismarck von Katharina schwärmte, sie sei »die reizendste aller Frauen« und »ein Stückchen Marie Thadden«.[67] Andererseits: Dass sich die berühmte Opernsängerin Pauline Lucca 1865 in Bad Ischl aus Jux zusammen mit Bismarck fotografieren ließ und die Aufnahmen öffentlich zirkulierten, machte sie eifersüchtig, und sie verzieh es ihm bis an ihr Lebensende nicht.[68]

Bismarcks Briefe voller Esprit und Gefühl lassen aber nicht daran zweifeln, dass er Johanna von Herzen liebte. Die eheliche Harmonie gründete freilich auch darauf, dass Johanna ihren Mann geistig nicht forderte. Sie sei »facile à vivre«, es sei leicht mit ihr auszukommen, berichtete Bismarck seinem Bruder.

Bismarck erwartete von seiner Frau, dass sie ihm gab, was er als Kind im Elternhaus vermisst hatte: Sie sollte eine mütterliche Rolle übernehmen, einfach, warmherzig und auf ihn angewiesen sein, ohne sozialen Ehrgeiz und gesellschaftlichen Glanz.[69] »Du bist mein Anker an der guten Seite des Ufers«, schrieb er ihr einmal zu Beginn ihrer Ehe, »reißt der, so sei Gott meiner Seele gnädig.«[70]

Im Privatleben setzte Bismarck stets seinen Willen durch. Freilich wäre es verfehlt, ihn einen Familientyrannen zu nennen. Vielmehr war er ein Mann, der, wie er schrieb, »in der Welt ein Heim suchte, das all die dürren Winde nicht erkälten«. Das Paar bekam in rascher Folge drei Kinder: Marie (1848), Herbert (1849) und Wilhelm (1852).

Erste Schritte in die Politik

Zur gleichen Zeit, als Bismarck die Ehe einging, begann auch seine politische Laufbahn. Im Sommer 1846 war er von Kniephof nach Schönhausen umgezogen, und rasch hatte er sich bei seinen Nachbarn einen Namen gemacht. Indem er den Deichhauptmann von Jerichow beim Magdeburger Regierungspräsidium anschwärzte, durch Versäumnisse beim Deichbau an einer verheerenden Überschwemmung in Schönhausen mitschuldig gewesen zu sein, worauf der Beschuldigte seine Entlassung beantragte, ergatterte Bismarck dessen Stellung. Im Spätherbst 1846 wurde er zum verantwortlichen Deichhauptmann an der Mittelelbe ernannt; es war sein erstes öffentliches Amt.[71]

Seine Standesgenossen überzeugte Bismarck als energischer Verteidiger konservativer Interessen. Dazu gehörte, an der Patrimonialgerichtsbarkeit der Junker unbedingt festzuhalten. In Preußen lebten noch mehr als drei Millionen Einwohner, fast ein Viertel der Bevölkerung, unter gutsherrlichem Regime.[72]

Noch kurz vor der Märzrevolution 1848 zeigte sich Bismarck als strenger Gerichtsherr. So trieb er im September 1846 von 38 Eltern Schulgeld ein und verhängte im Februar 1847 Geldstrafen gegen Landarbeiter, die ihre Kinder nicht zum Unterricht geschickt hatten.[73] Bismarck ging es dabei weniger um die Bildung der Bauernkinder und die Durchsetzung der Schulpflicht als um die Behauptung seines junkerlichen Privilegs. Zur selben Zeit, als er wegen der Schulversäumnisse Gericht hielt, bekräftigte er, an dem Recht zur Ernennung von Patrimonialrichtern festzuhalten, »welches dem Stande der Rittergutsbesitzer ein materielles und noch mehr ein moralisches Gewicht in unserer Verfassung gibt, das schwer zu ersetzen sein möchte, und das ich entschlossen bin, freiwillig nicht aufzugeben«.[74]

In merkwürdigem Kontrast zu den markigen Worten stand Bismarcks gleichzeitig bekundete Bereitschaft zu einer taktischen Maßnahme. Im Dezember 1846 unterstützte er die Eingabe des pommerschen Landadligen Ernst von Bülow-Cummerow, in der dieser vorschlug, die richterlichen Bindungen an die Gutsbesitzer zu lockern. Bismarck hatte Sorge, der König könne sich womöglich »am Ende bewogen fühlen, den vielfachen Angriffen gegen die Patrimonialgerichte Gehör zu schenken«. Dem sollte durch die Eingabe vorgebeugt werden.[75]

Doch schon vier Monate später rückte der Schönhauser Junker von dem Konsenspapier wieder ab. Denn inzwischen war er zu der Überzeugung gelangt, dass die Sache doch noch nicht verloren sei. Daher versuchte er erneut, möglichst weitgehend an den alten Zuständen festzuhalten – in Übereinstimmung mit seinem Mentor Ludwig von Gerlach.

An Bismarcks schwankendem Verhalten in der Frage der Patrimonialgerichtsbarkeit, seiner ersten landespolitischen Aktivität, lässt sich im Kleinen beobachten, wie er später auch große Politik betrieb. Von der prinzipienfesten Abwehr reformerischer Tendenzen ging er, wenn es ihm opportun erschien und um Schlimmeres zu verhüten, bereitwillig dazu über, Konzessionen zu machen. Von Anfang an war er darauf bedacht, nicht in einen frontalen Gegensatz zu den Mächtigeren zu geraten.

In seinen frühen Jahren achtete Bismarck auch darauf, es sich nicht mit den tonangebenden Konservativen zu verderben, die er zur Förderung seiner Karriere brauchte. 1847 war für Bismarck noch nicht klar, welche Verbindung für ihn langfristig nützlicher sein würde – die zu Gerlach oder die zu Bülow-Cummerow. Bald brach er mit beiden.

Es erscheint ein wenig sonderbar, dass Bismarck so verbissen an der Patrimonialgerichtsbarkeit festhielt, die längst untergangsreif war. Der König hob sie schließlich kurzerhand auf – freilich erst am 2. Januar 1849, als die Gegenrevolution in Preußen schon obsiegt hatte.[76] Aber die scheinbar nebensächliche Angelegenheit festigte die Beziehung zu seinen Standesgenossen, auf die Bismarck seine Zukunft bauen wollte.[77]

Preußen war 1847 noch eine absolute Monarchie. Jede preußische Provinz hatte einen Provinziallandtag, der jedoch nicht das Volk repräsentierte, denn Volkssouveränität wäre mit dem Gottesgnadentum des Königs nicht vereinbar gewesen. Vielmehr bestanden die Versammlungen aus den drei »Ständen«: der Ritterschaft, der Bürgerschaft und der Bauernschaft. Deren insgesamt 543 Abgeordnete trafen sich im Frühjahr 1847 in Berlin im Vereinigten Landtag, den Friedrich Wilhelm IV. wegen einer Wirtschaftskrise hatte einberufen müssen. Außerdem wollte der König Eisenbahnen bauen lassen, vor allem eine Strecke von der Hauptstadt nach Ostpreußen. Dafür sollten ihm die Abgeordneten neue Steuern und eine Staatsanleihe bewilligen – das einzige Recht, das sie hatten.

Im Mai 1847 zog Bismarck in den Vereinigten Landtag ein, als Ersatzmann für einen erkrankten Abgeordneten des preußisch-sächsischen Provinziallandtags. Obschon »ganz neu in der Provinz ... und noch gar nicht einmal Stellvertreter«, wie er seiner Braut mitteilte, wurde er als jüngster Abgeordneter in das Pseudo-Parlament entsandt. Durch seine Kampagne für die Patrimonialgerichtsbarkeit hatte er von sich reden gemacht.

Im Parlament sollten nach Bismarcks Auffassung die Vertreter der Stände nur zu »öffentlicher Kritik« befragt werden. Bis zu seinem Tod hielt er an der Überzeugung fest, dass Gutsbesitzer und Bauern das Rückgrat der Gesellschaft bildeten. Die Stadt hingegen brüte die widerwärtigen Seuchen des Verrats und der Revolution aus.[78]

Das neue Tätigkeitsfeld begeisterte Bismarck. Wie er seiner Verlobten schrieb, war er »bis zum Überlaufen voll Politik«. Nun hatte er endlich seinen Lebensinhalt gefunden. Am 17. Mai 1847 hielt er seine Jungfernrede. Den Zuhörern fiel zunächst vor allem auf, dass der neue Abgeordnete trotz seiner hünenhaften Gestalt mit einer merkwürdig hohen und durchaus zarten Stimme sprach. Aufsehen erregte dann aber der Inhalt der Rede.

Der liberal gesinnte ostpreußische Abgeordnete Ernst von Saucken-Tarputschen hatte das mangelnde Vertrauen zwischen Volk und Regierung beklagt. Er rühmte die Zeit der Freiheitskriege und der großen inneren Reformen unter Stein und Hardenberg zwischen 1806 und 1814. Erst durch diese Errungenschaften – Bauernbefreiung, Heeresreform, Städteordnung, Verwaltungsstruktur, Gewerbefreiheit, Steuerreform, Regulierungsedikte, staatsbürgerliche Gleichstellung der Juden und schließlich eine Bildungsreform unter Wilhelm von Humboldt – und durch die Freiheitserwartungen, die durch sie genährt worden seien, habe das Volk die äußere Unfreiheit, die französische Fremdherrschaft, als solche empfinden können. Nach 1815, im Zeichen der Restauration, seien die Bestrebungen der Reformer versandet.[79]

Bismarck setzte zu einer Gegenrede an, die er als »Berichtigung« verstanden wissen wollte. Obschon er, trotz Manuskript, beim Reden oft stockte, als ob er um Formulierungen ringe, trat er äußerst arrogant auf. Er bestritt rundweg, dass die 1813 gegen die französische Besatzung gerichtete preußische Erhebung etwas mit Liberalismus oder der Forderung nach einer Verfassung zu tun gehabt habe. Als sich daraufhin im Landtag ein Tumult erhob, setzte sich Bismarck seelenruhig hin und blätterte demonstrativ in einer Zeitung.

Das Debüt geriet zum Spektakel. Sein Auftritt, berichtete Bismarck anderntags seiner Verlobten, habe »einen unerhörten Sturm des Missfallens« erregt, indem er »durch eine nicht deutlich genug gefasste Äußerung über die Natur der Volksbewegung von 1813 die missverstandene Eitelkeit vieler von der eigenen Partei verletzte und natürlich das ganze Hallo der Opposition gegen mich hatte«.[80]

Damit verdrehte Bismarck die Tatsachen. Er schlüpfte in seine Lieblingsrolle: die der gekränkten Unschuld. Er stellte sich als das Opfer von Ignoranten dar, obwohl er es eindeutig auf eine Brüskierung angelegt hatte. Fehler machten schließlich nur die anderen.

Aber er erreichte damit sein Ziel. Es sei ihm gelungen, berichtete er stolz seiner Braut vier Tage nach der Rede, »einigen Einfluss auf eine große Anzahl oder doch einige Abgeordnete der sogenannten Hofpartei und der sonstigen Ultrakonservativen von mehreren Provinzen zu gewinnen«.[81] Die »Hofpartei« war das Privatkabinett des Königs, eine Kamarilla, der unter anderem die Brüder Gerlach angehörten.

Bülow-Cummerow beklagte sich bei Blanckenburg über die empörende Vorstellung seines Gesinnungsgenossen: »Ich habe den Bismarck doch für einen gescheiten Menschen gehalten; ich begreife nicht, wie er sich so blamieren konnte.« Doch Blanckenburg widersprach: »Ich finde, dass er recht hatte, und freue mich, dass er Blut geleckt hat. Sie werden nun den Löwen bald noch ganz anders brüllen hören.«[82]

Den Junker trieb es in die Politik, weil er spürte, dass er dafür geeignet war und durch sie zu Macht und Ruhm würde kommen können. Er engagierte sich, weil er die Privilegien seiner Klasse bedroht sah, seinen schwerfälligen Standesgenossen aber nicht zutraute, dass sie zu deren effektiver Verteidigung imstande wären.[83]

Bismarck war es gelungen, sich mit einer einzigen Rede in die vorderste Reihe der extremen Konservativen zu katapultieren. Der König und seine Kamarilla sahen wohlgefällig auf den Nachwuchspolitiker, der zu großen Hoffnungen berechtigte, mochte er auch noch bisweilen hitzköpfig übers Ziel hinausschießen. Opportunismus war sicher auch dabei, dass sich Bismarck den oft weltfremd wirkenden Hochkonservativen anschloss, die sonst unter den jüngeren Angehörigen des preußischen Adels nur noch wenige Anhänger fanden.[84]

Zwar hielt sich der König bei offiziellen Anlässen bewusst von dem jungen Abgeordneten fern. Vertraulich ließ er ihn aber wissen, wie sehr ihm die temperamentvolle Polemik gefallen habe. Bismarck setzte darauf, dass er nicht durch angepasstes Verhalten Karriere machen würde, sondern indem er gegen den Strom schwamm.

Bei seiner nächsten großen Rede befand sich Bismarck ausnahmsweise bei der Mehrheit, was freilich nicht vorauszusehen war. In der Debatte über die Aufhebung der rechtlichen Benachteiligung der Juden vertrat er den im Junkertum verbreiteten Antisemitismus: »Ich gestehe ein, dass ich voller Vorurteile stecke, ich habe sie ... mit der Muttermilch eingesogen, und es will mir nicht gelingen, sie wegzudisputieren; denn wenn ich mir als Repräsentanten der geheiligten Majestät des Königs gegenüber einen Juden denke, dem ich gehorchen soll, so muss ich bekennen, dass ich mich tief niedergedrückt und gebeugt fühlen würde, dass mich die Freudigkeit und das aufrechte Ehrgefühl verlassen würden, mit welchen ich jetzt meine Pflichten gegen den Staat zu erfüllen bemüht bin.« Mit 220 gegen 219 Stimmen lehnte es der Vereinigte Landtag ab, Juden zu öffentlichen Ämtern im christlichen Staat zuzulassen.[85]

Moritz von Blanckenburg war hocherfreut über Bismarcks Rede zur »Judenfrage«, wie er Ludwig von Gerlach schrieb. Bismarck sei früher für eine strikte Trennung von Kirche und Staat eingetreten; deshalb sei er glücklich, dass sich der neue Abgeordnete zum Ideal des christlichen Staates bekehrt habe. Dass es mit dieser Bekehrung nicht allzu weit her war, sollte sich erst später zeigen.

Das Revolutionsjahr 1848

Auf ihrer Hochzeitsreise, die Bismarck und seine junge Frau unter anderem nach Italien führte, trafen sie am 6. September in Venedig Friedrich Wilhelm IV. Der König lud Bismarck anderntags »zur Audienz und zur Tafel« und befahl ihm, sich »im Laufe des Winters bei ihm zu melden«, so Bismarck in seinen Erinnerungen. Dadurch erfuhr Bismarck, dass er beim Monarchen »in voller Gnade stand«.[86] Am 11. Januar 1848 löste der König sein Versprechen ein und lud Bismarck zum Essen ins Berliner Stadtschloss ein.

Am Tag darauf begann mit einer Revolte gegen den König von Neapel das europäische Revolutionsjahr 1848. In allen Hauptstädten flammten Unruhen auf. Es schien die Stunde des liberalen Bürgertums anzubrechen. Die Revolution bedrohte auch in Preußen die privilegierte Stellung des Adels. Manche liberale Aristokraten waren bereit, mit dem Bürgertum zusammenzuarbeiten, doch sie waren in der Minderheit. Die weitaus meisten reagierten entsetzt auf die Ereignisse, einige dachten ans Auswandern, andere waren zum Widerstand entschlossen, unter ihnen vor allem die adligen Offiziere.

Sie empfanden, wie der spätere Kriegsminister und Feldmarschall Albrecht von Roon, Abscheu und Empörung. Am 15. März, als die Aufstände in Berlin begannen, äußerte Roon: »Eine Handvoll Vagabunden werden doch bei uns nicht obsiegen, gegen den Willen des eigentlichen Volkes, das diese Tumulte verwünscht.«[87]

Bismarck fühlte sich zur Gegenwehr herausgefordert. Nachdem König Friedrich Wilhelm IV. am 18. März, unter dem Druck der revolutionären Ereignisse, in einer feierlichen Proklamation versprochen hatte: »Preußen soll fortan in Deutschland aufgehen«, wollte Bismarck, reichlich naiv, spontan mit seinen Schönhauser Bauern nach Berlin ziehen, um die Revolution niederschlagen zu helfen. Er fuhr dann jedoch allein, ohne sein bewaffnetes Landvolk, nach Potsdam, um den dortigen Offizieren seine Bauerntruppe zur Unterstützung der militärischen Rückeroberung Berlins anzubieten. Der Oberkommandierende, Generalleutnant Karl Ludwig von Prittwitz, winkte ab. Er habe Soldaten genug; aber ohne ausdrücklichen Befehl des Königs, der praktisch ein Gefangener der Revolutionäre sei, dürfe er nicht angreifen.

Das brachte Bismarck nach eigenem Bekunden »auf den Gedanken, einen Befehl zum Handeln, der von einem unfreien Könige nicht zu erwarten war, von einer andern Seite zu beschaffen«.[88] Um die Monarchie zu retten, war er entschlossen, auch gegen den amtierenden Träger der Krone vorzugehen. Eine Gegenrevolution brauchte jedoch einen neuen Monarchen an der Spitze, notfalls auch nur ein monarchisches Aushängeschild.[89]

So suchte er am 23. März Prinzessin Augusta auf, eine Enkelin Carl Augusts von Sachsen-Weimar und Ehefrau des Kronprinzen Wilhelm. Dieser Bruder des Königs, der den Aufstand mit Kanonen hatte niederschießen lassen wollen und deshalb im Volksmund »Kartätschenprinz« genannt wurde, befand sich auf der Flucht nach England. Wie Augusta ihrem Gemahl noch am selben Tag unter einer Deckadresse berichtete, ersuchte Bismarck sie um die Erlaubnis, »sowohl den Namen des abwesenden Thronerben als auch seines Sohnes ... zu einer Contrerevolution zu benutzen, durch welche die bereits vollzogenen Maßregeln des Königs nicht anerkannt und dessen Berechtigung respektive Zurechnungsfähigkeit beanstandet werden sollte«. Sie habe sich jedoch Bismarcks Ehrenwort geben lassen, »dass weder Dein Name noch der unseres Sohnes bei einem solchen Reaktionsversuch kompromittiert werden würde«.[90] Von dieser Stunde an war Bismarcks Beziehung zu Augusta getrübt; sie wurde seine Erzfeindin, die ihm, wie er im Alter schrieb, »mehr Schwierigkeiten bereitet« habe »als alle fremden Mächte und die gegnerischen Parteien im Lande«.[91]

Ebenso scheiterte Bismarck mit dem Versuch, den Kommandanten der Magdeburger Garnison zu einer Offensive gegen die Aufständischen anzustacheln. Dessen Adjutant forderte ihn auf, schnellstens abzureisen, um sich »eine Unannehmlichkeit und dem alten General eine Lächerlichkeit zu ersparen«; der Kommandant habe vor, ihn »als Hochverräter festnehmen zu lassen«.[92]

Alle Pläne einer Gegenrevolution wurden ohnehin rasch hinfällig. Am 25. März kam der König nach Potsdam und erklärte den versammelten Offizieren: »Ich bin niemals freier und sicherer gewesen als unter dem Schutze meiner Bürger.« Bismarck, der unter den Zuhörern war, glaubte bei diesen

Worten »ein Murren und Aufstoßen von Säbelscheiden« zu vernehmen, »wie es ein König von Preußen inmitten seiner Offiziere nie gehört haben wird und hoffentlich nie wieder hören wird«.[93]

An diesem Tag schrieb Roon: »Das Heer, das ist jetzt unser Vaterland, denn hier allein sind die unklaren, gärenden Elemente, die alles in Frage stellen, noch nicht eingedrungen.« Die Armee erhebe den Anspruch, auch politisch mitzuwirken: »Preußens Größe verdankt es seinem Heere und namentlich seinem in kriegerischen Leistungen unübertroffenen Offizier-Stande.« Sonst drohe das »gesetzlose Treiben und Wühlen« eines »Heeres von brotlosen Literaten und Zeitungsschreibern« alles, »was bis dahin hoch, heilig, würdig, sittlich war, zu vernichten«, nur »um in den trüben, schäumenden Fluten ihre Fischlein zu fangen«.[94] So schlicht sah die Welt in den Augen eines preußischen Offiziers aus.[95] Genau dies war auch Bismarcks Denkungsart.

Anfang April musste der junge Abgeordnete die Revolution scheinbar resignierend als vollendete Tatsache hinnehmen. Die Vergangenheit sei »begraben«, sagte er, und »keine menschliche Macht« sei imstande, »sie wieder zu erwecken, nachdem die Krone selbst die Erde auf ihren Sarg geworfen hat«.[96]

Sein Verhalten im März 1848 blieb für die weitere Karriere des Junkers aus Schönhausen folgenlos. Friedrich Wilhelm IV., der von Bismarcks Intrige nichts wusste, lud ihn Anfang Juni sogar an seine Tafel in Schloss Sanssouci. Forsch erklärte der Gast, der Monarch hätte den Revolutionären niemals nachgeben dürfen. »Man ist immer klüger, wenn man vom Rathause kommt«, erwiderte der König. Vorwürfe seien aber »nicht das Mittel, einen umgestürzten Thron wieder aufzurichten«.[97]

Das änderte zwar nichts an Bismarcks Urteil über Friedrich Wilhelm IV. Der sei, schrieb er später, ein »ganz schwankender Charakter« gewesen, man habe ihn »nicht bei einer Sache festhalten« können: »Wenn man fest zugriff, blieb nur eine Handvoll Schleim.«[98]

Aber Bismarck begleitete von nun an die Rückeroberung der königlichen Macht publizistisch. In der von Konservativen gegründeten *Neuen Preußischen Zeitung*, die wegen des Eisernen Kreuzes im Titelkopf bald allgemein *Kreuzzeitung* genannt wurde, wetterte er mit wüsten Ausfällen gegen alles, was nach Demokratie und Liberalismus roch. Bismarck blieb in enger Beziehung zu den Brüdern Gerlach, die zusammen mit einigen Hofgenerälen großen Einfluss auf den König ausübten. Ludwig von Gerlach nannte Bismarck in dieser Zeit den »jetzt sehr tätigen und intelligenten Adjutanten unseres Kamarilla-Hauptquartiers«.[99]

Die Preußische Nationalversammlung war radikaler als das Frankfurter Paulskirchen-Parlament. Im Juli 1848 beschloss sie eine Reihe von Gesetzen, die die Bauernbefreiung vollenden und feudale Reste wie die Patrimonialgerichtsbarkeit und das gutsherrliche Jagdrecht beseitigen sollten. Vor allem der Plan, die Güter der Adligen wie anderen Grundbesitz mit einer Grundsteuer zu belegen, erschien Bismarck als ein Sakrileg. Er wandte sich mit einer Eingabe an Friedrich Wilhelm IV., worin er die Besteuerung als »Konfiskation des Vermögens« bezeichnete und gegen die »Willkür« wetterte, »wie nur Eroberer und Gewaltherrscher sie bisher übten«; vielen Familien werde »durch die Grundsteuer das Letzte genommen, was sie an ihren Gütern besitzen«. Bismarck beschuldigte die Regierung »rechtloser Gewalttaten« und zieh den König der Komplizenschaft, falls er den Entwurf unterzeichne. Bismarcks Dreistigkeit wurde nur von seiner Larmoyanz übertroffen. Der Adel setzte sich durch und wehrte den Anschlag auf die Steuerfreiheit der Rittergüter ab.[100]

Die gut vernetzten Rittergutsbesitzer, die in Kreistagen, Provinziallandtagen und Landschaftsversammlungen regelmäßig zusammenkamen, gründeten einen »Verein zum Schutze des Eigentums und der Förderung des Wohlstandes aller Volksklassen«. Bismarck war einer der Initiatoren dieses »Junkerparlaments«, zu dessen Mitgliedern auch viele Landräte zählten, die in ihren Kreisen für die konservative Partei und deren Presse werben, oppositionelle Parteien behindern und Wahlen in ihrem Sinne beeinflussen konnten. Bismarck rühmte 1853 in einer Denkschrift für Prinz Wilhelm von Preußen die Vorzüge der Landräte, wenn sie »aus den Grundbesitzern des Kreises« rekrutiert würden und die Verwaltung nicht »besitzlosen Beamten von außerhalb übertragen« werde. Damit machte Bismarck deutlich, dass die Interessen der mit den Landräten eng verbundenen Rittergutsbesitzer auch seine eigenen waren.[101]

»Ich bin ein Junker und will auch Vorteile davon haben«, sagte Bismarck im Frühjahr 1849 zu dem liberalen Abgeordneten Victor von Unruh.[102] Bismarck empfand seine Haltung keineswegs als egoistische Vertretung eigener Interessen, wie er sie den Kaufleuten und Industriellen unterstellte. Die Vorrechte seines Standes hielt er für gerechtfertigt, weil der Adel einen einzigartigen Beitrag zum Gemeinwohl leiste. 1849 erklärte er in einer Rede, die Geschichte beweise, dass »besonders häufig« Staaten mit einer erblichen Aristokratie zu »dauernder Blüte« und Macht gelangt seien. Die großen Siege der preußischen Armee seien mit blauem Blut erkauft worden. Der Adel, der sich sowohl monarchischem als auch demokratischem Absolutismus widersetze, sei das größte Bollwerk der Freiheit in der preußischen Gesellschaft; nur der Adel könne das Staatsschiff sicher durch die Stürme des Zeitgeistes lenken. Gegenüber einem Journalisten äußerte Bismarck im selben Jahr, dass der Adel die patriotische Pflicht habe, seine eigenen materiellen Interessen wahrzunehmen, denn er müsse über unabhängige Einkünfte verfügen, um dem Staat dienen zu können.[103]

Bismarcks Überzeugung gründete auf der Staatslehre des Rechtsphilosophen und Kronsyndikus Friedrich Julius Stahl. Wie Martin Luther glaubte Stahl, dass Gott den Staat gestiftet habe, um die Ordnung in der sündigen Welt aufrechtzuerhalten. Die Macht im Staat sei deshalb am besten in der Hand eines Monarchen von Gottes Gnaden aufgehoben. Und wie der Reformator hielt Stahl nur ein Recht des Protests und des passiven Widerstands gegen eine tyrannische Obrigkeit für legitim.[104]

Im November 1848 fühlte sich König Friedrich Wilhelm IV. wieder stark genug, die Revolution in Berlin niederzuschlagen. Er schickte 12 000 Soldaten in die preußische Hauptstadt und ließ am 5. Dezember die Preußische Nationalversammlung mit Gewalt auflösen. Am selben Tag oktroyierte er eine Verfassung, die nicht ganz so reaktionär war, wie sie ihm wohl vorgeschwebt hatte; doch die in der Frankfurter Nationalversammlung noch ungeklärte Frage, welche Stellung Preußen in einem geeinigten Deutschland einnehmen sollte, ließ es dem König geraten erscheinen, sich konziliant zu geben.[105] Außerdem hoffte er, Teile des liberalen Bürgertums auf seine Seite zu ziehen, indem er einige Grundrechte garantierte. Das neue Parlament bestand aus zwei Kammern: Im Herrenhaus saßen außer den königlichen Prinzen, den Häuptern der bis 1806 reichsunmittelbaren Häuser und den vom König auf Lebenszeit ernannten Mitgliedern vor allem Vertreter der Rittergutsbesitzer; die Mitglieder der Zweiten Kammer wurden zunächst nach allgemeinem und gleichem Männerwahlrecht, von 1850 an (bis 1918) nach dem Dreiklassenwahlrecht bestimmt.

Die mehr als drei Millionen Wahlberechtigten waren nach ihrem Steueraufkommen in drei Klassen eingeteilt, die jeweils die gleiche Zahl von Wahlmännern zu wählen hatten. Jede Klasse hatte also gleiches Stimmgewicht. In der ersten Klasse befanden sich anfangs 4,7 Prozent der Wahlberechtigten, in der zweiten 12,6 und in der dritten der große Anteil von 82,7 Prozent. Auf dem Land sah das in den östlichen Provinzen Preußens oft so aus, dass in der ersten Klasse einzig und allein der Gutsherr wählte, in der zweiten eine Handvoll Honoratioren und in der dritten vielleicht um die 100 Urwähler, die wirtschaftlich und sozial von den beiden ersten Gruppen abhängig waren. Auf diese Weise entstanden zunächst sichere konservative Mehrheiten.[106]

Bismarck hatte vergebens gehofft, nach der erfolgreichen Gegenrevolution mit einem Ministerposten belohnt zu werden; selbst unter Konservativen galt er als reaktionärer Scharfmacher. Der König soll auf einer Vorschlagsliste neben dem Namen des Junkers notiert haben: »Nur zu brauchen, wo das Bajonett schrankenlos waltet.«[107]

Der weiße Revolutionär

Bei der ersten Wahl des neuen preußischen Landtags im Frühjahr 1849 kandidierte Bismarck erfolgreich für den Kreis Westhavel. Im April sprach er sich in der Zweiten Kammer gegen die vom Frankfurter Parlament beschlossene Reichsverfassung aus, die von 28 deutschen Regierungen angenommen worden war und ein Erbkaisertum vorsah. Friedrich Wilhelm IV. lehnte im selben Monat die ihm angetragene Kaiserwürde ab.

Bismarck hielt auch einen Abgesang auf die Patrimonialgerichtsbarkeit. Man habe sich, klagte er, darunter zum Schluss »ein unbestimmtes Etwas von feudaler Willkür« vorgestellt, »mit körperlicher Züchtigung, mit Richtern, die abhängig waren von tyrannischen Junkern«. Erst nach ihrer Abschaffung habe man sich »überzeugt, dass sie doch nicht ganz ohne Vorzüge war«.[108]

Zum ersten Mal trug Bismarck in der Zweiten Kammer die auf den Staatsrechtler Stahl zurückgehende »Lückentheorie« vor, auf die sich der König im Verfassungskonflikt der 1860er Jahre berufen sollte. Da die Verfassung kein Verfahren vorsah, wie divergierende Standpunkte zwischen Regent und Parlament zu entscheiden wären, gab nach Ansicht Bismarcks der Wille des Monarchen den Ausschlag.

Dies erläuterte Bismarck 1853 in einer Denkschrift. Das Parlament, meinte er, solle zwar »neue Gesetze und neue Steuern« abwehren dürfen und eine »kontrollierende Kritik über das Regierungssystem« ausüben; es dürfe aber »niemals die Macht haben, die Krone wider den Willen des Königs zu Handlungen zu nötigen«, sonst würde das Parlament »diese Macht unfehlbar missbrauchen«. Deshalb müsse die Krone in der Lage sein, jede von ihr nicht gewünschte Gesetzesänderung zu verhindern. Dazu sei es »vor allen Dingen notwendig, dass weder das ganze Budget noch ein Teil desselben von den Kammern verweigert werden kann; sondern solange Krone und Kammer sich nicht über Änderungen einigen, muss das alte Budget fortbestehen.« Und »sehr bedenklich« wäre es nach Ansicht des konservativen Abgeordneten, wenn auch nur ein »Teil des Staatshaushaltes von jährlicher Bewilligung abhängig« wäre.[109] Nicht einmal das traditionelle Budgetrecht wollte er dem Parlament zugestehen.

Trotz solcher Töne setzte bei Bismarck ein Umdenken ein. Er erkannte, dass die 1848er-Revolution, auch wenn sie gescheitert war, die Gesellschaft verändert hatte. Die Junker hatten zwar ihre Machtpositionen verteidigt, aber sie konnten, wenn sie nicht einen neuen Gewaltausbruch riskieren wollten, den Weg zu einer bürgerlichen Ordnung nicht dauerhaft versperren.

Eine der Lieblingsmetaphern Bismarcks war das Bild vom »Strom der Zeit«. Als er 1851 seine Laufbahn im preußischen diplomatischen Dienst begann, sagte er: »Der Strom der Zeit läuft seinen Weg doch, wie er soll, und wenn ich meine Hand hineinstecke, so tue ich das, weil ich es für meine Pflicht halte, aber nicht, weil ich seine Richtung damit zu ändern meine.« Vier Jahrzehnte später war er noch der gleichen Meinung, wenn er Besuchern in seinem Alterssitz in Friedrichsruh in immer ähnlichen Wendungen erklärte: »Der Mensch kann den Strom der Zeit nicht schaffen und nicht lenken, er kann nur darauf hinfahren und steuern, mit mehr oder weniger Erfahrung und Geschick, kann Schiffbruch leiden und stranden und auch zu guten Häfen kommen.«[110]

Anders als viele seiner aristokratischen Standesgenossen sah Bismarck ein, dass die nationalen und liberalen Bestrebungen nicht mehr unterdrückt werden konnten. Nur wenn diese Elemente in das Staatswesen einbezogen wurden, war die Monarchie überlebensfähig. 1857, als er im Begriff stand, sich aus der doktrinären Engstirnigkeit seiner konservativen Mitstreiter zu lösen, bekannte Bismarck als preußischer Bundestagsgesandter gegenüber Leopold von Gerlach noch immer: »Das Prinzip des Kampfes gegen die Revolution erkenne ich auch als das meinige an«.[111] Im Entwurf des Briefes fügte er jedoch bereits zweifelnd an: »Aber was ist Revolution?«[112]

1866 erkannte Bismarck, mittlerweile seit vier Jahren preußischer Ministerpräsident, dass es »nicht die Masse der unberechtigten Forderungen« sei, »welche den revolutionären Bewegungen Kraft verleiht«, sondern »der geringe Anteil der berechtigten Forderungen, welcher die wirksamsten Vorwände zur Revolution bietet und den Bewegungen nachhaltige und gefährliche Kraft gewährt«.[113] Aus dieser Einsicht leitete er den Auftrag zu einer »Revolution von oben« ab: »Soll Revolution sein, so wollen wir sie lieber machen als erleiden.«[114]

Ein Jahr später schrieb der Bankier Ludwig Bamberger, der 1848/49 als radikaler Demokrat am Aufstand in der Pfalz teilgenommen hatte, daraufhin in Abwesenheit zum Tode verurteilt worden und ins Ausland geflohen war, über Bismarck: »Man kann keinen Augenblick daran zweifeln, dass er ein geborener Revolutionär ist. Denn man wird als Revolutionär geboren, wie als Legitimist, nach der Art der geistigen Anlage, während der Zufall allein darüber entscheidet, ob die Umstände des Lebens aus demselben Menschen einen Weißen oder einen Roten machen.«[115]

So prägte Bamberger, der sich zu einem Anhänger Bismarcks gewandelt hatte, den Begriff des »weißen Revolutionärs«.[116] Über Bamberger sagte Bismarck, er sei einer der wenigen Autoren, die ihn wirklich verstanden hätten. Wegen unterschiedlicher Auffassungen in Wirtschaftsfragen wurden sie freilich später wieder erbitterte Gegner.

Der Weg der Revolution von oben, der die »Totengräber« der 1848er-Revolution zu deren »Testamentsvollstreckern« werden ließ,[117] ist unauflöslich mit dem Wirken Bismarcks verbunden. Er hat diesen Gedanken aufgegriffen und Schritt für Schritt in die politische Praxis umgesetzt. Bei seinen junkerlichen Standesgenossen und konservativen Parteifreunden stieß sein Vorgehen auf Unverständnis. Revolutionäre Mittel anzuwenden, selbst wenn sie dazu dienten, die bestehende gesellschaftliche Ordnung und Staatsgewalt zu erhalten, galt im konservativen Lager als ungeheuerlich.[118] Deshalb spannte Bismarck für eine gewisse Zeit die Nationalliberalen vor seinen Karren, und deshalb musste er, ob er wollte oder nicht, dem Industriebürgertum ein gutes Stück entgegenkommen.

Weder die wirtschaftlich mächtiger werdende, politisch jedoch benachteiligte Bourgeoisie noch das zwar politisch tonangebende, sozioökonomisch aber schwache Junkertum waren jeweils für sich allein in der Lage, die gesellschaftliche Entwicklung in die eine oder andere Richtung voranzutreiben. Beide waren sich nur einig in der Abwehr der neuen sozialistischen Arbeiterbewegung. Diese Situation bot Bismarck die historische Chance, sein Machtstreben auf einen Kompromiss zwischen Junkertum und Bourgeoisie zu richten.[119]

Ein Mann mit seinen Ambitionen musste seine jeweiligen Verbündeten wie Messer und Gabel benutzen, »die man nach jedem Gang wechselt«,[120] oder wie »Postpferde, mit denen er bis zur nächsten Station fährt«;[121] die Zeitgenossen durchschauten es bald.

Sich am Machbaren zu orientieren und die zu seiner Durchsetzung erforderlichen Machtmittel nicht aus dem Auge zu verlieren: Dafür erfand der liberale Publizist August Ludwig von Rochau 1853 den Begriff »Realpolitik«.[122] Die Wortschöpfung ist eine der schillerndsten des 19. Jahrhunderts: Die Liberalen versicherten nachdrücklich, dass das Bekenntnis zu einer solchen Realpolitik keinen Verzicht auf die alten Ideale und Zielvorstellungen bedeute; dasselbe behauptete, am anderen Ende des politischen Spektrums, auch Bismarck. Auf beiden Seiten verschoben sich dadurch die Gewichte und Orientierungen. Erfolgreich auf dem Strom der Zeit zu segeln wurde auf beiden Seiten stillschweigend zur obersten politischen Richtschnur.[123]

Für Bismarck war Politik die Kunst des Möglichen. Sie sei »keine Mathematik oder Arithmetik«, und es gebe »keine Formeln und Regeln, um im Voraus das Fazit ziehen zu können«. Politik, sagte er, sei »eben an sich keine logische und keine exakte Wissenschaft«, sondern sie sei »die Fähigkeit in jedem wechselnden Moment der Situation das am wenigsten Schädliche oder das Zweckmäßigste zu wählen«.[124]

Mit dieser Einstellung setzte Bismarck Entwicklungen in Gang, die er ursprünglich nicht im Sinn gehabt hatte und die er später nicht mehr unter seiner Kontrolle halten konnte. Darin zeigte sich auch die alte Spielernatur: Er zog es vor, die Chancen von Bewegungen und Veränderungen zu sehen statt die Risiken. »Mein ganzes Leben war hohes Spielen mit fremdem Gelde«, sagte Bismarck. »Ich konnte niemals mit Sicherheit voraussehen, ob meine Pläne gelingen würden ... Die Politik ist ein undankbares Geschäft, namentlich deshalb, weil alles auf Vermutungen und Zufälligkeiten beruht. Man ist genötigt, mit einer Reihe von Wahrscheinlichkeiten und Unwahrscheinlichkeiten zu rechnen und seine Pläne auf diese Rechnung zu basieren.«[125]

Viele seiner alten konservativen Freunde konnten Bismarck auf diesem Kurs nicht folgen. Sie reagierten entsetzt, als er 1866 Österreich aus dem Deutschen Bund hinausdrängte. Damit hob er das 1815 vom Wiener Kongress sanktionierte deutsche Staatensystem aus den Angeln, ohne einen förmlichen Konsens der europäischen Mächte einzuholen. Ludwig von Gerlach klagte: »Jetzt also steht Europa nicht mehr auf dem Boden der Verträge von 1815, sondern, wie seit 1866 die dreiste Phrase lautet, auf dem ›Boden der Erfolge und Tatsachen‹, auf demselben Boden, auf dem der erste Napoleon stand und recht fest zu stehen wähnte, als er den einen Fuß in Moskau und den anderen in Spanien hatte.«[126]

Außerdem trat Bismarck das den Konservativen heilige Prinzip der monarchischen Legitimität mit Füßen, als er fünf Bundesländer annektierte und dabei drei angestammte Fürstenhäuser kurzerhand entthronte. Solche Staatsveränderungen hatte es seit 1815 nicht mehr gegeben. Blanckenburg schrieb an Roon, die Opposition der Konservativen gegen Bismarck »nimmt reißend zu, – man kann es schon Erbitterung nennen«. Selbst Roon, Bismarcks Freund und Förderer, teilte diese Kritik. In seiner Antwort schrieb er, auch er gehöre zur konservativen Opposition, »weil ich nicht wider Willen mit verbundenen Augen geführt werden mag, wer weiß wohin«.[127]

So rebellierten denn die alten Junkerfreunde gegen Bismarcks Politik, als er 1872 dem Preußischen Landtag eine neue Kreisordnung vorlegte, mit der die gutsherrliche Polizeigewalt und das Recht zur Ernennung der Dorfschulzen und Schöffen beseitigt wurden. Nachdem das Herrenhaus die Vorlage im Oktober 1872 abgelehnt hatte, griff Bismarck zu einem Trick: Er ließ den König in einem sogenannten Pairschub 25 neue Mitglieder ernennen, worauf die Kreisordnung von der so veränderten neuen Mehrheit angenommen wurde.[128]

Im »Kulturkampf« stellten sich viele altpreußische protestantische Adlige auf die Seite der angegriffenen Katholiken. Daraufhin beschuldigte Bismarck die Konservativen einer »landesfeindlichen Desertion«. An Roon schrieb er im November 1873: »Gott hat die Fahnenflucht unserer Junker von Thron und Evangelium zugelassen und dadurch unser Rüstzeug schwer geschädigt.«[129]

Auf seine alten Tage kehrte Bismarck allerdings zu seinen Wurzeln zurück. 1876 schloss sich eine große Zahl preußischer Gutsbesitzer, die bis dahin freihändlerisch eingestellt gewesen waren, zur »Vereinigung der Steuer- und Wirtschaftsreformer« zusammen. Bald ging von ihr und dem »Centralverband deutscher Industrieller«, der im selben Jahr gegründet wurde, der Ruf nach Staatshilfe zur Überwindung der seit 1873 schwelenden Wirtschaftskrise aus. Das »Bündnis von Roggen und Eisen« entstand. Im Reichstag fand sich eine Mehrheit, die protektionistische Maßnahmen forderte, und Bismarck, der bisher ein Anhänger des wirtschaftlichen Liberalismus gewesen war, entschloss sich zur Einführung von Schutzzöllen, die vor allem die Getreideeinfuhren aus dem Ausland betrafen, aber auch etwa auf Vieh, Schweine, Tabak und Eisen erhoben wurden. Sie traten am 1. Januar 1880 in Kraft.

Durch die gemeinsamen Schutzzölle bahnte sich ein enges Einvernehmen zwischen den Getreideproduzenten des deutschen Ostens und der Schwerindustrie des Westens an, das die zwei führenden Interessengruppen des Kaiserreiches miteinander verband. In dieser Frage wurde die Einigkeit zwischen Bismarck und seinen alten konservativen Freunden wiederhergestellt. Ihre gemeinsamen wirtschaftlichen Interessen waren stärker als ideologische Differenzen.[130]

Vertrauter des Kaisers

Bismarck sagte stolz von sich, dass er »ein deutscher Bauer« sei. Das war eine starke Untertreibung. Durch eine großzügige »Dotation« seines Monarchen nach dem erfolgreichen Krieg 1866 gegen Österreich, von der er sich das pommersche Anwesen Varzin kaufte, und durch die Schenkung des Sachsenwalds bei Hamburg nach dem Krieg 1870/71 gegen Frankreich war er zu einem der größten deutschen Grundbesitzer geworden. Auf seinen Gütern errichtete er eine Reihe von Branntweinbrennereien, die er mit seinen eigenen Kartoffeln belieferte, eine Papierfabrik, eine Schießpulverfabrik und eine Mineralwasserabfüllanlage, die »Bismarckquelle«, für die er eine hohe Pacht kassierte.[131]

Die Ländereien waren ihm aber nicht nur Einkommensquelle. Bismarck brauchte die Wälder, die Stille, die langen Spaziergänge und das Gefühl, sich auf der eigenen Scholle zu befinden. »Ich liebe die großen Bäume«, sagte er einmal, »das sind Ahnen.« Es war eine Reminiszenz an die Junkeridentität seiner Jugend.[132]

Seit 1871 gewöhnte sich Bismarck an, monatelang, einmal, 1877, sogar fast ein Jahr fern von Berlin auf seinen Gütern Varzin oder Friedrichsruh zu leben. Varzin war zehn Stunden weit von Berlin entfernt: acht Stunden mit der Eisenbahn und zwei Stunden Kutschfahrt. Friedrichsruh, direkt an der Bahnstrecke von Berlin nach Hamburg mit eigenem Bahnhof, war in vier Stunden zu erreichen. Wenn er sich dort aufhielt, ratterte ununterbrochen der Telegraph, Kuriere kamen und gingen. Bismarck bildete sich gern ein, dass er von Friedrichsruh aus ebenso gut regieren könne wie in Berlin. Doch seine langen Abwesenheiten von der Hauptstadt erschwerten die ohnehin schwierige Kommunikation zwischen den Regierungsämtern.[133]

Auftritte in der Öffentlichkeit vor einem größeren Publikum scheute Bismarck in seiner Amtszeit. Ein Hauptgrund war der krasse Widerspruch zwischen seiner Selbstinszenierung als mächtiger, soldatischer Mann und seiner extrem hohen Stimme. Wenn er versuchte, mit besonderer Nachdrücklichkeit zu sprechen, bekam sie, wie ein ihm wohlgesinnter Zeitgenosse bemerkte, einen »scharf schneidenden, nicht eben angenehmen Klang«.[134]

Ein Reichstagsstenograph beschrieb einmal die Schwierigkeiten, Bismarcks Reden zu protokollieren: »Aus diesem kolossalen Mann« habe »eine fast frauenhaft schwache ... Stimme« gesprochen, die, namentlich wenn ihn »seine nervösen Affektionen heimgesucht« hätten, »in jedem Satze ein- bis zweimal von einem donnernden Räuspern unterbrochen« worden sei.[135]

Mit einer solchen Sprechweise konnte er kein Massenpublikum in seinen Bann ziehen. Seine wichtigsten Parlamentsreden bereitete er jedoch umsichtig vor, »bis in stilistische Details, in Bilder, Vergleiche, Anspielungen«. Am Rednerpult hielt er sich dann freilich selten an sein Manuskript, sondern »betrieb eine Art kalkulierter Improvisation«.[136]

Wegen seiner eigenwilligen Art zu sprechen enthalten die stenographischen Protokolle keine wortgetreue Wiedergabe seiner Reden, obwohl schließlich immer dieselben, Bismarck genehmen und auf ihn spezialisierten Stenographen eingesetzt wurden, nachdem er sich wiederholt über angeblich vorsätzliche Verfälschungen seiner Aussagen beklagt hatte. Die

Niederschriften wurden sorgfältig redigiert und stilisiert. Für die spätere Publikation seiner Reden wurden sie ein weiteres Mal überarbeitet, um den Ruf als großer Rhetor zu festigen. Dieses Image konnte nur entstehen und gepflegt werden, weil es zu Bismarcks Regierungszeit noch keine Tonaufzeichnungen gab.[137]

Bismarck blieb fast 28 Jahre in seinen Ämtern als Ministerpräsident und Reichskanzler. Er brauchte weder Parlamentsmehrheiten noch Parteien und wollte nie als Aushängeschild einer Partei regieren. Sich mit einer Partei zu identifizieren, und wäre sie noch so unterwürfig gewesen, hätte ihm das Gefühl einer Abhängigkeit gegeben. In parlamentarischen Systemen, wie sie in anderen europäischen Ländern wie England oder Frankreich längst eingeführt waren, wechselten bei Wahlen die Mehrheiten und in der Konsequenz auch die Regierungen. Eine solche Entwicklung versuchte Bismarck in Deutschland mit allen Mitteln zu verhindern.[138]

Seine Partei bestehe allein aus dem König und ihm, sagte er einmal. Nur die bitterste Not seines Herrschers hatte Bismarck 1862 an die Macht bringen können. In den folgenden 26 Jahren zwang er Wilhelm I. immer wieder durch Wutausbrüche, hysterische Auftritte, Tränen und Rücktrittsdrohungen, Dinge zu tun, die diesem widerstrebten. Sie ordneten sich einander wechselseitig unter: der König unter den Machtwillen des Strategen, der Politiker unter den Primat der Krone. Es entstand eine Machtsymbiose, wie sie in der deutschen Geschichte beinahe einmalig ist.[139]

Bismarck stand an der Spitze eines Kabinetts, das er sich nie selbst aussuchen durfte. Die Ernennung von Ministern blieb das Privileg des Monarchen. Aber auch wenn er formal über diese Personalien nicht zu entscheiden hatte, wuchs auch hier sein Einfluss auf den König.[140]

Bismarck hielt sich für unersetzlich, und auch Wilhelm war davon überzeugt. So konnte Bismarck immer wieder mit seinem Rücktritt drohen, ohne Gefahr zu laufen, dass sein Gesuch angenommen würde. Die Anlässe waren häufig nichtig, gar absurd. Im Februar 1869 beispielsweise trieben ihn Ärger über einen preußischen Gesandten, Verzögerungen bei einer Kreisreform und der Wunsch des Königspaares, die von der ehemals freien Reichsstadt Frankfurt nach dem preußisch-österreichischen Krieg geforderten Reparationszahlungen zu reduzieren, so in die Verzweiflung, dass er seine Demission anbot.[141] Seinem Freund Roon vertraute er an: »Ich bin mit meinen Kräften wieder fertig; ich kann die Kämpfe gemütlich nicht aushalten.«

Aber hatte Bismarck wirklich Kämpfe auszufechten? Oder war das ein krankhafter Wahn, eine Paranoia? Der König jedenfalls bezeugte Bismarck, wie bei anderen Gelegenheiten, auch diesmal in überschwänglichen Worten seinen Respekt und seine Zuneigung: »Wir können Sie nur daran denken, dass ich auf Ihren Gedanken [des Rücktritts] eingehen könnte? Mein größtes Glück ist es ja, mit Ihnen zu leben und immer fest einverstanden zu sein. Wie können Sie sich Hypochondrien darüber machen, dass meine einzige Differenz Sie bis zum extremsten Schritt verleitet ... Ihr Name steht in Preußens Geschichte schöner als der irgendeines preußischen Staatsmannes. Den soll ich lassen? Niemals. Ruhe und Gebet wird alles ausgleichen. Ihr treuster Freund.«[142]

Dieses Muster wiederholte sich ein ums andere Mal. Im August 1869 schrieb Bismarck an Roon, er habe »seit 36 Stunden nicht geschlafen, die ganze Nacht Galle gespien«, sein Kopf sei »wie ein Glühofen trotz Umschläge«. Man konnte meinen, Preußen stehe am Abgrund, denn Bismarck schrieb: »Wenn der Karren, auf dem wir fahren, zerschlagen werden soll, so will ich mich vom Verdachte der Mitschuld frei halten.« Doch es war eine Lappalie, über die sich Bismarck so maßlos aufregte: Das Kabinett hatte sich geweigert, seinen Kandidaten für den Posten des Direktors des Norddeutschen

Postbezirks zu ernennen; die Minister bemängelten, dass er nicht die Laufbahnvoraussetzung erfüllte.[143]

Unter all den Rücktrittsgesuchen, die Bismarck im Laufe seiner Amtszeit einreichte, kann nur eines nicht als Finte und bloßes politisches Manöver abgetan werden. Im Mai 1875 versuchte er nicht wie sonst, auf erpresserische Weise etwas durchzusetzen. Schon Monate vorher hatte er im Familienkreis darüber gesprochen, dass er im April, zu seinem 60. Geburtstag, aus der Politik ausscheiden wolle. Bismarck glaubte, nicht mehr lange zu leben, vor allem dann nicht, wenn er im Amt bleibe. Die Ärzte, schrieb er in seinem Rücktrittsgesuch, hätten ihm »wiederholt erklärt, dass meine körperlichen Kräfte meiner bisherigen Lebensweise nicht mehr gewachsen sind, vielmehr unter derselben in kurzer Zeit zusammenbrechen werden«.[144]

Auf Bismarcks Bitte um Entlassung reagierte Wilhelm bestürzt. Er weigerte sich, dem Wunsch stattzugeben, und Bismarck blieb im Amt, weil der König glaubte, ohne ihn nicht auskommen zu können. Dem Großherzog von Weimar schrieb Wilhelm, Bismarck selbst wisse und fühle, »dass er lebend unersetzlich ist und nach ihm seine Stellung wohl besetzt, aber nie ersetzt werden wird«.[145]

Auch im März 1877 begründete Bismarck ein Rücktrittsgesuch mit seiner angegriffenen Gesundheit und seinem Bedürfnis nach Ruhe. Derlei Gedanken hatte er bereits einige Monate zuvor anklingen lassen. Daher wusste er, dass sein Herrscher nicht bereit war, ihn ziehen zu lassen. »Sehen Sie mich an«, hatte der 80-jährige Monarch gesagt, »ich bin achtzehn Jahre älter als Sie und halte auch noch aus.« Bismarck hatte entgegnet: »Das wundert mich nicht, Majestät, das Pferd wird immer schneller müde als der Reiter.«[146] Im April 1877 reagierte Wilhelm genauso: »Soll ich mich in meinen alten Tagen blamieren? Es ist eine Untreue, wenn Sie mich verlassen.«[147]

Oft fühlte sich Bismarck jedoch von dem Mann, dem er zu Macht und Herrlichkeit verholfen hatte, nicht hinreichend wertgeschätzt. Im Januar 1877 schüttete er seinem Vertrauten Robert Lucius von Ballhausen sein Herz aus. Wilhelm sei »steinhart und kalt«, habe »gar kein Dankgefühl«, sagte er. »Er hegt keine Dankbarkeit für mich, sondern er behält mich nur, weil er glaubt, ich könne ihm noch etwas leisten.« Bismarck bekannte sich aber auch zu seiner eigenen Empfindlichkeit: Dass er stets »Dank und Vertrauen« bedürfe, sei sein »wundester Punkt«.[148]

Gegenüber seinem damaligen Hausarzt Eduard Cohen klagte Bismarck im November 1880 in drastischer und offener Weise darüber, dass es entsetzlich viel Zeit koste, Wilhelm immer wieder auf seine Seite zu ziehen. Er könne ja »nicht einfach sagen: Majestät sind auf dem Holzwege, oder: es ist einfach Blech, was Eure Majestät sagen, oder: Eure Majestät haben von der Politik Ansichten eines Quartaners, sondern das müsse alles in gut gesetzten Redensarten angedeutet werden«. Die Leute, die immer von Kanzlerkrisis sprächen und spotteten, wüssten einfach nicht, was dazu gehöre, »mit einem alten Olympier wie dem Kaiser achtzehn Jahre lang auszukommen«.[149]

Trotz alledem klebte Bismarck an seinem Stuhl, auch wenn er seinen Machtwillen als Treue zum König verbrämte. Solange Wilhelm I. lebe, verlasse er ihn nicht; das habe er ihm versprochen, sagte Bismarck 1881 zu Cohen.[150] Als der alte König 1888 schließlich mit fast 91 Jahren starb, war der bereits todkranke Friedrich III. zu schwach, um Bismarck loszuwerden. Der junge, tatendurstige Wilhelm II. jedoch wollte selbst regieren, und da waren Bismarcks Tage als Regierungschef gezählt.

Bismarck hat, abgesehen von Napoleon, die Welt im 19. Jahrhundert tiefgreifender verändert als jeder andere in Europa. Am Ende passte er selbst nicht mehr in die Zeit. Das Gesellschaftssystem, das er zu konservieren trachtete, stand im Widerspruch zu der dynamischen Entwicklung von Industrie, Handel und Verkehr. Das alte Preußen war ökonomisch von der Landwirtschaft und gesellschaftlich von den ostelbischen Rittergutsbesitzern getragen worden. Aber die rasch fortschreitende Industrialisierung hatte die gesamte Sozialstruktur verändert. Bismarck nahm es wahr, ohne es begreifen, geschweige denn beeinflussen zu können. Als er bei seinem letzten Hamburg-Besuch auf den Verkehr im Hafen blickte, soll er resigniert gesagt haben: »Dies ist eine neue Zeit. Ich verstehe sie nicht mehr.«[151]

Am Ende des Jahrhunderts beschrieb ein junger Professor der Nationalökonomie, Max Weber, in seiner Freiburger Antrittsvorlesung »den ökonomischen Todeskampf« des Junkertums, dessen bedeutendster Repräsentant Bismarck war. »Die ökonomischen Fundamente der Machtstellung des alten Grundadels schwinden«, konstatierte Weber, »er selbst wird zu etwas anderem, als er war.« Eine solche Entwicklung sei jedoch nicht nur von wirtschaftlicher Bedeutung. »Gefährlich und auf die Dauer mit dem Interesse der Nation unvereinbar« sei es, »wenn eine ökonomisch sinkende Klasse die politische Herrschaft in Händen« habe. Die Junker könnten die Aufgaben der Gegenwart nicht mehr lösen.

Das galt auch für den Größten unter ihnen: Bismarck. »Die Tragik, welche seiner staatsmännischen Leistung neben ihrer unvergleichlichen Größe anhaftet«, prophezeite Max Weber, »wird die Zukunft wohl darin finden, dass unter ihm das Werk seiner Hände, die Nation, der er die Einheit gab, langsam und unwiderstehlich ihre ökonomische Struktur veränderte und eine andere wurde, ein Volk, das andere Ordnungen fordern musste als solche, die er ihm geben und denen seine cäsarische Natur sich einfügen konnte. Im letzten Grund ist eben dies es gewesen, was das teilweise Scheitern seines Lebenswerkes herbeigeführt hat.«[152]

Die private Bilanz war erfreulicher. Bismarck lebte fast 50 Jahre mit seiner Frau Johanna, und die Ehe war glücklich. 1887, am 40. Hochzeitstag, dankte er ihr in einem Telegramm für die 14 610 Tage der Ehe – »gute und schlimme, aber doch viel mehr gute«.[153]

Als das Ehepaar im August 1894 Varzin aufsuchte, deutete es Bismarck als »böses Omen«, dass ein alter Kastanienbaum vor der Einfahrt zusammengebrochen war und den Weg versperrte: »Wir werden wohl nicht alle, die wir gestern herkamen, Varzin lebendig wieder verlassen.« Am 27. November starb Johanna von Bismarck in Varzin. Otto, der neun Jahre Ältere, hatte »immer geglaubt, dass ich die Vorhand hätte«. Wenn er jetzt noch im Dienst wäre, meinte er, würde er stramm arbeiten. Am offensten sprach er über sein Leid gegenüber seiner Schwester, drei Wochen nach Johannas Tod, in denen »über das Gefühl der Verödung noch kein Gras« habe wachsen können.[154] Die Zukunft sei nun leer für ihn, schrieb er wenig später. »Das Leben ist ein dauernder Verbrennungsprozess, und mein Material zur Unterhaltung der Flamme ist bald aufgebraucht.«[155]

Der Tod seiner Frau erschütterte seine ohnehin labile Gesundheit noch mehr. Lediglich seine »alte Freundin, die Flasche« – Champagner – konnte ihn aufmuntern. Als Brand im Fuß diagnostiziert wurde, saß er mehr und mehr im Rollstuhl. Ständig litt er Schmerzen, die oft mit Morphium betäubt werden mussten. Er war müde vom Leben, sann mehr über die Ereignisse seiner Jugend nach, als an aktuellen Ereignissen Anteil zu nehmen.

Als der Staatssekretär des Reichsmarineamtes, Admiral Alfred von Tirpitz, ihm ausführlich seine Flottenpläne erläuterte, zeigte Bismarck unverhohlen Desinteresse: Seine Aufgabe sei getan, es gebe für ihn keine Zukunft und keine Hoffnungen mehr. Kurz darauf klagte er: »Ich lebe zu lange, das ist meine Krankheit.« Als Tirpitz ihn 1897 zu einer Schiffstaufe nach Kiel einlud, grollte er, er wolle nicht »als Ruine vor der Öffentlichkeit stehen«.

Zwei Tage vor seinem Tod flackerte der Lebensgeist Bismarcks noch einmal auf. Sein Arzt half ihm auf die Beine, er setzte sich an den Tisch und trank auf fast nüchternen Magen anderthalb Flaschen Champagner. Nach dem Essen las er Zeitungen und rauchte drei Pfeifen.[156]

Sohn Herbert und Tochter Marie waren bei ihm, als es mit Bismarck zu Ende ging. Sein letztes Lebenszeichen war Maries Lieblingsarie, die er ganz schwach und leise vor sich hin pfiff: »La donna è mobile«.[157] Am 30. Juli 1898 gegen 23 Uhr starb Bismarck in Friedrichsruh.

CHARAKTER

»Besiegt habe ich sie alle! Alle!«

Der Wille zur Macht war Bismarcks zentrale Charaktereigenschaft.[158] Schon als 23-Jähriger bekannte er sich zu dem »Wunsch, zu befehlen, bewundert und berühmt zu werden«. Macht übe auf ihn eine »Anziehungskraft« aus »wie das Licht auf die Mücke«. Dies schrieb er im September 1838 seiner Cousine Caroline von Bismarck-Bohlen.[159]

Bismarck war, was er nie verhehlte, besessen vom Ehrgeiz, den er wohl, auch wenn es ihm missfiel, von seiner Mutter geerbt hatte. Sein Ehrgeiz strebe aber, betonte er in dem Brief an die Verwandte, weniger danach, »zu befehlen«, als vielmehr danach, »nicht zu gehorchen«. Dieselbe Formulierung gebrauchte er wiederholt auch nach seiner Entlassung 1890, um zu unterstreichen, dass er »nie herrschsüchtig« gewesen sei.[160] Vielmehr habe er immer »einen furchtbaren Freiheitsdrang und Gleichheitsschwindel« in sich gespürt.[161] Er wollte immer über den anderen stehen.

In dem 1839 veröffentlichten Schlüsselroman seines Göttinger Kommilitonen und Freundes John Lothrop Motley verkündet der Romanheld Otto von Rabenmark, Bismarcks Alter Ego, rundheraus: »Ich gedenke meine Gefährten hier ebenso zu führen, wie ich sie im künftigen Leben zu führen gedenke.«[162] So hörte sich Originalton Bismarck an.

Bismarck war ein »Machiavellist der Machtpolitik«,[163] der Politik als Kampf verstand – und das galt nicht nur für die zwischenstaatlichen Beziehungen, sondern auch für die Auseinandersetzungen mit dem heimischen Parlament und der Presse. Er trat 1862 als preußischer Ministerpräsident und »Konfliktminister« an, von dem man erwartete, dass er auch vor offenem Verfassungsbruch und gewaltsamer Unterdrückung der Opposition nicht zurückschrecken werde. »Bismarck-Schönhausen bedeutet: regieren ohne Etat, Säbelregiment im Innern, Krieg nach außen«, prophezeite der liberale Abgeordnete Max von Forckenbeck nach Bismarcks Ernennung.[164]

Tatsächlich machte Bismarck seinem Image als skrupelloser Gewaltpolitiker alle Ehre. Schon bald nach seinem Amtsantritt provozierte er die liberale Mehrheit des Abgeordnetenhauses mit der Behauptung: »Nicht durch Reden und Majoritätsbeschlüsse werden die großen Fragen der Zeit entschieden – das ist der große Fehler von 1848 und 1849 gewesen –, sondern durch Eisen und Blut.«[165]

Mit Halbheiten mochte sich Bismarck nie zufriedengeben. Er musste den Gegner besiegen und vernichten oder verlieren und selbst vernichtet werden. Wenige Monate nach Beginn seiner Regierungstätigkeit machte er bei einem Schlagabtausch im Landtag deutlich, dass er keinem Streit aus dem Weg gehen würde. Kaltblütig erklärte Bismarck im Januar 1863 den Abgeordneten, das konstitutionelle Leben sei »eine Reihe von Kompromissen, werden diese vereitelt, so entstehen Konflikte; Konflikte aber sind Machtfragen, und wer die Macht in Händen hat, geht dann in seinem Sinne vor«.[166] Dies veranlasste Maximilian Graf von Schwerin, den Führer der liberalen Opposition, zu dem erstaunten Ausruf: »Macht geht vor Recht.«

In der Politik müssen die Regierenden normalerweise immer wieder um die Zustimmung der Mehrheit werben. Das lag Bismarck fern. Er wollte zum Schluss verkünden können, wie er es im August 1866 tat, als er nach dem Triumph über Österreich den König und die preußischen Militärs davon abgehalten hatte, weitere Eroberungen anzustreben: »Besiegt habe ich sie alle! Alle!«[167]

Bismarck missachtete die Rechte des Parlaments und brach die Verfassung. Er konnte ohne gesetzliches Budget regieren, weil das Parlament keine rechtliche Handhabe hatte, die Einziehung der Steuern zu verhindern oder die Regierung anzuklagen, geschweige denn zum Rücktritt zu zwingen.

Im preußischen Abgeordnetenhaus, das 1861 gewählt worden war, hielten die Liberalen drei Viertel der Sitze. 40 Prozent der Mandate hatten Beamte inne. Deshalb war es Bismarcks erstes Ziel, im gesamten Staatsdienst »die Beamten ... um jeden Preis zur Disziplin zurückzuführen«. Mit anderen Worten: Die Bürokratie sollte in ein wirkungsvolles Instrument der Wählerbeeinflussung verwandelt werden. Bismarcks Innenminister Friedrich Graf zu Eulenburg dozierte, Beamte hätten die Pflicht, die königliche Regierung »rückhaltlos« zu unterstützen; deshalb müsse in der staatlichen Verwaltung überall die »Einheit des Geistes und Willens« herrschen. Die Oberpräsidenten der preußischen Provinzen mussten über die politische Tätigkeit und Gesinnung ihrer Untergebenen berichten, ebenso die Gerichtspräsidenten über die der Richter und Staatsanwälte, obschon die Unabhängigkeit der Justiz ein ehernes Prinzip des preußischen Rechts war.[168]

Bismarck schreckte auch nicht davor zurück, Abgeordnete zu maßregeln, obwohl ihnen die Verfassung Immunität gewährte. Er ließ den König erklären, »von diesem allgemeinen Grundsatze müsse eine Ausnahme gemacht werden, wenn Beamte ... durch ihre faktiöse Opposition gegen die Regierung, die nicht auf gewissenhafter Überzeugung, sondern nur auf persönlichen Rücksichten beruhen könne, dazu beigetragen hätten, den Staat in eine so gefahrvolle Krisis ... zu drängen«.[169]

Dass ihm der Wind der öffentlichen Meinung ins Gesicht blies, machte Bismarck nur noch kampfeslustiger. Die Gazetten sollten »nicht geniert werden«, hatte Friedrich der Große einst verkündet, die preußische Verfassung garantierte Pressefreiheit ohne Zensur. Doch Anfang der 1860er Jahre unterstützten fünf Sechstel der preußischen Zeitungen die Parlamentsmehrheit in ihrem Kampf gegen die Regierung. Deshalb versuchte Bismarck im Juni 1863, die liberale Presse zum Verstummen zu bringen. Eine königliche Presseverordnung ermächtigte die Polizeibehörden, opponierende Blätter zu unterdrücken. Zugleich löste Bismarck das Abgeordnetenhaus auf und schrieb Neuwahlen aus. Die Verordnung sollte die Zeitungen während des Wahlkampfes mundtot machen.[170]

Auf der anderen Seite hielt sich Bismarck eine Garde von Leibjournalisten und schmierte willfährige Redaktionen. Sein Sprachrohr, die 1863 gegründete konservative *Provinzial-Correspondenz*, rühmte denn auch die Verordnung zur Knebelung der Zeitungen: Das Gesetz sei »nicht etwa aus despotischem Gelüst, sondern aus Wohlmeinung für den Thron und das Land hervorgegangen«. Die Einschränkung der Pressefreiheit sei notwendig zur »Zurückführung der aufgeregten und verirrten Gemüter zur Ordnung, Gesetzlichkeit und Mäßigung«.

So brachte Bismarck die Zeitungen auf Linie. Dabei leugnete er sogar das Offensichtliche. Im Januar 1864 behauptete er im Parlament allen Ernstes, es gebe »keine offiziöse Presse«; vielmehr sei es »mein erstes Gewerbe gewesen, als ich das Ministerium übernahm, dieselbe abzuschaffen«.[171]

Nichts sei Bismarck »zu klein, nichts zu weit abgelegen« gewesen, »um es unbesprochen, unerwidert zu lassen«, berichtete Ludwig Bamberger, der eine Zeitlang selbst in dessen

Propaganda-Apparat tätig war. Bamberger nannte Bismarck mit Blick auf die Manipulationen der Presse einen »Virtuosen in der Kunst der Menschenbeherrschung«.[172]

Anfangs griff Bismarck in die Staatskasse, um die Presse zu bestechen. Nach der Annexion Hannovers 1866 beschlagnahmte er das Privatvermögen des abgesetzten und ins Exil vertriebenen Königs Georg V., um es unter dem Vorwand, damit »welfische Umtriebe« zu bekämpfen, für eigene politische Zwecke einzusetzen. Als ihm Anfang 1869 vorgehalten wurde, dass er die schwarze Kasse zur Korrumpierung der Presse einsetze, bekannte sich Bismarck freimütig zu dieser Absicht: »Ich glaube, wir verdienen Ihren Dank, wenn wir uns dazu hergeben, bösartige Reptilien zu verfolgen bis in ihre Höhlen hinein, um zu beobachten, was sie treiben.« Die Kritiker Bismarcks verwendeten den Begriff »Reptil« fortan als Synonym für kriecherische, regierungsfromme Soldschreiber; der »Reptilienfonds« avancierte zum festen Begriff.

Ein Soldat Gottes?

Bismarck selbst war erstaunlich anpassungsfähig. Auf die Frage, welche Philosophen ihn beeinflusst hätten, antwortete er einmal mit dem Hinweis, Immanuel Kants Rede vom kategorischen Imperativ sei ja sehr schön, aber er selber lebe »am liebsten ohne das Gefühl des Imperativs«. Er habe »überhaupt nie nach Grundsätzen gelebt«. Wenn er habe handeln müssen, habe er »zugegriffen« und getan, was er »für gut« befunden habe.[173]

Seine Prinzipienlosigkeit sei ihm »oft vorgehalten« worden, räumte Bismarck ein, und er stand dazu. Bereits in seiner Jugend habe er mit seiner »philosophisch angehauchten Cousine«, Caroline von Bismarck-Bohlen, darüber diskutiert, ob man Grundsätzen folgen müsse. Ihr habe er gesagt: »Wenn ich mit Grundsätzen durchs Leben gehen soll, so komme ich mir vor, als wenn ich durch einen engen Waldweg gehen sollte und müsste eine lange Stange im Munde halten.«

1847 schrieb er seiner Braut: »An Grundsätzen hält man nur fest, solange sie nicht auf die Probe gestellt werden; geschieht das, so wirft man sie fort wie der Bauer die Pantoffeln und läuft, wie einem die Beine von Natur aus gewachsen sind.« Bismarcks Prinzip war es, seine Prinzipien je nach Lage blitzschnell wechseln zu können.

Aus der generellen Abneigung gegen Grundsätze in der Politik folgt logischerweise ein bloßer Machtwille ohne verbindliche Ziele. »Die Welt ist ein Wille zur Macht und nichts außerdem«, gab der Philosoph Friedrich Nietzsche als Parole aus.[174] An Bismarck schätzte Nietzsche vor allem die »rücksichtslose Außenpolitik« – Bismarck gehörte für den Philosophen zu jener »starken Art« von Menschen, die »befehlen kann«.

Nietzsche wie Bismarck erschienen »manchem ausländischen Beobachter ... als Verkörperungen deutscher Maßlosigkeit«, konstatierte der Historiker Theodor Schieder: »Das Schlagwort vom ›Willen zur Macht‹, von Nietzsche in einem anderen Sinne gemeint, schien die Politik Bismarcks, die Politik von Eisen und Blut, genauestens zu treffen. Schließlich konnte man die Bilder beider in die Ahnengalerie totalitärer Diktatur nebeneinander hängen, den Verkünder bevorstehender Barbarei und den Praktiker der reinen Macht.«[175] Nietzsches Schwester Elisabeth Förster-Nietzsche überlieferte das angebliche Bonmot eines Franzosen, der gemeint habe: »Bismarck ist Nietzsche in Kürassierstiefeln, und Nietzsche mit seiner Lehre vom Willen zur Macht als Grundprinzip des Lebens ist Bismarck im Professorenrock.«[176]

Das ist ein suggestives Bild, aber vermutlich sind die Dinge komplizierter. Weltanschaulich lagen zwischen Bismarck und

Nietzsche Welten. Der Philosoph äußerte sich denn auch ironisch über die konservativen Elemente bei Bismarck, seinen »braven Grund von Royalismus und Christentum«.[177]

Als Antriebskraft seiner Politik bezeichnete Bismarck immer wieder seinen religiösen Glauben. Kein Staatsmann der Weltgeschichte, abgesehen von den Führern des alttestamentlichen jüdischen Volkes, hat den Namen Gottes so oft im Munde geführt wie er. Es gibt zahllose politische Äußerungen von ihm, in denen er – manchmal verehrend, meistens bohrend, selten vertrauend, fast immer zweifelnd – nach Gottes Ratschluss fragt.[178]

Zu Beginn seiner diplomatischen Laufbahn schrieb er 1851 seiner Frau, er sei »Gottes Soldat«, und »wo er mich hinschickt, da muss ich gehen«. Denn er »glaube, dass er mich schickt und mein Leben zuschnitzt, wie er es braucht«.[179] 1864, nach dem Sieg über Dänemark, zeigte sich Bismarck überzeugt, dass »Gottes Beistand Preußen wohlgetan« habe.[180]

»Wenn ich nicht an eine göttliche Ordnung glaubte, die diese deutsche Nation zu etwas Gutem und Großem bestimmt hätte, so würde ich das Diplomatengewerbe gleich aufgeben oder das Geschäft gar nicht übernommen haben«, sagte Bismarck 1870 zu Freunden. »Wenn ich nicht ein strammgläubiger Christ wäre, wenn ich die wundervolle Basis der Religion nicht hätte, so würden Sie einen solchen Bundeskanzler gar nicht erlebt haben.«[181]

Die Wandlung zum überzeugten Christen vollzog sich jedoch – wenn überhaupt – erst spät. In seinem Elternhaus war Bismarck nicht zur Frömmigkeit erzogen worden. Der Vater hat nie mit ihm über Glaubensdinge gesprochen, die Mutter war, wie sich der Sohn erinnerte, über seinen »gänzlichen Unglauben an Bibel und Christentum erschrocken und zornig«.[182] Seit seiner Konfirmation durch Friedrich Schleiermacher, einen der bedeutendsten Theologen seiner Zeit, beschäftigte sich Bismarck nicht mehr mit Fragen des Glaubens. »Nach einem unregelmäßig besuchten und unverstandenen Religionsunterricht hatte ich bei meiner Einsegnung durch Schleiermacher ... keinen anderen Glauben als einen nackten Deismus«, sagte er von sich selbst.[183]

Seit seinem 16. Lebensjahr habe er nicht mehr gebetet, und er habe es »wissentlich gelassen«, weil es ihm unlogisch erschien, einen Gott, dessen Ratschlüsse unerforschbar sind, um etwas zu bitten. Als Student hielt er es mit dem pantheistischen Gottesbegriff, wonach Gott eins sei mit dem Kosmos und der Natur. Beeinflusst wurde Bismarck durch die Lehre des niederländischen Philosophen Baruch de Spinoza, eines, wie Bismarck ausdrücklich vermerkte, »aristokratischen Juden«, dessen *Ethik* er im Frühjahr 1836 wohl eher beiläufig las; das Werk habe er, schrieb er seinem Korpsbruder Scharlach aus Schönhausen, »in der hiesigen, an Schweinsledern ziemlich reichen Bibliothek gefunden«.[184] Später brüstete er sich damit, dass er Spinoza »an der Hand deutscher Hilfsbücher im lateinischen Text studiert« habe; dessen Gedanken, sagte Bismarck im Alter, hätten ihn beeindruckt, da sie »unmittelbar aus der Natur« herauswüchsen. Auf die Frage, ob Spinozas Pantheismus auf ihn Einfluss ausgeübt habe, erwiderte Bismarck: »Das Christentum einen viel, viel höheren, den höchsten!«[185]

Dazu musste er freilich erst einmal bekehrt werden. Dies geschah zufällig und nicht etwa, weil er auf Gottsuche gewesen wäre, sondern weil er einer Frau imponieren wollte.

Während seiner Zeit in Kniephof lernte er im Februar 1843 bei einem Besuch des benachbarten Gutsherrn Adolf von Thadden-Trieglaff dessen Tochter Marie kennen. Schon bei ihrem ersten Gespräch mit Bismarck bemerkte Marie dessen Unfähigkeit zum Glauben, was sie tief schockierte. Ihrem Bräutigam Moritz von Blanckenburg schrieb sie entsetzt: »Ich habe noch nie jemanden seinen Unglauben oder vielmehr Pantheismus so frei und klar auseinandersetzen hören.« Bismarck versuchte sich zu verteidigen, indem er sagte: »Wie kann ich denn glauben, da ich doch einmal keinen Glauben habe; der muss entweder in mich hineinfahren oder ohne mein Zutun und Wollen in mir aufschießen.«[186]

Bismarck verliebte sich in Marie, und als sie lebensgefährlich erkrankte, betete Bismarck in seiner Angst um das Leben der Freundin zum ersten Mal seit vielen Jahren wieder zu Gott. Maries letzter Wunsch war es, Bismarck möge sich endlich bekehren. Ihr Tod im November 1846 stürzte Bismarck in tiefe Verzweiflung. Wenn auch Gott sein Gebet nicht erhört hatte, so vollzog sich doch, jedenfalls nach seinen eigenen Angaben, ein grundlegender Wandel in seinen religiösen Anschauungen. Die Menschen des Trieglaffer Kreises, schrieb er seinem Freund Blanckenburg, hätten ihn »nun endgültig von der Wahrheit des Christenglaubens überzeugt«.[187]

Wie ernst es Bismarck mit seinem christlichen Glauben war, ist jedoch unklar. Reinold von Thadden-Trieglaff, ein Urenkel des pietistischen Erweckers sowie Begründer und erster Präsident des Deutschen Evangelischen Kirchentages, meinte: »Ein lebendiges Glied der Gemeinde, der evangelischen Kirche ist Bismarck kaum gewesen, im Anfang schon nicht geworden und in der Folge immer weniger geblieben.« Das komme in dem Brief an seinen Bruder Bernhard vom Januar 1847, in dem er seine Verlobung mitteilte, »ganz unmissverständlich« zum Ausdruck.[188]

»In Glaubenssachen«, schrieb Otto damals über seine Beziehung zu Johanna von Puttkamer, »gehen wir, mehr zu ihrem als zu meinem Leidwesen, etwas auseinander«, auch wenn »mancherlei innere und äußere Ereignisse ... in letzter Zeit Veränderungen« in ihm hervorgebracht hätten, durch die er sich für »berechtigt halte, mich den Bekennern der christlichen Religion beizuzählen«. Er stehe »in vielen Lehren ... nicht auf gleichem Gesichtspunkt«; aber zwischen ihm und seiner Braut sei »stillschweigend eine Art von Passauer Vertrag« zustande gekommen.[189] Die Berufung auf den historischen Religionsfrieden von 1552 machte deutlich, dass Toleranz, aber eben kein Einverständnis herrschte.

Auch »seine damaligen engeren Glaubensgefährten«, so Thadden, habe Otto von Bismarck »gleich nach seiner ›Bekehrung‹ nicht im Unklaren gelassen«. Seine »Verbindung mit Gott« habe »von der ersten Stunde an einen merkwürdig ›privaten‹ Charakter« gehabt, und »jede Einflussnahme von christlicher Seite auf seine politischen Entscheidungen« habe sich Bismarck »sein Leben lang auf das Entschiedenste verbeten«.[190] Sicher sei, »dass diejenigen, die ihn am genauesten kannten, später mit wachsendem Zweifel und mit wachsender Beunruhigung den inneren Entwicklungsgang des großen Staatsmannes verfolgt und seine realistische, wesentlich zweckbestimmte Politik immer wieder ... als unvereinbar mit dem christlichen Denken kritisiert haben«.[191] Bismarck habe sich einen »Privatgott« geschaffen, der ihm immer recht gegeben habe, meinte Ludwig Bamberger.[192]

Bismarcks Bedürfnis zu herrschen und zu lenken entsprang nicht einem religiösen Sendungsbewusstsein, sondern der elementaren Kraft seiner Persönlichkeit, analysierte der amerikanische Bismarck-Biograph Otto Pflanze: »Die Bekehrung änderte seine Einstellung zu den Mitmenschen nicht grundsätzlich. Seine zynische Beurteilung der Persönlichkeiten und Beweggründe, sein Hass und seine Böswilligkeit gegen alle, die ihm Widerstand leisteten, seine skrupellose Bereitschaft, andere für seine Zwecke einzusetzen und auszubeuten, scheinen zu beweisen, dass die dem Christen gebotene Nächstenliebe seinem Temperament immer ziemlich fremd blieb. Sein Glauben steigerte sein Verantwortungsbewusstsein, war aber nicht dessen Grundlage.« Die Religion habe ihm »ein Gefühl der Sicherheit« gegeben, »das Gefühl, einer zusammenhängenden, sinnvollen und zweckdienlich regierten Welt anzugehören – einer Umwelt, wie seine Eltern sie ihm nicht hatten geben können. Der Gott, den er anbetete, war mächtig (im Gegensatz zu seinem Vater) und liebevoll (im Gegensatz zu seiner Mutter). Obwohl Bismarcks Gott nicht in die irdischen Geschäfte eingriff, kam ihm doch jene höhere Führung und Leitung zu, die der Junker aus Schönhausen sich von keinem Sterblichen hätte gefallen lassen.«[193]

Die Verbindung zu den aristokratischen Pietisten um Adolf von Thadden-Trieglaff und seiner Tochter Marie war in persönlicher Hinsicht und für seine spätere Karriere von allergrößter Bedeutung; dennoch hat sich Bismarck der Erweckungsbewegung nie angeschlossen. Sogar in dem Werbebrief an seinen pietistischen Schwiegervater in spe legte er sich nicht fest, sondern hielt mit Geschick und Umsicht gebotene Distanz.[194] Er bemühte sich, gerade so viel an innerer Einstellung preiszugeben, dass dem Empfänger des Briefes die Zustimmung zur Hochzeit seiner Tochter nicht allzu schwerfiel.

Gerade die Jahre, in denen sich Bismarcks Bekehrung vollzogen haben soll, waren die wildesten in seinem Privatleben. Später erzählte er, dass er zwischen 1843 und 1847 »alle Sünden für erlaubt« gehalten habe. Noch 1851, als er bereits vier Jahre verheiratet und inzwischen Diplomat geworden war, schilderte Bismarck in einem Brief an seinen Freund Hans von Kleist-Retzow: »Die Haupthandhabe, an der mich der Böse angreift, liegt nicht in äußerem Glanz, sondern in einer brutalen Sinnlichkeit, die mich so nahe an die größten Sünden führt, dass ich mitunter verzweifle, den Zugang zur Gnade Gottes zu finden, und jedenfalls die Gewissheit habe, dass der Same des göttlichen Wortes in meinem von Jugend auf verwilderten Herzen den guten Boden nicht gefunden hat, sonst könnte ich nicht in dem Maße der Spielball der Versuchung sein, die sich bis in mein Gebet drängt.«[195] Der 36-Jährige gestand dem Freund: »Jede unbeschäftigte Einsamkeit führt mich zum Kampf mit den Gebilden des Abgrunds einer verdorbenen Phantasie.« Auch sein Studienfreund Alexander Graf Keyserling erinnerte sich im Juli 1890, dass Bismarck »in der Liebe dem Naturtrieb ohne große Skrupel folgte«.[196]

Wie gläubig Bismarck war, kann letztlich dahingestellt bleiben, denn für die politische Arbeit hat sein Glaube nie eine wirkliche Rolle gespielt, bestenfalls hat er ihn für seine politischen Zwecke missbraucht. In »seinem politischen Schaukasten«, urteilte der frühe Bismarck-Biograph Oskar Klein-Hattingen, habe die christliche Demut nur »als Lockvogel« gelegen.[197]

Der Taktiker

Bismarck wird der Ausspruch zugeschrieben: »Der Staatsmann kann nie selber etwas schaffen, er kann nur abwarten und lauschen, bis er den Schritt Gottes durch die Ereignisse hallen hört«, um dann »vorzuspringen und den Zipfel seines Mantels zu fassen, das ist alles.« Einen Beleg für das Zitat gibt es nicht.[198]

Die älteste Überlieferung ist ein Aufsatz des Historikers Erich Marcks, der den Altkanzler 1893 in Friedrichsruh besuchte und zum glühenden Bismarck-Verehrer wurde; er gab die angebliche Äußerung jedoch nur unter dem Vorbehalt wieder, »wenn ich recht berichtet bin«.[199] Der Journalist Paul Liman, ein enthusiastischer Bismarck-Claqueur, griff den Satz ohne Quellenangabe auf.[200] Und der Bismarck-Biograph Arnold Oskar Meyer schließlich interpretierte den vermeintlichen Ausspruch als Indiz für eine demütige Religiosität Bismarcks.[201]

Aber sosehr diese und andere Autoren auch versucht haben, nachzuweisen, dass Bismarck religiös gewesen sei und einen persönlichen Gott als oberste Instanz anerkannt habe,[202] es überwiegen die Zweifel an Bismarcks Glaubensbereitschaft. Tatsächlich dürfte »Gott« für Bismarck lediglich in pragmatischer Hinsicht von Bedeutung gewesen sein. Indem er die Verantwortung für sein Handeln einer höheren Macht zuschob, erweiterte Bismarck seinen Handlungsspielraum. Er konnte Risiken eingehen und Experimente wagen, ohne bei einem Fehlschlag die Schuld bei sich selbst suchen zu müssen. Die Gewissheit, »Gottes Soldat« zu sein, schützte Bismarcks Ego vor schlechtem Gewissen.

Ob er also den »Schritt Gottes« in der Weltgeschichte vernahm und den »Zipfel seines Mantels« zu fassen bekam, wie manche Zeitgenossen glauben wollten, ist unklar – sicher ist, dass Bismarck selbst seine Aufgabe und Talente profaner begriff: »Die Politik erfordert vor allem die Fähigkeit, in jeder neuen Situation intuitiv zu erkennen, wohin der richtige Weg geht. Der Staatsmann muss die Dinge rechtzeitig herannahen sehen und sich darauf einrichten.« Ein »unerlässliches Requisit des Staatsmannes« sei zudem die Geduld: »Er muss warten können, bis der richtige Moment herangekommen ist, und darf nichts überstürzen, selbst wenn der Anreiz noch so groß ist … Ich bin von früh auf Jäger und Fischer gewesen, und das Abwarten des rechten Moments ist in beiden Situationen die Regel gewesen, die ich auf die Politik übertragen habe. Ich habe oft lange auf dem Anstande gestanden und habe mich von Insekten umschwärmen und zerstechen lassen müssen, ehe ich zum Schusse kam.«[203]

Ein anderes Merkmal bismarckscher Politik war das Spiel mit Alternativen. Man dürfe, sagte er, »nie einen Schachzug in der vollständig sicheren Voraussetzung tun, dass der andere Mitspieler einen gewissen Zug machen werde. Denn es kann kommen, dass der Zug doch nicht erfolgt, und dann geht die Partie leicht verloren. Man muss immer mit der Möglichkeit rechnen, dass der Gegner im letzten Moment anders als erwartet zieht, und sich darauf einrichten. Mit andern Worten: Man muss stets zwei Eisen im Feuer haben.« Ähnlich äußerte er sich bei anderer Gelegenheit: »Viele Wege führten zu meinem Ziel, ich musste der Reihe nach einen nach dem anderen einschlagen, den gefährlichsten zuletzt. Einförmigkeit im Handeln war nicht meine Sache.«[204]

Bismarcks Gespür für divergierende Standpunkte ermöglichte ihm, solche Gegensätze für seine Zwecke auszunutzen. Meist nahm er eine Mittelposition ein, aus der heraus er sich offenhielt, ein Bündnis mit der einen oder der anderen Seite einzugehen. Indem er sich diese Wahlfreiheit sicherte, gelang es ihm oft, seine Gegenspieler zu paralysieren. Während er seine Bewegungsfreiheit behielt, waren die anderen blockiert. Er wollte immer das Zünglein an der Waage sein.[205]

Täuschen gehörte zum Handwerk. Bismarck hatte ein taktisches Verhältnis zur Wahrheit. Seine Mutter hatte er von früher Kindheit an belogen, und er log sein Leben lang weiter. Er belog seine Frau, als er 1851 beteuerte, er habe »mit keiner Silbe herbeigeführt oder auch nur erwünscht«, preußischer Gesandter beim Bundestag in Frankfurt zu werden.[206] Tatsächlich hatte er ein Jahr lang alle Hebel in Bewegung gesetzt, um einen diplomatischen Posten zu ergattern. »Ich habe es nicht gesucht, der Herr hat es gewollt«, beteuerte er, er könne sich »dem nicht entziehen«.[207] Die Berufung auf Gott war für die tiefgläubige Pietistin ein schlagendes Argument.[208]

Noch dreister stellte er Johanna seine mit großer Ungeduld betriebene Berufung zum Ministerpräsidenten dar. »Du wirst aus den Zeitungen unser Elend schon ersehen haben«, schrieb er ihr 1862, als sei das Amt wider seinen Willen über ihn gekommen. Es sei »alles ... nicht erfreulich«, und er »erschrecke jedes Mal darüber«, wenn er des Morgens erwache, »aber es muss sein«.[209]

1872, in der Krise um eine Kreisreform, belog Bismarck den Kaiser über sein Verhalten gegenüber Innenminister Friedrich zu Eulenburg. Der hatte den Regierungschef, der sich seit Monaten auf seinem Gut Varzin aufhielt, dringend um eine Entscheidung gebeten, doch Bismarck war entschlossen, Berlin so lange fernzubleiben, »bis die Schweinerei zu groß ist, dass ich dann alles durchsetzen kann«. Gegenüber Wilhelm I. begründete er seine lange Abwesenheit wahrheitswidrig jedoch damit, dass sein Versuch, auf Eulenburgs Bitten aus der Ferne einzugreifen, seine Gesundheit weiter geschwächt habe.[210]

Bismarck beherrschte aber auch die Kunstfertigkeit, überraschend die Wahrheit zu sagen, um Gegner damit hereinzulegen. »Ich spielte meine Karten blank aus«, freute er sich dann über seinen gelungenen Taschenspielertrick. »Ich setzte der vermeintlichen Schlauheit die frappierende Wahrheit gegenüber. Dass man mir öfter nicht glaubte und sich darin hintennach schwer betroffen und enttäuscht fühlte, das ist nicht meine Schuld.«[211]

In seinen Memoiren vermengte er munter Dichtung und Wahrheit, weit über das übliche Maß in der Erinnerungsliteratur hinaus. Er bog die Ereignisse so zurecht, wie er sie gesehen haben wollte, machte für Fehler andere verantwortlich und unterschlug Wichtiges – das Sozialistengesetz etwa, das ihn über Jahre beschäftigte und schließlich zu seinem Sturz führte, erwähnte er überhaupt nicht.

Rachsucht

Bismarcks hervorstechendstes Charaktermerkmal war sein cholerisches Temperament. Er konnte sich derart in Rage steigern, dass es ihn fast selbst umbrachte. Bei der kleinsten Provokation verlor er die Fassung. Seinem Bruder Bernhard schrieb er im September 1859: »Ich bin z. B. jetzt über alle Leute, die seit Anfang des Briefes bei mir geklopft und mich mit Fragen und Rechnungen geärgert haben, in solcher Wut, dass ich in den Tisch beißen könnte.«[212]

Bei den geringfügigsten Anlässen konnte Bismarck aus der Haut fahren, etwa wenn er vom Reichstagspräsidenten mit der Glocke zur Ordnung gerufen wurde, was diesem seiner Meinung nach nicht zustand, oder wenn er mit der Wiedergabe seiner Reden durch die Reichstagsstenographen nicht zufrieden war und dahinter eine Verschwörung vermutete. Nach eigenem Bekenntnis war Bismarck im Dezember 1874 versucht, einen Abgeordneten der Opposition im Sitzungssaal des Reichstags zu erschießen – die geladene Pistole, die er seit einem Attentat 1866 stets bei sich trug, hatte er schon auf den Parlamentskollegen gerichtet.[213]

Bismarck führte Rachefeldzüge gegen Untergebene, bis sie vernichtet waren. So zerstörte er beispielsweise die Karriere von Harry Graf von Arnim-Suckow, weil er zu einem Rivalen zu werden drohte – eine Episode, die in voller Länge erzählt zu werden verdient.

Bismarck und Arnim kannten sich seit Jugendtagen. Als preußischer Außenminister schickte Bismarck den ultrakonservativen Adligen 1864 als Gesandten beim Heiligen Stuhl nach Rom, er bestimmte ihn 1870 zum Chefunterhändler bei den Friedensgesprächen mit Frankreich und machte ihn anschließend zum Botschafter in Paris. Während sich der Royalist Bismarck mit der republikanischen Regierung von Adolphe Thiers arrangierte, stand Arnim aufseiten der Monarchisten, die eine Restauration der Bourbonen anstrebten. Nach dem Sturz der Regierung Thiers im Mai 1873 durch ein monarchistisch gesinntes Regime verdächtigte Bismarck den Botschafter, seine Hand im Spiel gehabt zu haben (was dieser bestritt).[214]

Nicht sachliche Differenzen waren jedoch ursächlich für Bismarcks Hass, auch nicht Arnims eitle Selbstgefälligkeit oder seine Börsenspekulationen, sondern dessen Beliebtheit bei Kaiser Wilhelm I. und noch mehr bei Kaiserin Augusta, die Arnims Kritik an Bismarcks Kulturkampf gegen die katholische Kirche teilte. Am schlimmsten für Bismarck war, dass Arnim in konservativen Kreisen als potentieller künftiger Reichskanzler gehandelt wurde. Zwar war Bismarcks Stellung in den 1870er Jahren unangefochten; aber allein die Gerüchte um Arnims Ambitionen brachten ihn zur Weißglut. Bismarck berief Arnim aus Paris ab und versetzte ihn nach Konstantinopel, doch der gekränkte Diplomat trat diesen Posten nicht an.[215]

Stattdessen spielte Arnim einer Wiener Zeitung Schriftstücke aus seiner Zeit in Rom zu, um Bismarcks Kulturkampf zu konterkarieren. Ein Spion des Kanzlers, der später sehr einflussreiche Botschaftsrat Friedrich von Holstein, entdeckte, dass auch aus den Akten der Pariser Botschaft Dokumente verschwunden waren. Bismarck strengte einen Strafprozess gegen Arnim an, der sich damit verteidigte, viele der fehlenden Papiere seien private Briefe gewesen, andere habe er versehentlich mitgenommen. Vor der einjährigen Gefängnisstrafe floh Arnim in die Schweiz. Wegen einer anonym verfassten Streitschrift, in der Arnim die Vorgeschichte seines Prozesses öffentlich ausbreitete und dabei auch vertrauliche Informationen über die deutsch-französischen Beziehungen seit 1871 preisgab, wurde er 1876 in Abwesenheit zu fünf Jahren Zuchthaus verurteilt. Um den Ex-Diplomaten überhaupt strafrechtlich belangen zu können, fügte man den »Arnim-Paragraphen« 353a ins Strafgesetzbuch ein, der – bis heute – eine nicht autorisierte Veröffentlichung amtlicher Papiere unter Strafe stellt.[216]

Selbst Bismarck bezeichnete in seinen *Erinnerungen* das Strafmaß als »übertrieben streng«, brachte aber zugleich neue persönliche Verdächtigungen gegen den 1881 im Exil gestorbenen Kontrahenten vor. Von »persönlicher Rachsucht« sprach sich der Memoirenautor frei; wenn man »eine tadelnde Bezeichnung« für sein Verhalten finden wolle, habe ihn

»eher bürokratische Rechthaberei eines in seiner Autorität missachteten Vorgesetzten« getrieben.[217]

Gelegentlich verfolgte Bismarcks Hass seine politischen Gegner sogar bis ins Grab. Als der liberale Politiker Eduard Lasker 1884 während einer Vortragsreise durch die Vereinigten Staaten überraschend in New York gestorben war, verweigerte der Kanzler die Annahme einer Kondolenzbotschaft des amerikanischen Repräsentantenhauses. Er begründete dies damit, dass die Beschreibung der Verdienste Laskers irrig sei. Und als fünf Mitglieder des preußischen Kabinetts zu Laskers Beerdigung gehen wollten und Bismarck um seine Zustimmung baten, lehnte er dies entschieden ab. Im Reichstag attackierte er den Toten, »der mir das Leben in dem Wenigen, was ich für Deutschland habe tun können, saurer gemacht hat als irgendein anderer«. Lasker sei ein Mann von »überlegener, aber verderblicher Beredsamkeit« gewesen. Offenbar bereitete es Bismarck Vergnügen, einen toten Juden zu verunglimpfen.[218]

Bismarck teilte zwar viele Vorurteile über Juden und machte verächtliche Äußerungen über sie, hatte aber doch von etlichen, zumindest zeitweise, eine hohe Meinung, vom Arbeiterführer Ferdinand Lassalle etwa, von dem nationalliberalen Politiker Ludwig Bamberger oder seinem privaten Finanzberater, dem Berliner Bankier Gerson Bleichröder. Einen extremen Antisemitismus, wie er von dem Historiker Heinrich von Treitschke oder dem Hofprediger Adolf Stoecker vertreten wurde, machte er sich nicht zu eigen. Aber er unternahm auch nichts, um während der Auseinandersetzungen der 1880er Jahre die diskriminierten jüdischen Bürger durch die bestehenden Gesetze zu schützen. Stattdessen benutzte er den Antisemitismus als Waffe gegen die linksliberale Fortschrittspartei, um deren »jüdische« Führung auszubooten.[219]

Mit seinem politisch motivierten Hass zerstörte Bismarck auch das Lebensglück seines Sohnes Herbert, indem er ihn

1881 daran hinderte, die Frau zu heiraten, die er liebte. Die Fürstin Elisabeth zu Carolath-Beuthen hatte in Bismarcks Augen nicht nur den Makel, katholisch und geschieden zu sein, sondern zu ihrer Verwandtschaft zählten auch ein Parteigänger Harry von Arnims und die Ehefrau von Alexander von Schleinitz, einem Vertrauten der Kaiserin Augusta und besonderen Intimfeind Bismarcks. Unter hochdramatischen Umständen – Bismarck drohte mit Selbstmord und setzte beim Kaiser eine Gesetzesänderung durch, die eine Enterbung des Sohnes bedeutet hätte – löste Herbert die Verbindung.[220]

Hartherzig behandelte Bismarck mitunter auch alte Freunde. Als Moritz von Blanckenburg Bismarcks Angebot, ein Ministeramt zu übernehmen, ausschlug, drohte er ihm »eine Versetzung nach Stettin hin in rücksichtslosester Form« an, wie sich Blanckenburg im Januar 1873 in einem Brief an den gemeinsamen Freund Hans von Kleist-Retzow beklagte. Diesem wiederum drohte Bismarck an, ihn verhaften zu lassen, wenn er ihm nicht die Quelle eines an ihn weitergegebenen Memorandums verrate. Selbst gegen seinen alten Förderer Ludwig von Gerlach ließ er 1874 aus persönlichen Gründen Anklage erheben, so dass dieser von seinem Amt als Gerichtspräsident in Magdeburg zurücktrat. General Alfred von Waldersee notierte im März 1890 in seinem Tagebuch, was viele über Bismarck dachten: »Man hört jetzt schon sagen: Er hat einen gar zu schlechten Charakter, er hat ohne Besinnen seine besten Gehilfen und Freunde verleugnet.«[221]

Körper und Geist

Seine Wutausbrüche machten Bismarck krank; er litt danach unter Schlaflosigkeit und psychosomatischen Beschwerden. Nächtens erinnerte er sich an vermeintliches oder wahres

Unrecht, das ihm vor vielen Jahren, manchmal Jahrzehnten, widerfahren war. Dann habe er »die ganze Nacht gehasst«, berichtete er, und erst im Morgengrauen Schlaf gefunden.

Schon 1859 bemerkte Alexander von Below-Hohendorf in einem Brief an Moritz von Blanckenburg, Bismarck sei durch seine Fixierung auf seine Feinde und »extreme Gedanken und Gefühle« verwirrt. Dagegen helfe nur die einfache christliche Kur: »Liebet Eure Feinde!« Dies sei »die festeste Tür, um den aufsteigenden Mächten der Finsternis des erkrankten Körpers zu wehren«.[222] Doch Feindesliebe war Bismarck fremd.

Nach eigenem Bekunden war Bismarck kaum imstande, Leistungen von Kollegen oder Mitarbeitern anzuerkennen und ihnen Lob zu zollen. »Die Fähigkeit, Menschen zu bewundern, ist in mir nur mäßig ausgebildet«, schrieb er 1857 an Leopold von Gerlach, und es sei »ein Fehler meines Auges, dass es schärfer für Schwächen als für Vorzüge ist«.[223] Lothar Bucher, einer der engsten Vertrauten Bismarcks, klagte 1884: »Ich arbeite jetzt zwanzig Jahre unter ihm, und er hat einmal, während der Konfliktzeit, mir gesagt, dass eine Arbeit von mir, ein Zeitungsartikel, gut sei, und ich glaube doch manches Bessere geschrieben zu haben.«[224]

Als Albrecht von Roon 1879 starb, widmete ihm Bismarck einen kruden Nachruf. Roon hatte Bismarcks Berufung zum preußischen Ministerpräsidenten durchgesetzt und auf dessen dringende Bitte 1873 selbst ein knappes Jahr dieses Amt ausgeübt, um den Kanzler zu entlasten. Roon, urteilte Bismarck rückblickend, »war der befähigtste unter meinen Kollegen«. Aber der General habe mit den Ministern nicht auskommen können: »Er behandelte sie wie ein ausmarschiertes Regiment. Hierüber beklagten sich diese, und ich musste das Staatsministerium wieder übernehmen.«[225]

Dabei erteilte Bismarck selbst lieber Befehle, als im Team zu arbeiten. Das preußische Kollegialsystem im Kabinett, in dem er nur *primus inter pares* war und das ihn zwang, seine

Ministerkollegen anzuhören, verabscheute er dementsprechend. »Wenn ich einen Löffel Suppe essen will, muss ich erst acht Esel um Erlaubnis fragen«, klagte er.

Seine cholerischen Zornesausbrüche und plötzlichen Stimmungsumschwünge waren weithin gefürchtet. Er war weder für Ratschläge noch für Kritik empfänglich, auf entsprechende Versuche reagierte er gereizt und nachtragend. Minister, die sich seinem Willen nicht bedingungslos fügten, ekelte er reihenweise weg, in Sitzungen machte er sie mit Witzen lächerlich und verletzte sie durch ungerechte Kritik, hinter ihrem Rücken intrigierte er gegen sie beim Monarchen.[226]

Christoph Tiedemann, ein nationalliberaler Abgeordneter im preußischen Landtag, den Bismarck 1878 zum ersten Chef der neugegründeten Reichskanzlei berief, charakterisierte dessen Verhältnis zu Mitmenschen in seinen Erinnerungen: »An den Leistungen seiner Ministerkollegen namentlich übte er eine Kritik, die der Objektivität häufig entbehrte. Bei jeder größeren politischen Aktion pflegte er die Erfolge sich selbst zuzuschreiben, während er jeden Misserfolg dem dabei beteiligten Ressortminister zur Last legte.« Sein Selbstgefühl sei »mit einer starken Dosis Menschenverachtung gepaart« gewesen, die ihn nicht selten dazu verleitet habe, Freunde und Feinde zu unterschätzen: »Er sah in den Freunden dann nur willenlose Werkzeuge seiner Pläne, Schachfiguren, die er beliebig auf dem Brette seiner Politik hin- und herschieben und auch opfern konnte, wenn dies ins Spiel passte, in seinen Feinden nur Schurken und Dummköpfe.« Jeder kleinste Angriff habe ihn zur Gegenwehr gereizt, und er sei stets bereit gewesen, »einen Nadelstich mit einem Degenstoß zu vergelten«.[227]

Hemmungslos war Bismarck auch in seinen beeindruckenden Essgewohnheiten, wie Tiedemann gleich bei seinem Antrittsbesuch feststellte. In seinem Tagebuch hielt der neue Mitarbeiter die Speisenfolge fest: »Austern, Kaviar, Wildsuppe, Forellen, Krammetsvögelpastete, Morcheln mit Spickgans, Wildschwein mit Cumberland-Sauce, Rehziemer, Apfelbeignets, Käse und Brot, Marzipan, Schokolade, Äpfel.«[228] Und Bismarck langte zu, wie Tiedemann berichtete: »Als ich zum ersten Male bei ihm speiste, klagte er über Appetitlosigkeit, und ich gewahrte dann mit wachsendem Staunen, dass er von jedem Gericht eine Dreimännerportion vertilgte.«[229]

Zum normalen Frühstück gehörten, stets in gewaltigen Mengen, kalter Wildbraten und Gänsebrust, Spickaal und Räucherfisch, Roastbeef oder Beefsteak mit Kartoffeln und die über alles geliebte Krammetsvögelpastete. Zum Diner wurden sechs schwere Gänge, oft mit Aalen und Langusten, serviert. Dazu trank Bismarck Portwein und Bier, manchmal mit Milch gemischt, Wein und flaschenweise Champagner, gern auch abwechselnd mit hochprozentigem Schnaps.

Die Fresssucht und der Alkoholkonsum waren noch steigerungsfähig, wenn Bismarck unter Stress stand oder durch politische Misserfolge in gereizter Stimmung war. Um den Anstrengungen des Berliner Kongresses 1878 gewachsen zu sein, musste sich Bismarck, der in dieser Zeit selten vor sechs Uhr morgens einschlief, mit »zwei bis drei Biergläsern allerstärksten Portweines« wieder in Schwung bringen. 1880 erlitt er nach dem Genuss von sechs hartgekochten Eiern mit Butter, einer Flasche Portwein sowie Unmengen von Waldmeister-Eisbowle einen schweren Zusammenbruch, den er selbst als Schlaganfall deutete, verschuldet von seinen Gegnern.

Durch die Völlerei wurde er immer dicker. Mit 32 Jahren wog er 91 Kilogramm, was bei einer Körpergröße von 1,93 Meter ein normales Gewicht war. Doch mit 64 Jahren brachte er 123,5 Kilogramm auf die Waage, war also fettleibig.

Eine Reihe seiner vielen Krankheiten war zweifellos durch ungesunde Ernährung verursacht: Verdauungsstörungen, Magenschleimhautentzündungen, Gallensteine, Gicht oder Hämorriden etwa. Er litt auch, unter anderem, an Asthma,

Gelbsucht, Gürtelrose, Krampfadern, Kreislaufstörungen, Kniebeschwerden, Lungenembolie, Migräne, Rheuma, Rippenfellentzündung und Thrombose. Besonders quälte ihn eine Trigeminusneuralgie, die in Abständen wiederkehrende stechende Schmerzen im Gesicht verursachte und nicht dauerhaft zu kurieren war.

Es fehlte also nicht an nachweisbaren körperlichen Leiden. Manche waren allerdings psychosomatisch, und Bismarcks ständige Wehklagen legen den Verdacht nahe, dass er auch hypochondrisch veranlagt war. Er wollte von seiner Umgebung bemitleidet und liebevoll umsorgt werden. Ein Arzt, der ihn 1856 behandelte, fand ihn »hysterisch wie ein Frauenzimmer«.[230]

Am schlimmsten empfand Bismarck seine hartnäckige Schlaflosigkeit, die viele Jahre auch mit Morphium behandelt wurde. Aber die Ärzte hatten es schwer mit diesem Patienten. Sie sollten seine Gesundheit wiederherstellen, ohne dass er bereit war, seine Lebensgewohnheiten zu ändern.

Jedes Mal, wenn er sich im Parlament nicht durchsetzen konnte, verfiel er in Krankheit und Lethargie. Zwei Monate lang verkroch er sich im Frühjahr 1882 nach einer Abstimmungsniederlage in Friedrichsruh. Bismarck habe »jetzt einen förmlichen Dégout vor Menschen«, fühle sich »nur wohl in der Waldeinsamkeit, wo ihm selbst sein Kutscher zu viel« sei, beobachtete sein damaliger Leibarzt Eduard Cohen.[231] Während einer kurzen Rückkehr nach Berlin befiel ihn wieder der fürchterliche Gesichtsschmerz, der ihn am Reden hinderte. Daraufhin zog er sich nach Varzin zurück, wo er länger als fünf Monate blieb. Der Charité-Professor Friedrich Frerichs, der Bismarck ärztlich betreute, fand: »Eigentlich fehlt dem Reichskanzler gar nichts, er ist nur etwas verbraucht.«[232]

Das erste Halbjahr 1883 verbrachte Bismarck zwar in Berlin, hielt aber im Reichstag nur eine einzige kurze Rede, leitete gerade mal eine Sitzung des preußischen Staatsministeriums und erschien im Preußischen Landtag überhaupt nicht. Die »Reden und Zänkereien« der Parlamentarier mochte er nicht einmal lesen, Kontakte mit Ministern und Mitarbeitern mied er nach Möglichkeit. Krankheit, Zorn und Misanthropie vergällten ihm jede Arbeitslaune. Im Juli 1883 trat er einen Urlaub an, der über acht Monate dauerte.[233]

In dieser Zeit trat ein neuer Arzt, der 33-jährige Bayer Ernst Schweninger, in Bismarcks Leben, der ihn zu Kuren in Kissingen und Gastein begleitete und ihn auch in Friedrichsruh behandelte. Sein Einfluss auf den schwierigen Patienten war offenbar beachtlich.[234] Schweninger, sagte Bismarck, sei »überhaupt der einzige Mensch in meinem Leben gewesen, der Macht über mich gewonnen hat und dem ich nahezu unbedingten Gehorsam leistete«.[235]

Schweninger verordnete ihm Diät, deren Einhaltung er, so gut es ging, kontrollierte. Binnen zehn Monaten nahm Bismarck 30 Kilo ab. Doch gegen die sich 1885 verschlimmernden Gesichtsschmerzen konnte der Arzt wenig ausrichten. Er empfahl Bismarck, täglich nur noch vier Pfeifen zu rauchen. Der Kanzler besorgte sich daraufhin die größte Pfeife, die er finden konnte, mit einem drei Fuß langen Rohr und einem entsprechend riesigen Kopf aus Porzellan; die stopfte er sich, wenn es niemand sah, wohl auch ein fünftes Mal nach.[236]

Bismarck war ein zutiefst zerrissener, ambivalenter Mensch. Selbst Christoph von Tiedemann (er wurde 1883 geadelt) hatte bei der Niederschrift seiner Erinnerungen an den Mann, mit dem er sechs Jahre lang aufs engste zusammengearbeitet hatte, Schwierigkeiten, dessen höchst komplizierten Charakter darzustellen. »Er war sicher ein Mann aus einem Guss. Und dennoch bekämpften sich in ihm die merkwürdigsten Widersprüche.« Zu seinem Freund Robert von Keudell sagte Bismarck einmal: »Faust klagt über die zwei Seelen in seiner Brust, ich beherberge aber eine ganze Menge, die sich zanken.

Es geht da zu wie in einer Republik ... Das meiste, was sie sagen, teile ich mit. Es sind da aber auch ganze Provinzen, in die ich nie einen anderen Menschen werde hineinsehen lassen.«[237]

Das Geld

Mochten ihn die Menschen hassen wie in der Konfliktzeit der 1860er Jahre, mochten sie ihn abgöttisch verehren wie nach den siegreichen Kriegen – die öffentliche Meinung ließ ihn immer kalt, wie Tiedemann registrierte: »Um Popularität war ihm nicht zu tun.«[238] Auch aus Titeln und Orden, mit denen er überhäuft wurde, machte er sich nichts. »Wat ik mich davor koofe?«, soll er ärgerlich gefragt haben, als ihm am Tag der Kaiserproklamation 1871 seine Beförderung zum Generalleutnant mitgeteilt wurde. Er habe schon genügend Tand, grummelte er, als ihm das Eiserne Kreuz I. Klasse verliehen wurde. Weder ihm noch seiner Frau schmeichelte 1865 die Erhebung in den Grafenstand; sie stammten aus den ältesten Adelsfamilien Preußens und hatten kein Verlangen nach dem zusätzlichen Titel. Gegen seinen Wunsch, behauptete Bismarck, habe ihn der Kaiser zum Fürsten gemacht; vorher sei er ein reicher Graf gewesen, nun bloß noch ein armer Fürst.[239]

Das mag Koketterie gewesen sein, denn auf die ihm nun zustehende Anrede »Durchlaucht« legte er durchaus Wert. Aber die Sentenz verrät auch etwas über Bismarcks Beziehung zum Geld.

Tiefes Befremden lösten sogar unter seinen Verehrern die Finanzgeschäfte Bismarcks aus, bei denen er Insiderwissen für einträgliche Transaktionen zu nutzen verstand. So stieß er am Vorabend des Deutsch-Französischen Krieges, den Bismarck durch die manipulierte »Emser Depesche« herbeiführte, über seinen Berliner Bankier Gerson Bleichröder seine Eisenbahnaktien ab – wie Bismarck vorhersehen konnte, stürzten am nächsten Tag die Kurse an der Berliner Börse ab. Als nach dem deutschen Sieg bei Sedan die Kurse rasant in die Höhe schnellten, wies Bismarck seinen Bankier an, Aktien zu verkaufen, weil er wusste, dass entgegen den Erwartungen der Öffentlichkeit der Frieden noch fern und das Börsenhoch eine Blase war.[240]

Geizig war er schon immer gewesen. 1847, unter dem noch frischen Eindruck der Begegnung mit den Pietisten, war es ihm wie »Diebstahl an den Armen« vorgekommen, wenn er 30 Taler für eine Reise zu seiner Braut ausgeben sollte. Von den 400000 Talern »Dotation«, die ihm König Wilhelm nach dem Sieg über Österreich gewährte, kaufte er das Anwesen Varzin; da die Summe nicht ausreichte, lieh ihm Bleichröder den fehlenden Betrag zinsfrei. Das Gut Kniephof bot Bismarck daraufhin seinem Bruder an, allerdings »doch nicht sehr viel wohlfeiler, als ich überhaupt dafür erhalten kann«.[241] Die kleinliche Knauserigkeit des verarmten Landjunkers behielt auch der Staatsmann bei.

Der Sachsenwald, den ihm der Kaiser nach der Reichsgründung schenkte, hatte einen Wert von 3 Millionen Mark. 1887 schätzte Bismarck sein Vermögen auf etwa 12 Millionen Mark und behauptete, dass der Ertrag seines Kapitals sich in guten Jahren bei hohen Holzpreisen auf 300000 Mark beliefe, während es ihm in schlechten Jahren überhaupt nichts einbringe. Sein Kanzlergehalt war daneben mit 54000 Mark vergleichsweise bescheiden.[242]

Als zu Ehren seines 70. Geburtstags eine Kommission die fürstliche Summe von 2,3 Millionen Mark sammelte, glaubten die Spender, das Geld diene einem wohltätigen Zweck. Doch die Kommission beschloss, die Hälfte für den Erwerb des Schlosses Schönhausen II abzuzweigen, das die Familie Bismarck 1830 hatte verkaufen müssen. Bismarck scheint das

Geschenk ohne Bedenken angenommen zu haben. Mit der anderen Hälfte gründete er eine Stiftung zur Unterstützung bedürftiger Kandidaten für das höhere Lehramt.[243]

Bis 1876 zahlte Bismarck für den Sachsenwald überhaupt keine Grundsteuer. Zahlungsaufforderungen ließ er einfach unbeantwortet.[244] Mit der Einkommensteuerkommission, die Einkünfte nur schätzen und keine Unterlagen anfordern konnte, focht Bismarck einen verbissenen Kampf aus. Da er jegliche direkte Besteuerung für unvernünftig hielt, fand er auch nichts dabei, die Kommission zu beschwindeln.[245] Von der Berliner Stadtverwaltung, in der Mitglieder der Fortschrittspartei den Ton angaben, fühlte sich Bismarck ungerecht behandelt. Um seine Mietsteuer zu mindern, die Reichsbeamte für Dienstwohnungen zu bezahlen hatten, brachte er im Winter 1880/81 im Reichstag ein Gesetz ein, bei dem er am Ende 115 Mark jährlich Steuern sparte. Einen weiteren Beweis überhöhter kommunaler Besteuerung, die Bismarck im Reichstag anprangerte, sah er in »einer Art Pferdesteuer«, einer Viehseuchenumlage, die ihn 3,50 Mark kostete.[246]

Noch 14 Jahre später ärgerte sich Theodor Fontane über diese Rede. Der Schriftsteller nannte Bismarck den »Schwefelgelben«. Schwefelgelb waren die Applikationen der von Bismarck getragenen Uniform der Halberstädter Kürassiere, und immer wieder taucht in Fontanes Werken Gelb als Farbe der Falschheit und Niedertracht auf. Dabei hat Bismarck, wie Fontane bekannte, »keinen größeren Anschwärmer gehabt als mich, meine Frau hat mir nie eine seiner Reden oder Briefe oder Äußerungen vorgelesen, ohne dass ich in ein helles Entzücken geraten wäre«.

Aber je älter Fontane wurde, desto heftiger fielen seine Urteile über den Menschen Bismarck aus. 1891, nach Bismarcks Sturz, schrieb er an den mit ihm befreundeten nationalliberalen Politiker Friedrich Witte, der Kanzler sei »nicht an seinen politischen Fehlern ..., sondern an seinen Charakterfehlern gescheitert. Dieser Riese hat was Kleines im Gemüt, und dass dies erkannt wurde, das hat ihn gestürzt.«[247]

Dem Maler und Dichter August von Heyden gegenüber bekannte Fontane 1893: »Man muss sich immer wieder all das Riesengroße zurückrufen, was er genialisch zusammengemogelt hat, um durch diese von den krassesten Widersprüchen getragenen Mogeleien nicht abgestoßen zu werden ... Dieser beständige Hang, die Menschen zu betrügen, dies vollendete Schlaubergertum ist mir eigentlich widerwärtig ... Dem Zweckdienlichen alles unterordnen ist überhaupt ein furchtbarer Standpunkt.«[248]

Und 1895, anlässlich der Feierlichkeiten zum 80. Geburtstag des Reichsgründers, stand Fontanes Urteil endgültig fest: »Diese Mischung von Übermensch und Schlauberger«, schrieb er seiner Tochter Martha, »von Staatengründer und Pferdestall-Steuerverweigerer ... von Heros und Heulhuber, der nie ein Wässerchen getrübt hat – erfüllt mich mit gemischten Gefühlen und lässt eine reine helle Bewunderung in mir nicht aufkommen. Etwas fehlt ihm und gerade das, was recht eigentlich die Größe leiht.«[249]

ERFOLGE

Preußen als Großmacht

Schon Bismarcks früheste bekannte Äußerung zur internationalen Politik aus dem Jahr 1842 verrät, welche Vorstellungen er von Preußens Zukunft hatte.[250] Im Gespräch mit anderen pommerschen Gutsherren meinte Bismarck, dass es, ganz allgemein, »das Hauptziel dieser Gewaltigen auf Erden sei, ihr Herrschaftsgebiet auszudehnen und ihre Grenzen zu erweitern«. Aber er fügte dezidiert hinzu: »Ich bin der Meinung, dass wir auch noch einmal eine Zeit bekommen werden, wo das Königreich Preußen einen bedeutenden Zuwachs erhalten wird.«[251]

Die Bemerkung scheint bei Bismarcks Gesprächspartnern auf Widerspruch gestoßen zu sein, denn noch über ein halbes Jahrhundert später erinnerte man sich daran; der Landschaftsrat Reinhold von Thadden-Trieglaff, ein Bruder der von Bismarck verehrten Marie, zeichnete sie erst 1899 auf. Bismarck sah sein Vorbild in Friedrich dem Großen, dessen wesentlicher Ansporn die Ruhmsucht war; diese hatte den Preußenkönig im Jahr 1740 motiviert, völkerrechtswidrig das österreichische Schlesien zu überfallen und zu erobern.[252] Die pietistischen Adligen lehnten Friedrichs Vorgehen ab, weil sie darin eine Verletzung des Legitimitätsprinzips sahen;

Verträge unter Fürsten galten ihnen als heilig.[253] Doch ums Recht scherte sich Bismarck sein Leben lang wenig; entscheidend war für ihn immer die Zweckdienlichkeit einer Handlung.

Als Bismarck in die Politik ging, war Preußen unter den fünf europäischen Großmächten die jüngste und schwächste. Der Wiener Kongress hatte 1815 die Hinterlassenschaft der Französischen Revolution und der napoleonischen Kriege neu geordnet. Der Frieden sollte durch eine Balance der Mächte und die Solidarität der Monarchen gesichert werden. Preußen, 1806 von Napoleons Truppen bei Jena und Auerstedt vernichtend geschlagen und 1807 im Frieden von Tilsit gedemütigt, durfte im Konzert der Großen wieder mitspielen, wenn auch nur als geduldeter Parvenü neben Österreich und Russland, Großbritannien und Frankreich.

Auf dem Wiener Kongress war der Deutsche Bund entstanden, eine lose Föderation von 35 souveränen Fürsten und vier Freien Städten. Vom Preußischen Staat und dem Kaisertum Österreich gehörten nur diejenigen Gebiete dazu, die zuvor Teile des 1806 untergegangenen Heiligen Römischen Reiches Deutscher Nation gewesen waren. Im Bundesgebiet lebten 8,1 Millionen preußische und 9,3 Millionen österreichische Bürger; insgesamt hatte Preußen rund 10 Millionen, Österreich rund 35 Millionen Einwohner. Preußen war zudem geographisch zweigeteilt: Zwischen dem Kernland im Osten, das auch die polnische Provinz Posen umfasste, und den Territorien im Westen, Rheinland und Westfalen, lagen unter anderem das Königreich Hannover und das Kurfürstentum Hessen.

Österreich dominierte den Bund und machte keine Anstalten, sich mit Preußen auf eine gleichberechtigte Doppelherrschaft zu verständigen. Einig waren sich beide nur darin, die aufkommenden nationalen und liberalen Strömungen durch politische und polizeiliche Repression zu unterdrücken.

Mit den zwischen seinen beiden Landesteilen liegenden Ländern schloss Preußen in den 1820er Jahren Verträge ab, um sie ins preußische Zollgebiet einzubeziehen. Zusammen mit anderen Zollverbänden entstand 1834 unter preußischer Führung der Deutsche Zollverein. 18 Staaten des Deutschen Bundes hoben untereinander die Zollschranken auf, verabredeten gemeinsame Zölle an den Außengrenzen und teilten die Einnahmen nach einem vereinbarten Schlüssel untereinander auf. Österreich blieb vom Zollverein ausgeschlossen, was der österreichische Außenminister Klemens Fürst von Metternich sogleich durchaus zu Recht als »kleineren Nebenbund« und schleichende politische Ausgrenzung verstand.[254]

Seit dem ausgehenden 18. Jahrhundert verfolgte eine kleine Gruppe von Intellektuellen das Ziel, die deutsche Kleinstaaterei zu beenden und einen geeinten Nationalstaat zu begründen, wie es das modernere Frankreich und England bereits vorexerziert hatten. Nur als Nation, glaubten die Erneuerer, könnten die Deutschen im Wettbewerb der europäischen Staaten bestehen, ja selbst wieder eine Führungsrolle übernehmen.[255] Der Wiener Kongress hatte diese Erwartungen enttäuscht.

In der breiten Bevölkerung wurde das Nationalbewusstsein besonders durch die »Rheinkrise« 1840 angestachelt, als Frankreich revanchistische Ansprüche auf die 1815 verlorenen linksrheinischen Gebiete erhob. Bei vielen Deutschen, vor allem konservativ eingestellten, förderte dies den Franzosenhass, während liberal und republikanisch Gesinnte die Errungenschaften der Französischen Revolution bewunderten: Freiheit, Gleichheit, Brüderlichkeit. Frankreich war nach der Revolution zum modernsten und mächtigsten Staat Europas aufgestiegen.

Bismarcks Patriotismus hingegen war der eines konservativen preußischen Adligen. Seit Jahrhunderten hatten die Vorfahren des altmärkischen Junkers in den Armeen der Hohenzollern gedient. »Dynastische Anhänglichkeit« betrachtete er als Voraussetzung, um ein Nationalgefühl zu schaffen.[256] Seine Nation hieß Preußen.

Den deutschen Nationalstaat hätte man bereits 1848/49 haben können. Bismarck, der spätere Reichsgründer, stand hier jedoch auf der anderen Seite der Barrikade und kämpfte für den Erhalt der preußischen Monarchie und gegen die »Frankfurterei«, die Demokratie des Paulskirchen-Parlaments.

Die Frankfurter Nationalversammlung trug im April 1849 ausgerechnet dem Preußenkönig, der jeglichem Parlamentarismus abhold war, die erbliche deutsche Kaiserkrone an. Der Mehrheitswille in der Paulskirche war zunächst großdeutsch gewesen, auch die deutschsprachigen Gebiete Österreichs sollten dazugehören. Aber bereits im Herbst 1848 hatte sich abgezeichnet, dass die Habsburger ihre nichtdeutschen Territorien unbedingt in einem monarchischen Einheitsstaat behalten wollten. So wurde Preußens König der Wunschkandidat für eine kleindeutsche Lösung.

Doch Friedrich Wilhelm IV. dachte gar nicht daran, ein Kaiser von Volkes Gnaden zu werden. Angewidert wies er die »Schweinekrone« zurück. Bismarck verteidigte diesen Entschluss am 21. April 1849 vehement. Der König, polemisierte Bismarck, würde »seine bisher freie Krone« gegen ein »Lehen von der Frankfurter Versammlung« tauschen. Die von der Paulskirche beschlossene Verfassung bezeichnete er herablassend als »konstituierte Anarchie«, weil sie das allgemeine Wahlrecht vorsah.

Später schlug Bismarck das allgemeine Wahlrecht selbst vor, nicht aus demokratischer Überzeugung, sondern aus taktischem Kalkül. 1863 ärgerte er mit dem Vorschlag die Österreicher, da er wusste, dass ein solches Wahlrecht für die Habsburger, die ihre Untertanenvölker in Schach halten wollten, keinesfalls in Frage kam. 1866 führte er es im Norddeutschen Bund ein und übernahm es 1871 für das Kaiserreich, weil ihm das preußische Dreiklassenwahlrecht nicht die erwünschten Mehrheiten verschaffte: In den beiden finanzkräftigen oberen Klassen setzten sich mehr und mehr bürgerliche Liberale durch, während die Masse der Bauern, die Bismarck für besonders königstreu hielt, kaum Stimmgewicht hatte. Ende der 1880er Jahre hatte Bismarck freilich vor, das allgemeine Wahlrecht wieder abzuschaffen, als sich das Volk mit all seinen widerborstigen Katholiken und Sozialdemokraten als zu aufmüpfig erwies.[257]

In der Landtagsdebatte über die Frankfurter Verfassung erklärte Bismarck: »Die deutsche Einheit will ein jeder, den man darnach fragt, sobald er nur deutsch spricht; mit dieser Verfassung aber will ich sie nicht.« Er widersetzte sich der Diskussion eines Antrags, »welcher darauf hinausgeht, das Staatsgebäude, welches Jahrhunderte des Ruhmes und der Vaterlandsliebe aufgebaut haben, welche von Grund auf mit dem Blute unserer Väter gekittet ist, zu untergraben und einstürzen zu lassen.« Preußen solle Preußen bleiben.[258]

Dass Bismarck zielstrebig auf die deutsche Einheit hingearbeitet habe, ist eine Legende. Erst Mitte der 1860er Jahre schwenkte er um. Der Diplomat Robert von Keudell, ein enger Freund Bismarcks, berichtete von dessen Sinneswandel zwischen der Märzrevolution und dem preußisch-österreichischen Krieg: »1849 sagte er gelegentlich: ›Was scheren mich die Kleinstaaten; mein ganzes Streben geht nur auf Sicherung und Erhöhung der preußischen Macht‹; 1866 und 1867 aber hörte ich von demselben Manne mehrmals die Worte: ›Mein höchster Ehrgeiz ist, die Deutschen zu einer Nation zu machen.‹«[259] Selbst dies wurde in der Retrospektive verklärt: Bismarck war sich lange unschlüssig, ob er nach der Gründung des Norddeutschen Bundes den Anschluss der süddeutschen Länder anstreben sollte.

Zu Beginn seiner politischen Karriere ging es für Bismarck immer nur um Preußens Gloria. Die rühmte er auch in einer Rede am 6. September 1849, in der er noch einmal mit der Revolution abrechnete. »Es war der Rest des verketzerten Stockpreußentums, der die Revolution überdauert hat, die preußische Armee, der preußische Schatz, die Früchte langjähriger intelligenter preußischer Verwaltung und die lebendige Wechselwirkung, die in Preußen zwischen König und Volk besteht. Es war die Anhänglichkeit der preußischen Bevölkerung an die angestammte Dynastie, es waren die alten preußischen Tugenden von Ehre, Treue, Gehorsam und die Tapferkeit, welche die Armee, von deren Knochenbau, dem Offizierskorps, ausgehend bis zu den jüngsten Rekruten durchziehen.« Die Armee, betonte Bismarck, hege »keine dreifarbigen Begeisterungen« – eine Anspielung auf das ihm verhasste Symbol Schwarz-Rot-Gold.[260]

Wenige Tage nach dieser Rede besuchte Bismarck den Friedhof im Berliner Friedrichshain, wo 255 zivile Opfer der Märzrevolution 1848 beigesetzt worden waren. Anschließend schrieb er seiner Frau: »Nicht einmal den Toten konnte ich vergeben, mein Herz war voll Bitterkeit über den Götzendienst dieser Verbrecher, wo jede Inschrift auf den Kreuzen von ›Freiheit und Recht‹ prahlt, ein Hohn für Gott und die Menschen ... Mein Herz schwillt von Gift, wenn ich sehe, was sie aus meinem Vaterlande gemacht haben, diese Mörder, mit deren Gräbern der Berliner noch heut Götzendienst treibt.«[261]

Bismarcks Verachtung für die Achtundvierziger saß tief, und er hasste auch die schwarz-rot-goldene Fahne, die Trikolore der Demokratie. 1852 ließ er sie persönlich vom Frankfurter Bundespalais, dem Tagungsort des Bundestags, herunterholen. Doch Tatsache ist auch, dass er ohne diese Revolution nicht die Arena bekommen hätte, in der er seine Fähigkeiten dann unter Beweis stellen konnte.

Drei historische Konstellationen kamen ihm zupass. Erstens hatte sich durch die Februarrevolution 1848 in Frankreich Louis Napoleon Bonaparte an die Macht geputscht, der sich vier Jahre später als Napoleon III. zum Kaiser ausrufen ließ; der Neffe Napoleons I. versuchte nach dem Vorbild seines Onkels die Machtverhältnisse in Europa zu seinen Gunsten zu verändern, so im Krimkrieg 1853 bis 1856 zwischen Russland und dem Osmanischen Reich sowie im Krieg des Königreichs Sardinien-Piemont gegen Österreich 1859; Preußen, an beiden Kriegen unbeteiligt, zog seinen Vorteil daraus. Zweitens konnte Bismarck erst im Parlament seine brillante Rhetorik entfalten, denn vor größeren Menschenmengen sprach er in seiner Amtszeit nie; mit seiner eher leisen und weichen Stimme war er kein charismatischer Volkstribun, der die Massen hätte begeistern können. Drittens aber behielt der König, trotz der behutsamen Parlamentarisierung Preußens, die Kommandogewalt über das Heer und die Außenpolitik; beides waren Bismarcks Domänen, und Wilhelm I., der spätere Kaiser, beugte sich immer wieder dessen Willen.

Nachdem sich die Frankfurter Nationalversammlung aufgelöst hatte, unternahm Friedrich Wilhelm IV. den Versuch, wenigstens einen Teil Deutschlands in einer »Union« zusammenzufassen. Der preußische Generalleutnant Joseph Maria von Radowitz, ein Katholik ungarischer Abstammung, hatte den König überzeugt, die deutschen Staaten in einem föderalen Fürstenbund unter Ausschluss Österreichs zu vereinen. Die Gelegenheit schien günstig, da Österreich nach einem Aufstand in Ungarn, der zum Fanal für die Auflösung des Vielvölkerstaats zu werden drohte, außenpolitisch handlungsunfähig war.

Preußen, Hannover und Sachsen schlossen im Mai 1849 zunächst ein Dreikönigsbündnis; daraus ging die Union hervor, der außer Bayern und Württemberg alle deutschen Fürsten beitraten. Der entschiedene Widerstand Österreichs und Russlands ließ nicht lange auf sich warten. Der österreichische Ministerpräsident Felix Fürst zu Schwarzenberg, der soeben mit Hilfe des Zaren den ungarischen Aufstand niedergeschlagen hatte, erklärte die von Radowitz entworfene Unionsverfassung für unvereinbar mit der Bundesakte des Deutschen Bundes, die aus österreichischer Sicht auch nach der Episode in der Frankfurter Paulskirche noch immer Geltung besaß.

Bismarck war von vornherein ein Gegner des Unionsplans. Die nationale Frage, schrieb er im August 1849 seiner Frau, werde »überhaupt nicht in unsern Kammern, sondern in der Diplomatie und im Felde entschieden, und alles, was wir darüber schwatzen und beschließen, hat nicht mehr Wert als die Mondscheinbetrachtungen eines sentimentalen Jünglings, der Luftschlösser baut und denkt, dass irgendein unverhofftes Ereignis ihn zum großen Manne machen werde«.[262]

Bismarck befürchtete vor allem, Preußen werde in einem Bundesstaat seine Vormachtstellung einbüßen. »Wir alle wollen, dass der preußische Adler seine Fittiche von der Memel bis zum Donnersberge schützend und herrschend ausbreite, aber frei wollen wir ihn sehen«, erklärte er in einer Rede im September 1849.[263]

Als die preußische Regierung Mitte Oktober im »Verwaltungsrat« der Union den Beschluss durchsetzte, im Januar 1850 Wahlen für einen »Volkshaus« genannten Reichstag abzuhalten, verließen Hannover und Sachsen, von Schwarzenberg unter Druck gesetzt, die Union. Österreich drohte sogar mit Krieg, falls der Reichstag Ruhe und Ordnung in Deutschland stören sollte.[264] Gleichwohl wurde das Parlament gewählt; es tagte vom 20. März bis 25. April 1850 in der Kirche des Erfurter Augustinerklosters, in der Martin Luther 1507 seine erste Messe als Priester gelesen hatte.

Bismarck zog als Abgeordneter in diesen Reichstag ein. Als Erstes entfernte er den schwarz-rot-goldenen Schmuck an den Sitzplätzen der preußischen Konservativen und ersetzte ihn durch Bänder in den preußischen Farben Weiß und Schwarz.[265] Politisch befand er sich in einer misslichen Lage.

Einerseits lehnte er die Union ab, andererseits handelte es sich um ein Projekt des Königs und seiner Regierung, denen er Loyalität schuldete. Also musste er sich darauf beschränken, seine Bedenken zu artikulieren und zu hoffen, dass das Vorhaben von anderer Seite zu Fall gebracht würde.[266]

Das Unionsprojekt scheiterte schließlich daran, dass Österreich die Regierungen der Einzelstaaten nach Frankfurt einlud, um den Deutschen Bund wiederzubeleben, der durch die Paulskirchen-Versammlung praktisch entmachtet worden war und nur formal weiterexistiert hatte. Am 2. September 1850 trat die Bundesversammlung erstmals seit über zwei Jahren wieder zusammen, boykottiert von Preußen und einigen kleineren Staaten. Ein Verfassungskonflikt in Kurhessen verschärfte zudem die Konfrontation zwischen Preußen und Österreich, die im Herbst 1850 beinahe zum Ausbruch eines Krieges geführt hätte.

Den preußischen Beamten und Militärs erschien ein Krieg gegen Österreich, das obendrein Unterstützung von Russland erhalten würde, als unwägbares Abenteuer. Der König und seine Berater, nicht zuletzt die Brüder Gerlach und deren konservative Freunde, suchten verzweifelt einen Weg, die militärische Konfrontation mit Österreich zu vermeiden.[267]

Dagegen schlug Bismarck martialische Töne an. »Solange Preußen … nicht die mit Österreich überall gleiche und vor allen übrigen bevorzugte Berechtigung in Deutschland durch klare und vollgültige Verträge gesichert hat, solange wollen wir auch Krieg«, polterte er in einem am 19. November 1850 in der *Kreuzzeitung* veröffentlichten Artikel.[268] Er schien zuversichtlich, dass Österreich einlenken würde. »Wenn wider Erwarten doch Krieg käme«, schrieb er seiner Frau, »dann haben wir wahrscheinlich nur Österreich und Bayern gegenüber, und denen sind wir mit Gott gewachsen.«[269]

Das war eine glatte Fehleinschätzung. Zar Nikolaus I., ein Schwager des preußischen Königs, machte klar, dass im

Kriegsfall russische Truppen an der Seite Österreichs kämpfen würden. Preußen musste klein beigeben und am 29. November 1850 ein von Fürst Schwarzenberg diktiertes Abkommen, die »Olmützer Punktation«, unterschreiben. Darin verpflichtete sich Preußen, von den Unionsplänen abzulassen und den Deutschen Bund zu erneuern, ohne dass Österreich sich zu einer paritätischen Leitung bereitfand.

Diese politische Kapitulation wurde in der preußischen Öffentlichkeit und selbst von den Erzkonservativen, die das Unionsprojekt entschieden abgelehnt hatten, als bittere Schmach empfunden, als Demütigung, die nur mit der militärischen Niederlage von 1806 vergleichbar war. Bismarck, der kurz zuvor noch wilde Drohungen ausgestoßen hatte, verteidigte die Vereinbarung vehement: In der Zweiten Kammer des Parlaments hielt Bismarck eine flammende Rede, eine der wichtigsten seiner gesamten Laufbahn.

Bismarck malte in düsteren Farben aus, dass ein Krieg für Preußen »keine militärische Promenade durch unruhige Provinzen« geworden wäre, sondern ein Krieg gegen zwei große Kontinentalmächte, während die dritte – Frankreich – »beutelustig an unsern Grenzen rüstet«.[270]

Die österreichischen Forderungen abzulehnen wäre, wie Bismarck einräumte, populär gewesen, aber kein überzeugender Kriegsgrund. »Es ist leicht für einen Staatsmann, sei es in dem Kabinette oder in der Kammer, mit dem populären Winde in die Kriegstrompete zu stoßen und sich dabei an seinem Kaminfeuer zu wärmen oder von dieser Tribüne donnernde Reden zu halten und es dem Musketier, der auf dem Schnee verblutet, zu überlassen, ob sein System Sieg und Ruhm erwirbt oder nicht. Es ist nichts leichter als das, aber wehe dem Staatsmann, der sich in dieser Zeit nicht nach einem Grunde umsieht, der auch nach dem Kriege noch stichhaltig ist.«[271] Es sei »eines großen Staates nicht würdig, für eine Sache zu streiten, die nicht seinem eigenen Interesse angehört«.[272] Die

Unionsverfassung, hieß das im Klartext, lohnte einen Krieg jedenfalls nicht.

Um sich dauerhaft gegen Österreich durchzusetzen, musste die Ausgangslage für Preußen günstiger sein, als sie es Ende 1850 war.[273] Der »leitende Gedanke« bei seiner Rede war, wie Bismarck später zugab, »für den Aufschub des Krieges zu wirken, bis wir gerüstet sein würden«. Diesen Gedanken habe er aber »in seiner Klarheit ... nicht öffentlich aussprechen«, sondern nur »andeuten« können.[274]

Mit der »Olmütz-Rede«, von der seine konservativen Gesinnungsfreunde 20000 Exemplare drucken und im Land verteilen ließen, stellte Bismarck die Weichen für seine weitere Karriere. In ihrer nüchternen, ohne ideologische Scheuklappen erstellten Bestandsaufnahme und ihrer ausschließlich am Staatsinteresse ausgerichteten Betrachtungsweise markierte sie den Zeitpunkt, an dem der Realpolitiker Bismarck ins Rampenlicht trat.[275]

Die Vorherrschaft Österreichs

Bismarck empfahl sich mit seinem Auftritt für ein hohes Staatsamt. Danach strebte er nicht zuletzt aus materiellen Gründen, wegen seiner »sehr beengten«, ja »dürftigen Vermögenslage«, wie er gelegentlich gegenüber Ludwig von Gerlach zu erkennen gab, zumal er seine Güter »verschuldet übernommen« habe.[276] Auch mochte er nicht länger nur parlamentarischer Verteidiger der königlichen Regierungspolitik sein, sondern Mitgestalter.

Es war vor allem Leopold von Gerlach, der einflussreiche Einflüsterer des Königs, der sich bei Friedrich Wilhelm IV. dafür einsetzte, Bismarck auf die vakant werdende Stelle des preußischen Gesandten beim Bundestag in Frankfurt zu berufen. Damit erhielt Bismarck den wichtigsten Posten, der in der preußischen Diplomatie zu vergeben war – obwohl er es nicht einmal zum Assessor gebracht hatte und ihm die erforderliche Qualifikation fehlte. Selbst der andere Gerlach-Bruder gab zu bedenken, es werde der eigenen Sache schaden, wenn man die Ämterpatronage durch so »violente Beförderungen« zu weit treibe und einen Mann zum Bundestagsgesandten mache, »dessen amtliche Lebensstellung bisher nur die eines verdorbenen Regierungsreferendars war«.[277]

Aus dem Junker, den selbst manche seiner Standesgenossen für eine verkrachte Existenz hielten, aus dem ebenso hitzköpfigen wie vorurteilsbeladenen Parteigänger der Revolutionszeit war schlagartig ein hoher Diplomat einer europäischen Großmacht geworden.

Nach ihrer Niederlage von Olmütz verspürten der preußische König und seine Regierungsbeamten wenig Lust, sich noch einmal mit Österreich anzulegen. Friedrich Wilhelm IV. fand sich damit ab, dass Preußen nur die zweite Geige spielte: »Ich bin nicht der Erste in Deutschland, ich bin nicht der Dritte, ich bin der Zweite. Österreich steht obenan, und dann komme ich.« Eben deshalb wurde ja Bismarck nach Frankfurt geschickt, weil man von ihm nach seiner Olmütz-Rede eine Politik der friedlichen Verständigung mit Wien erwartete. Auch stand er den österreichischen Diplomaten, die als Bevollmächtigte ihres Kaisers dem Bundestag präsidierten, an reaktionärer und antirevolutionärer Gesinnung nicht nach. Man glaubte daher annehmen zu können, dass im Bundestag die größte Harmonie zwischen ihnen herrschen werde. Aber das Gegenteil trat ein. Bismarck wurde Österreichs entschiedenster und gefährlichster Gegner.[278]

Als »Wendepunkt, der in meinen Ansichten eintrat«, bezeichnete Bismarck später in seinen Erinnerungen eine Depesche des Fürsten Schwarzenberg vom 7. Dezember 1850, die er erst in Frankfurt zu lesen bekommen habe. Darin habe der österreichische Ministerpräsident die Olmützer Ergebnisse so dargestellt, »als ob es von ihm abgehangen hätte, Preußen zu ›demütigen‹ oder großmütig zu pardonnieren«. Trotz Olmütz sei er, Bismarck, »noch gut österreichisch nach Frankfurt gekommen«; doch der Einblick in die schwarzenbergische Politik – »avilir, puis démolir« (erniedrigen, dann zerschmettern) – habe ihn von seinen »jugendlichen Illusionen« befreit. Nun habe er erkannt: »Der gordische Knoten deutscher Zustände ließ sich nicht in Liebe dualistisch lösen, nur militärisch zerhauen.«[279] Damit wollte Bismarck nachträglich den Eindruck erwecken, dass er bereits seit 1851 auf einen Entscheidungskrieg mit Österreich hingearbeitet habe.

Anfang 1853 begann Bismarck, in Briefen an Gerlach und Ministerpräsident Otto von Manteuffel für eine Allianz mit Frankreich zu werben, wo Louis Napoleon Bonaparte seit einem Staatsstreich im Dezember 1851 als Diktator und ab November 1852 als Napoleon III., als »Kaiser der Franzosen«, herrschte. Bismarck machte klar, dass Preußen sich Verbündete außerhalb Deutschlands suchen müsse, um Macht über die kleineren Staaten auszuüben und Österreich zum Verzicht auf seine Vorrangstellung zu zwingen. Für ein solches Bündnis kam nur Frankreich in Frage. Napoleon III. wiederum, wegen seines Namens und seiner revolutionären Machtergreifung der Paria unter den europäischen Monarchen, brauchte dringend Partner. Preußen solle sich diese Option offenhalten, forderte Bismarck. Weder an Österreich noch an Frankreich gebunden, würde Preußen beide Länder gegeneinander ausspielen können und müsste sich nur im Kriegsfall zwischen ihnen entscheiden.[280]

Seinen Höhepunkt erreichte Bismarcks Kampagne gegen Österreich im Krimkrieg, der im Oktober 1853 ausbrach. Großbritannien und Frankreich hatten den türkischen Sultan ermutigt, Russland den Krieg zu erklären, nachdem Truppen des Zaren in die osmanischen Donaufürstentümer Moldau und Walachei einmarschiert waren. Großbritannien sah seine Interessen im Orient bedroht, Napoleon III. suchte mit außenpolitischen Erfolgen seine Stellung im Innern zu festigen. Russland rechnete fest damit, von Preußen und Österreich, seinen konservativen Partnern in der 1815 gegründeten Heiligen Allianz, unterstützt zu werden. Doch die Habsburger glaubten an eine günstige Gelegenheit, Russland dauerhaft vom Balkan zu verdrängen, den sie für sich beanspruchten. Für einen Krieg gegen Russland hätte Österreich aber den Beistand Preußens und des Deutschen Bundes gebraucht.[281]

Bismarck erkannte die Chance, Österreich zu erpressen. Preußen, riet er Manteuffel, solle abwarten, bis die österreichischen Heere auf dem Balkan stünden, und dann eine Unterstützung davon abhängig machen, ob Wien zu Zugeständnissen im Deutschen Bund bereit sei; Österreich müsse einwilligen, in Deutschland getrennte Einflusssphären der beiden Großmächte festzulegen, und Preußen müsse ein Vetorecht im Bundestag bekommen. Andernfalls könne Preußen an der böhmischen Westgrenze Österreich angreifen, da dessen Truppen ja auf dem Balkan gebunden seien. »Die großen Krisen«, erläuterte Bismarck seine Strategie, »bilden das Wetterleuchten, welches Preußens Wachstum fördert.«[282]

In Berlin fanden Bismarcks Vorschläge ein geteiltes Echo. Die ultrakonservative Kreuzzeitungspartei, die den Zaren als Oberhaupt der europäischen Reaktion verehrte und von einer Wiederbelebung der religiös aufgeladenen Heiligen Allianz der christlichen Monarchien träumte, hielt zur russischen Seite. Ihr stand eine kleine, aber einflussreiche Gruppe gemäßigter Konservativer gegenüber, die als Wochenblattpartei firmierte. Sie versprach sich von einem Bündnis mit Großbritannien liberalere Tendenzen auch in Preußen, was nach Ansicht dieses Kreises eine Einigung Deutschlands unter preußischer Führung begünstigen würde.[283] Innenpolitisch stand Bismarck aufseiten der ultrakonservativen Kamarilla, die von ihrem Bundestagsgesandten erwartete, dass er auch ihre russlandfreundliche Außenpolitik mittrüge. Doch Bismarck präferierte eine Westorientierung Preußens, um sich aus der Abhängigkeit von Österreich zu lösen und die Donaumonarchie zu isolieren – womit er außenpolitisch auf einer Linie mit den Gemäßigten lag, ohne dies freilich offen zugeben zu können. Für ihn war allerdings Frankreich und nicht England der logische Bündnispartner.

Im August 1855 fuhr Bismarck nach Paris, die dort gerade stattfindende Weltausstellung diente ihm als Vorwand. In Wirklichkeit begannen seine in den nächsten Jahren oft wiederholten Sondierungen bei Napoleon III. Bismarck wusste genau, warum er den Franzosenkaiser hofierte. Mit dem Diplomaten Prinz Heinrich VII. Reuß sprach er in der französischen Hauptstadt darüber, dass ein Krieg zwischen Preußen und Österreich unvermeidlich sei. Dafür werde er eines Tages Napoleon brauchen.[284]

Zugleich häuften sich Nachrichten über russisch-französische Kontakte. Dadurch fühlte sich Bismarck, wie er Manteuffel im Februar 1856 schrieb, zu dem »Glaubensbekenntnis« ermutigt, dass er »eine solche Allianz, vorausgesetzt, dass wir mit beiden Füßen in dieselbe hineinspringen, mehr hoffe als fürchte«. Sie sei »das einzige Mittel, uns der Vormundschaft der Mittelstaaten und der österreichischen Umgarnung nachhaltig zu entziehen«.[285]

Im April 1856 teilte er Gerlach und Manteuffel seine Überzeugung mit, »dass wir in nicht zu langer Zeit für unsere *Existenz* gegen Österreich werden fechten müssen«. Er wolle den Ausbruch des Krieges jedoch nicht beschleunigen, sondern nur den Dingen ihren Lauf lassen. »Nach der Wiener Politik ist ... Deutschland zu eng für uns beide; so lange ein ehrliches Arrangement über den Einfluss eines jeden in Deutschland nicht getroffen und ausgeführt ist, pflügen wir beide denselben streitigen Acker.«[286]

Es gibt viele Belege, dass Bismarck von langer Hand auf den Krieg mit Österreich hinwirkte, wobei er sich freilich immer auch die Option einer friedlichen Lösung offenhielt, wenn Wien seinen Forderungen uneingeschränkt nachgegeben hätte.

Dabei ist zu bedenken, dass Kriege im 19. Jahrhundert nicht geführt wurden, um einen Gegner zu vernichten, sondern um einen möglichst dauerhaften Frieden herzustellen. Der Krieg galt nach dem berühmten Grundsatz des Militärtheoretikers Carl von Clausewitz als »bloße Fortsetzung der Politik mit anderen Mitteln«. Bismarck bekannte jedoch seine »Schande, nie Clausewitz gelesen zu haben und nichts über ihn zu wissen, außer dass er ein sehr verdienstvoller General war«.[287]

Prinz Wilhelm von Preußen übernahm 1857 als Stellvertreter für seinen Bruder Friedrich Wilhelm IV., der in geistige Umnachtung gefallen war, die Geschäfte des Staatsoberhaupts. Um den Liberalen entgegenzukommen, entließ der Prinzregent die Regierung Otto von Manteuffels im November 1858. Auch Leopold von Gerlach verlor sein Amt als Generaladjutant. Es bedeutete das Ende der Kamarilla, deren Einfluss bei Hofe Bismarck seine bisherige Laufbahn verdankte. Er musste nun aus dem Schatten seiner Förderer treten und selbst aktiv werden.

Im März 1858 hatte Bismarck einen Vorstoß unternommen, auf die Außenpolitik des neuen Herrschers einzuwirken. In einer fast 100 Seiten langen Denkschrift, die Spötter als »Das kleine Buch des Herrn Bismarck« bezeichneten, empfahl er, das Verlangen der Deutschen nach nationaler Einheit aufzugreifen und auf Kosten Österreichs zu stillen. Dazu müsse man die öffentliche Meinung in den kleineren Fürstentümern dahingehend beeinflussen, dass deren Regierungen gar nicht anders könnten, als Preußen zu unterstützen. Einer der Kernsätze der Denkschrift lautete: »Es gibt nichts Deutscheres als gerade die Entwicklung richtig verstandener preußischer

Partikularinteressen.« Damit lag der revolutionäre Plan auf dem Tisch, dessen Verwirklichung eines Tages Europa überraschen sollte.[288]

Zunächst fand Bismarck freilich kaum Gehör. Im Herbst 1858 beschlossen der Prinzregent und sein neuer Außenminister Alexander von Schleinitz, Preußen an Österreich und Großbritannien anzunähern. Natürlich war nun der kriegslüsterne Bismarck als Gesandter in Frankfurt eine Fehlbesetzung und musste entfernt werden. Er wurde nach St. Petersburg versetzt und, wie er es empfand, »an der Newa kaltgestellt«.[289] Aber auch dort hörte Bismarck nicht auf, die Regierung in Berlin mit seinen Ratschlägen zu traktieren, die auf eine kriegerische Konfrontation mit dem Habsburgerreich hinausliefen.

Die auswärtige Politik Russlands lag in den Händen von Fürst Alexander Gortschakow, der beabsichtigte, sich mit Napoleon III. zu verbünden und sich an Österreich wegen dessen Haltung während des Krimkriegs zu rächen. Ein paar Tage vor Bismarcks Ankunft in St. Petersburg, im März 1859, ratifizierten Russland und Frankreich einen Geheimvertrag, durch den sich Napoleon die russische Neutralität für einen Krieg gegen Österreich sicherte, der durchaus im Rahmen des Möglichen war. Der Grund: Napoleon III. hatte ein Abkommen mit dem Premierminister von Sardinien-Piemont, Camillo Benso di Cavour, geschlossen. Das Königreich wollte mit Napoleons Hilfe die Lombardei und Venetien, österreichische Territorien in Italien, erobern. Um einem vermuteten Angriff dieser beiden Verbündeten zuvorzukommen, marschierte die österreichische Armee am 29. April im Piemont ein. Die preußische Regierung stand vor einem Dilemma: Sollte man Österreich, dem Partner im Deutschen Bund, gegen seine Feinde zu Hilfe kommen? Oder seelenruhig zuschauen, wie Napoleon die Österreicher besiegte und ihnen ihre beiden italienischen Provinzen abnahm?

Bismarck hingegen war erfreut über die günstige Gelegenheit, Österreich zu schwächen und Preußen einen Vorteil zu verschaffen. Aus St. Petersburg schrieb er dem Adjutanten des Königs, Gustav von Alvensleben, am 5. Mai 1859: »Die gegenwärtige Lage hat wieder einmal das große Los für uns im Topf, falls wir den Krieg Österreichs mit Frankreichs sich scharf einfressen lassen und dann mit unsrer ganzen Armee nach Süden aufbrechen, die Grenzpfähle im Tornister mitnehmen und sie entweder am Bodensee oder da, wo das protestantische Bekenntnis aufhört vorzuwiegen, wieder einschlagen.« Fände man dies »zu abenteuerlich«, so »sollen wir doch wenigstens diesen günstigen Moment benützen, um ein Bundesverhältnis loszuwerden oder zu ändern, welches uns von Hause aus keine würdige Stellung und keine unsern Pflichten und unsrer Macht entsprechenden Rechte gewährt«.[290]

Bismarck war bereit, sich rücksichtslos nicht nur über moralische, sondern auch über juristische Pflichten hinwegzusetzen. Denn Preußen war als Mitglied des Deutschen Bundes dazu angehalten, zur »Erhaltung der äußeren und inneren Sicherheit Deutschlands und der Unabhängigkeit und Unverletzbarkeit der deutschen Staaten« beizutragen. Bismarck riet also zu einem nackten Bruch der Bündnispflicht.

An Außenminister Schleinitz schrieb Bismarck eine Woche später: »Ich sehe in unserem Bundesverhältnis ein Gebrechen Preußens, welches wir früher oder später *ferro et igni* [mit Eisen und Feuer] werden heilen müssen, wenn wir nicht beizeiten in günstiger Jahreszeit eine Kur dagegen vornehmen.« Zwar ließ er sich, wie üblich, mit dem Nachsatz noch ein Hintertürchen offen, aber er nahm auch schon sein späteres Bekenntnis zu »Blut und Eisen« vorweg. Und er fügte hinzu: »Wir sollten jeden rechtmäßigen Anlass, welchen unsere Bundesgenossen uns bieten, mit Eifer ergreifen, um die Rolle des Verletzten zu übernehmen.« Wo hier ein rechtmäßiger Anlass hätte liegen sollen, ist nicht zu erkennen, aber man hört Bismarcks Grundmelodie heraus – nur allzu gern spielte er die verfolgte Unschuld.[291]

Sogar einem Kontrahenten aus den 1848er-Tagen, dem Liberalen Victor von Unruh, offenbarte Bismarck seine Ansicht, dass Preußen sich jetzt an die Spitze der deutschen Nationalbewegung setzen solle. Preußens Ziel müsse es sein, Österreich »aus Deutschland auszuschließen«, wobei es Preußen nur zugutekäme, »wenn Österreich zunächst durch Frankreich geschwächt« würde. Es gebe »nur einen Alliierten für Preußen«, nämlich »das deutsche Volk«. Dieser Ausspruch aus Bismarcks Mund verblüffte Unruh. Doch Bismarck erwiderte: »Nun, was denken Sie, ich bin derselbe Junker wie vor zehn Jahren, als wir uns in der Kammer kennenlernten, aber ich müsste kein Auge und keinen Verstand im Kopfe haben, wenn ich die wirkliche Lage der Verhältnisse nicht klar erkennen könnte.«[292]

Gegen den Verdacht, er befürworte um jeden Preis eine Allianz mit Napoleon III., setzte sich Bismarck in einem Brief an Leopold von Gerlach zur Wehr. Wer in Frankreich oder Sardinien herrsche, sei ihm »ganz gleichgültig«. Außenpolitik sei allein »vom Standpunkt der politischen Nützlichkeit« zu beurteilen. Deshalb müsse man sich alle Möglichkeiten offenhalten, »weil man nicht Schach spielen kann, wenn einem 16 Felder von 64 von Hause aus verboten sind«.[293]

König und Parlament

In der Berliner Regierung herrschte Ratlosigkeit, wie man sich in dem Krieg Österreichs gegen Frankreich und Sardinien-Piemont verhalten sollte. Preußen mobilisierte zwar seine Truppen, aber ohne zu wissen, auf welcher Seite sie kämpfen sollten. Bevor es zu einer Entscheidung kam, schloss Franz Joseph am 11. Juli 1859 einen Waffenstillstand und trat die Lombardei ab; öffentlich beklagte er, von seinen Bundesgenossen schändlich im Stich gelassen worden zu sein.

Die Mobilisierung des preußischen Heeres hatte Mängel in seiner Organisation offenbart. Deshalb verlangte der soldatisch erzogene Prinzregent Wilhelm, dem Militär eine neue Struktur zu geben. Dabei helfen sollte ihm der General Albrecht von Roon, ein strammer Konservativer, den er zu seinem Kriegsminister ernannte. Das Parlament, von dem man Widerstand gegen die Pläne erwartete, sollte dem König nicht dreinreden dürfen.

In Preußen galt eine dreijährige Wehrpflicht. In der Praxis wurde die Dienstzeit jedoch meist auf zwei Jahre verkürzt, die Rekruten durften im dritten Jahr mit ständigem Urlaub die Truppe verlassen. Wilhelm hielt es für nötig, dass die vollen drei Jahre abgedient würden, nicht so sehr, um die Soldaten kriegstüchtig zu machen, sondern vor allem, um sie im Geiste des militärischen Gehorsams zu erziehen und sie gegen liberale oder gar revolutionäre Tendenzen in der bürgerlichen Gesellschaft zu immunisieren.[294] Auch bei der zweiten Streitfrage der Heeresreform, der Zukunft der Landwehr, waren die politischen Motive wichtiger als die militärischen. Die in den Befreiungskriegen entstandene Landwehr war eine Volksarmee mit eigenen Offizieren, die nicht wie in der regulären Armee überwiegend Junker waren. Wilhelm sah in der Landwehr nach seinen Erfahrungen von 1848/49 »ein Lehrbataillon für die Revolution«,[295] der erzkonservative General Leopold von Gerlach nannte sie die einzige wirklich liberale Institution Preußens. Aber gerade das machte sie dem Regenten und Roon verdächtig. Wilhelms Reformplan zielte darauf ab, die Landwehr zu schwächen.

Die Verlängerung der Dienstzeit und die Schwächung der Landwehr wurden von der Bevölkerung kritischer aufgenommen als die finanzielle Belastung durch eine zusätzlich geplante Aufstockung des Heeres von 150000 auf 220000 Mann. Die Regierung musste einsehen, dass sie im Abgeordnetenhaus keine Mehrheit finden würde, und begnügte sich mit der – ausdrücklich einstweiligen – Bewilligung von sieben Millionen Talern für die Ausgaben der nächsten Jahre. Doch kaum war das Budget genehmigt, bildete Wilhelm neue Regimenter, die natürlich auf Dauer Bestand haben sollten. Einige jüngere Mitglieder der Kammer gründeten daraufhin aus Protest die Deutsche Fortschrittspartei, die bei den Wahlen im Dezember 1861 so viele Sitze errang, dass sie ein bestimmender Faktor im Abgeordnetenhaus wurde.[296]

Wilhelm I. – er hatte im Januar 1861 nach dem Tod Friedrich Wilhelms IV. den Thron auch offiziell bestiegen – hatte die sonderbare Vorstellung, die Parlamentarier seien bloße »Ratgeber« der Krone. Allein der Monarch, meinte er, habe aufgrund seiner militärischen Kommandogewalt über Aufbau und Stärke der Armee zu befinden. Das Parlament müsse nur die finanziellen Mittel dafür bewilligen. Der König löste das Abgeordnetenhaus auf, aber auch bei den Neuwahlen im Mai 1862 verzeichneten die liberalen Parteien kräftige Zuwächse, während das Häuflein der Konservativen weiter zusammenschmolz.

Die Krise steuerte auf ihren Höhepunkt zu. Es war klar, dass die Regierung mit ihrer Militärvorlage im Abgeordnetenhaus scheitern würde, wenn sie sich nicht zu erheblichen Zugeständnissen herbeiließe. Immerhin war ein Teil der neuen Fortschrittspartei zu einem Kompromiss bereit. Wenn die Regierung bei der zweijährigen Dienstpflicht nachgäbe, würde der Rest des Programms gebilligt. Aber Wilhelm war zu keinerlei Abstrichen willens.

Kriegsminister Roon hatte dem König schon geraume Zeit in den Ohren gelegen, er solle Bismarck als Ministerpräsidenten einsetzen. Doch Wilhelm sträubte sich noch. Zu dem späteren bayerischen Ministerpräsidenten Chlodwig zu Hohenlohe-Schillingsfürst sagte er im März 1862, als auch dieser ihm Bismarcks Ernennung vorschlug: »Bismarck? Sie scherzen wohl? Ach, bewahre, der ist ja viel zu flatterhaft!« Stattdessen berief er Bismarck aus St. Petersburg ab und parkte ihn erst einmal als Gesandten in Paris.

In einem parlamentarisch regierten Land braucht die Regierung stets das Vertrauen der Parlamentsmehrheit. Verliert sie es, muss sie zurücktreten oder kann durch ein Misstrauensvotum gestürzt werden. Nicht so in Preußen. Der Chefideologe des konservativen Junkertums, der Berliner Rechtsprofessor Friedrich Julius Stahl, argumentierte, dass die preußische Regierung nur vom Vertrauen des Königs abhängen dürfe. Da sich diese Auffassung durchsetzte, konnte in der preußischen Monarchie, also bis 1918, ein Minister von keiner noch so großen Mehrheit des Parlaments abberufen werden – solange er nur die Gunst des Königs hatte. Darauf stützte sich Bismarck, und dieses Prinzip hielt er nicht nur gegen die schärfste Opposition im preußischen Abgeordnetenhaus durch, sondern er konnte es nach 1871 auch auf den Reichstag des Deutschen Reiches übertragen.[297]

Umstrittener war eine andere Theorie Stahls. Nach herrschender Auffassung brauchte ein Budget, wenn es Gesetz werden sollte, die Zustimmung von Abgeordnetenhaus, Herrenhaus und König; stimmte eines dieser drei Gesetzgebungsorgane nicht zu, gab es kein Budget. Die logische Schlussfolgerung wäre, dass die Regierung dann kein Geld ausgeben darf. Doch Stahl behauptete, die Verfassung enthalte eine »Lücke«: Da der Staat weiter funktionieren müsse, dürfe die Regierung so viel Geld ausgeben, wie sie für notwendig halte.

Dass diese Theorie rechtlich unhaltbar war, wurde nicht einmal von den königlichen Ministern angezweifelt: In einer

Denkschrift, die sie dem König am 9. September 1862 vorlegten, schrieben sie klipp und klar, dass die Regierung »gänzlich den Boden der Verfassung aufgeben« würde, wenn sie »gegen den gesetzlichen Beschluss der Landesvertretung und ohne gesetzlichen Etat die Staatsausgaben ... bestreiten« wolle. Die Denkschrift wurde von allen Ministern unterzeichnet, auch von Kriegsminister Roon. Doch der König blieb stur. Er hörte nicht auf seine Minister, die ihm empfahlen, die zweijährige Dienstzeit zu konzedieren, sondern folgte lieber seinen militärischen Ratgebern. Er erklärte, er werde dem Konflikt nicht aus dem Weg gehen und eine Regierung einsetzen, die sich nicht scheue, auch ohne gesetzlich gebilligtes Budget zu regieren. Ansonsten werde er lieber abdanken.[298]

Das war die Stunde Bismarcks. Der preußische Gesandte in Paris hatte ungeduldig auf ein Zeichen von Roon gewartet, das ihn nach Berlin rufen sollte. Schließlich, am 18. September 1862, kam das ersehnte Telegramm: »Periculum in mora. Dépèchez-vous«, Verzug bringt Gefahr, beeilen Sie sich. Schleunigst machte sich Bismarck auf den Weg.

Ehe Bismarck in Berlin ankam, unternahm Kronprinz Friedrich Wilhelm einen letzten Versuch, den König in der Militärfrage zum Einlenken zu bewegen. Doch Wilhelm legte ihm eine Urkunde vor, in der er zugunsten seines Sohnes abdankte; dieser sollte das Dokument zum Zeichen seines Einverständnisses gegenzeichnen. Das lehnte der Kronprinz entschieden ab.

Der Verzicht mag Friedrich Wilhelm umso leichter gefallen sein, als ihm sein Vater nachdrücklich versicherte, er werde Bismarck unter gar keinen Umständen berufen. Nicht ganz unschuldig daran dürfte seine Frau Augusta gewesen sein, die dringend von Bismarcks Ernennung abriet. »Nur um Gottes willen den nicht als Minister! Es ist eine ganz falsche Rechnung zu glauben, dass ein Mann wie Bismarck unserem Land dienen kann, der gewiss alles wagt und der Schrecken aller ist, weil er keine Grundsätze hat.« Im Juli 1862 hatte sie ihre Vorbehalte gegen Bismarck noch einmal ausführlich in einem Brief an ihren Mann festgehalten, die in dem Vorwurf hochverräterischer Umtriebe im März 1848 gipfelten. Auch Kronprinz Friedrich Wilhelm, der mit den Liberalen flirtete, hielt Bismarck für einen »unwahren Charakter«; seine Gattin Victoria, Tochter der englischen Queen, verabscheute den »Schurken« und »Bösewicht« aus tiefstem Herzen. Trotz aller familiären Einwände und Widerstände entschied Wilhelm dann doch anders. »Arme Mama«, schrieb der Kronprinz in sein Tagebuch, »wie bitter wird gerade dieses ihres Todfeindes Ernennung sie schmerzen.«[299]

Am 22. September fuhr Bismarck zum Schloss Babelsberg, wo ihn der König empfing. Den Verlauf der Audienz schilderte Bismarck später in seinen Erinnerungen. Auch wenn er die Vorgeschichte seiner Berufung wenig wahrheitsgetreu darstellte, darf man seiner Wiedergabe des Gesprächs mit Wilhelm I. wohl trauen.

Demzufolge zeigte der Monarch auf die Abdankungsurkunde, die vor ihm auf dem Tisch lag, und beschrieb Bismarck die Situation. Er könne es »vor Gott, meinem Gewissen und meinen Untertanen« nicht verantworten, weiter zu regieren, wenn er keine Minister mehr finde, »die bereit wären, meine Regierung zu führen, ohne sich und mich der parlamentarischen Mehrheit zu unterwerfen«. Er sei dazu bereit, erwiderte Bismarck, worauf der König erklärte: »Dann ist es meine Pflicht, mit Ihnen die Weiterführung des Kampfes zu versuchen, und ich abdiziere nicht.«[300]

Wilhelm sah keine Alternative mehr, als den Mann mit der Regierung zu betrauen, der als Einziger gewillt war, dem Parlament zu trotzen und sich nicht darum zu scheren, ob die Verfassung verletzt würde oder nicht. Bismarck beeindruckte den König durch seine Entschlossenheit, seinen Tatendrang und seine bedingungslose Bereitschaft, ihm zu dienen: »Ich fühle wie ein kurbrandenburgischer Vasall, der seinen Lehnsherrn in Gefahr sieht«, sagte er. »Was ich vermag, steht Eurer Majestät zur Verfügung.«[301]

In Wahrheit lieferte sich der Lehnsherr seinem Vasallen aus. Bismarck ließ sich nicht auf das Regierungsprogramm festlegen, das Wilhelm bereits »in seiner engen Schrift [auf] acht Folioseiten« formuliert hatte und seinem künftigen Ministerpräsidenten bei einem Spaziergang im Park zu lesen gab. Bismarck gelang es, den König zu überzeugen, dass es »nicht um konservativ oder liberal in dieser oder jener Schattierung« gehe, sondern »um königliches Regiment oder Parlamentsherrschaft«, die – notfalls »auch durch eine Periode der Diktatur« – verhindert werden müsse. Auch wenn es Meinungsverschiedenheiten zwischen ihnen geben sollte, wolle er »lieber mit dem Könige untergehen, als Eure Majestät im Kampfe mit der Parlamentsherrschaft im Stiche lassen«, versicherte Bismarck.[302]

Das gefiel dem König. Er zerriss das Programm und steckte die Papierfetzen ein, um sie zu verbrennen. Bismarck war durch keine königliche Richtlinie in seinem künftigen Handeln eingeschränkt. Er hatte sich eine Blankovollmacht verschafft.

Lehnsherr und Vasall

Dabei hatte Wilhelm früher durchaus erkannt, dass Bismarck, wäre er erst einmal im Amt, versuchen würde, ihn zu Entschlüssen zu verleiten, die seinen eigenen Anschauungen und Überzeugungen zutiefst widersprachen. »Das fehlte gerade noch, dass ein Mann das Ministerium übernimmt, der alles auf den Kopf stellen wird«, hatte er 1859 dem Herzog von Coburg erklärt.[303]

Bismarck wusste, dass er sich möglichst nicht auf Grundsatzdebatten mit seinem Monarchen einlassen durfte. Er musste Wilhelms Vertrauen gewinnen, ohne sich programmatisch festzulegen. Dies ist ihm in dem entscheidenden Gespräch im September 1862 gelungen. Dadurch war die Basis gelegt, dass Bismarck in der jahrzehntelangen Zusammenarbeit immer und unter allen Umständen das Heft in der Hand behielt und seine wahren Absichten vor seinem von Natur aus eher behutsamen und bedächtigen König verbergen konnte.[304]

Dem »lieben Roon« hatte Bismarck am 15. Juli 1862 aus Paris einen Brief geschrieben, in dem er sich überzeugt zeigte, dass ihm seine »alte Reputation von leichtfertiger Gewalttätigkeit« schon helfen werde, die Aufgabe zu meistern.[305] Seinem Ruf wurde Bismarck gleich in der ersten Rede vor der Budgetkommission des Landtags am 30. September 1862 gerecht – der berühmtesten, die Bismarck je halten sollte: »Preußen muss seine Kraft zusammenfassen und zusammenhalten auf den günstigen Augenblick, der schon einige Male verpasst ist; Preußens Grenzen nach den Wiener Verträgen sind zu einem gesunden Staatsleben nicht günstig; nicht durch Reden und Majoritätsbeschlüsse werden die großen Fragen der Zeit entschieden – das ist der große Fehler von 1848 und 1849 gewesen –, sondern durch Eisen und Blut.«[306] Bismarcks erste Rede als Ministerpräsident hätte leicht auch seine letzte sein können. Der rechtsliberale Historiker Heinrich von Treitschke, später der lauteste Lobredner Bismarcks, schrieb: »Höre ich aber so einen flachen Junker, wie diesen Bismarck, von dem ›Eisen und Blut‹ prahlen, womit er Deutschland unterjochen will, so scheint mir die Gemeinheit nur noch durch die Lächerlichkeit überboten.«[307] Selbst Bismarcks Mentor Roon sprach unwirsch von »geistreichen Exkursionen«, die der Sache nicht förderlich seien.[308]

Mit seiner Rede löste Bismarck die erste Belastungsprobe in seiner Beziehung zum König aus. Wilhelm hielt sich in diesen

Tagen bei seinem Schwiegersohn, dem badischen Großherzog Friedrich, auf. Dieser war, wie Ehefrau und Kronprinz, die Wilhelm begleiteten, ein erklärter Bismarck-Gegner. Nach dem verheerenden Echo, das seine Rede in der Öffentlichkeit ausgelöst hatte, fürchtete Bismarck, der Monarch könnte unter den Einflüsterungen seiner Verwandten wankelmütig werden und die zunächst nur vorläufige Ernennung widerrufen. Sorgenvoll fuhr er dem nach Berlin heimkehrenden König bis Jüterbog entgegen.

Tatsächlich war Wilhelm in gedrückter Stimmung. »Ich sehe ganz genau voraus, wie alles endigen wird«, schüttete er Bismarck sein Herz aus. »Da vor dem Opernplatz, unter meinen Fenstern, wird man Ihnen den Kopf abschlagen und etwas später mir.« Bismarck wusste, wie er solchem Defätismus zu begegnen hatte. Es gebe doch wohl kaum einen besseren Tod als den für eine gute Sache, erwiderte er. »Können wir anständiger umkommen? Ich selbst im Kampfe für die Sache meines Königs, und Eure Majestät, indem Sie Ihre königlichen Rechte von Gottes Gnaden mit dem eignen Blut besiegeln.«[309]

Bismarck kannte Wilhelm mit all seinen Schwächen gut genug, um sicher zu sein, dass er den König »leiten« und »behandeln« würde und nicht umgekehrt. Nach seiner Einschätzung hatte der König die klassischen Tugenden und Mängel eines preußischen Offiziers, »der, sobald er durch höheren Befehl gedeckt ist, ohne Schwanken dem sicheren Tod entgegengeht, aber durch die Furcht vor dem Tadel des Vorgesetzten und der öffentlichen Meinung in zweifelnde Unsicherheit gerät, die ihn das Falsche wählen lässt«.[310]

»Ich bin meinem Fürsten treu bis in die Vendée«, pflegte Bismarck zu sagen. Die Vendée war die Hochburg der Royalisten gewesen im Kampf gegen die Französische Revolution. Aber während er Wilhelm versprach, ihm Gehorsam zu leisten, war er überzeugt, dass in Wirklichkeit der König gezwungen war, ihm »durch dick und dünn« zu folgen, wie er es selbst ein paar Jahre später unverblümt ausgesprochen hat.[311]

Wilhelm I. war Wachs in Bismarcks Händen. Er war weich, wankelmütig und harmoniesüchtig. Der König wusste um seine Schwächen und ließ, wenn es darauf ankam, Begabtere gewähren. Mit der Berufung Bismarcks gab der Monarch seinen politischen Führungsanspruch auf und übertrug die Richtlinienkompetenz seinem neuen Regierungschef.[312]

Bismarck verschärfte den Konflikt zwischen Parlament und König, um sich unentbehrlich zu machen. Er provozierte das Parlament, um dem König zu zeigen, »wie man mit solchen Leuten umgeht«, damit der Monarch nicht etwa Angst vor seiner eigenen Courage bekommt.

Vielleicht hätte Preußen im Jahr 1862 – und nach 1871 auch Deutschland – eine parlamentarisch-konstitutionelle Monarchie nach englischem Muster werden können, wenn Wilhelm zurückgetreten und sein Sohn Friedrich Wilhelm an seine Stelle getreten wäre. Unter dem neuen König hätte der preußische Landtag gewiss mehr Einfluss bekommen, der Parlamentarismus in Deutschland wäre gestärkt worden. Doch Bismarck wusste dies zu verhindern, wobei ihm auch die lange Lebenszeit Wilhelms I. half.[313]

Bismarcks Macht beruhte auf der Huld seines Herrn. Nie war er einem Parlament verantwortlich, nur der König konnte ihn entlassen. Von Anfang an hatte er jedoch das Problem, dass die energische Königin Augusta seit den Revolutionstagen 1848 eine Aversion gegen Bismarck hatte und sich immer wieder in die Staatsgeschäfte einmischte. Es habe ihn, klagte er, zum Beispiel 1864 »viel Mühe« gekostet, »die Fäden zu lösen, durch welche der König unter Mitwirkung des liberalisierenden Einflusses seiner Gemahlin mit jenem Lager in Verbindung stand«.[314] Bismarcks Verdacht war in dieser Hinsicht abwegig, denn liberal war Augusta nicht. Eher neigte sie einem aufgeklärten Absolutismus zu.[315]

Augusta scheute sich nicht, Gespräche des Monarchen mit seinem Regierungschef heimlich zu belauschen. Von der Wendeltreppe aus, die das Bibliothekszimmer in der unteren Etage des Alten Palais mit ihren Gemächern verband, horchte sie, und sie soll auch ein Hörrohr benutzt haben, das von ihrem Schlafzimmer in Wilhelms Arbeitsraum reichte. Wenn Wilhelm krank war, nutzte sie dies aus, um ihn während der Pflege stärker zu beeinflussen, weswegen Bismarck einmal lakonisch über das Befinden Seiner Majestät geäußert haben soll: »Ich weiß ja immer, wie es mit ihm steht. Wenn er sich krank fühlt, ist er liberal, fühlt er sich gesund, ist er reaktionär.«[316]

Bismarck regierte ohne Budget, weil ihm das vom Abgeordnetenhaus genehmigte nicht passte. Der König löste das Parlament auf, aber die Wähler votierten wieder für dieselben Abgeordneten, was auch immer die Regierung durch Druck auf die Beamten und Lenkung der Presse unternahm, um die Abstimmung zu beeinflussen. Bismarcks erstes Amtsjahr war voller Enttäuschungen und drohender Katastrophen. Innenpolitisch herrschte Stillstand, außenpolitisch eskalierte der Kampf zwischen den beiden deutschen Großmächten.

Strategisches Ziel der Innenpolitik blieb für Bismarck, die preußische Monarchie zu erhalten und zu stärken sowie die Privilegien des Adels zu sichern, indem er die Ambitionen der Liberalen und Demokraten auf eine parlamentarische Machtteilhabe abwehrte sowie die immer stärker werdende Arbeiterschaft vom politischen Geschehen auszuschließen versuchte. Dafür war er bereit, den Liberalen in wirtschafts- und nationalpolitischer Hinsicht entgegenzukommen. Außenpolitisch strebte er nach der Hegemonie Preußens in Deutschland, was den Ausschluss Österreichs und das Ende des Deutschen Bundes bedeutete.

Die erste nervenzehrende Kraftprobe lieferten sich »Lehnsherr« und »Vasall« im Sommer 1863. Als der österreichische

Kaiser Franz Joseph dem Preußenkönig einen Plan zur Reform des Deutschen Bundes vorlegte und ihn zu einem Fürstentag in Frankfurt am Main einlud, auf dem das Projekt erörtert werden sollte, musste Bismarck bis zum Äußersten, der Rücktrittsdrohung, gehen, um Wilhelm von der Teilnahme abzuhalten. Beide waren schließlich, wie Bismarck in seinen Memoiren schrieb, »infolge der nervösen Spannung der Situation krankhaft erschöpft«: Wilhelm brach in Weinkrämpfe aus, Bismarck schmetterte wütend eine große Waschschüssel zu Boden.[317]

Der Ministerpräsident obsiegte, weil der König merkte, dass er ohne Bismarck nicht auskam. Im Fall seines Scheiterns hätte Bismarck nicht Ministerpräsident bleiben können. Wäre Bismarck im August 1863 zurückgetreten, weil sich der König zur Teilnahme an dem Fürstentag verpflichtet fühlte, wäre die Geschichte Deutschlands und der Welt anders verlaufen.

Solche Auseinandersetzungen wiederholten sich regelmäßig. Es kostete Bismarck seinem eigenen Bekunden nach größte Anstrengungen, dem König seinen Willen aufzuzwingen; anschließend war er gereizt und depressiv, drohte mit Rücktritt und schwärmte von einem ruhigen Leben auf dem Land. Seltsamerweise bangte der König jedes Mal wirklich, dass Bismarck ihn verlassen könnte. Dieses Muster prägte ihre Beziehung bis zu Wilhelms Tod im März 1888.[318]

Ende Oktober 1863 besuchte Bismarck den französischen Kaiser. Anscheinend erhielt er für den Fall eines Krieges zwischen Österreich und Preußen die Zusage unbedingter Neutralität. Dem österreichischen Gesandten in Berlin, Graf Alajos Károlyi, erklärte er, ein bewaffneter Konflikt sei auf Dauer nur zu vermeiden, wenn Österreich seinen Schwerpunkt nach Osten, nach Ungarn, verlege.[319]

Eine unerwartete Gelegenheit, den Dualismus auszutragen, ergab sich am nördlichen Rand des Bundesgebiets durch eine neuerliche Eskalation um die Herzogtümer Schleswig und Holstein, die beide in Personalunion mit dem dänischen Königshaus verbunden waren. Holstein gehörte staatsrechtlich zum Deutschen Bund, Schleswig jedoch nicht. Bereits von 1848 bis 1851 hatte es einen Krieg um die Zukunft der beiden Herzogtümer gegeben; am Ende war im »Londoner Protokoll« der Status quo festgeschrieben worden. Am 18. November 1863 unterzeichnete der dänische König Christian IX. eine neue Verfassung, durch die Schleswig ins Königreich Dänemark eingegliedert wurde – ein klarer Verstoß gegen das Londoner Protokoll. Damit war die außenpolitische Krise da, nach der Bismarck sich gesehnt hatte, um von den innenpolitischen Konflikten abzulenken, die heimische Opposition auszumanövrieren und ein vorübergehendes taktisches Bündnis mit Österreich zu schließen.

Denn auch Wien wollte das dänische Vorgehen nicht ungestraft hinnehmen. »Sobald aber Österreich mit uns war«, so Bismarcks begründetes Kalkül, »schwand die Wahrscheinlichkeit einer Koalition der anderen Mächte gegen uns.«[320] Aufgrund eines Beschlusses des Bundestages besetzten sächsische und hannoversche Truppen am 23. Dezember 1863 Holstein, die dänische Armee zog sich nach Schleswig zurück. Auf Betreiben Bismarcks marschierten österreichische und preußische Truppen am 1. Februar 1864 auch in Schleswig ein, um den dänischen König zu zwingen, die neue Verfassung zu annullieren.

Bismarck interessierte sich für die schleswig-holsteinische Frage nie wegen der dort lebenden deutschen Minderheit, die sich von Dänemark lösen wollte, sondern allein unter dem Aspekt der preußischen Machtpolitik. Preußen hatte weder juristisch noch historisch irgendwelche Ansprüche auf die Herzogtümer. Doch Bismarcks Ziel war es von Anfang an, diese für Preußen zu annektieren. Am 22. Dezember 1862, kaum dass er an die Spitze der preußischen Regierung getreten war, hatte Bismarck geschrieben: »Es ist gewiss, dass die ganze dänische Angelegenheit nur durch den Krieg in einer für uns erwünschten Weise gelöst werden kann. Der Anlass zu diesem Kriege lässt sich in jedem Augenblick finden, welchen man für einen günstigen zur Kriegführung hält.«[321]

Obwohl die Spannungen zwischen Österreich und Preußen gerade wieder im Sommer 1863 auf dem Fürstentag in Frankfurt deutlich geworden waren, konnte Bismarck seinen strategischen Hauptfeind als taktischen Verbündeten gewinnen. Der Krieg war rasch entschieden, als preußische Truppen am 18. April 1864 die Düppeler Schanzen erstürmten. Im Frieden von Wien musste Dänemark im Oktober 1864 Schleswig und Holstein an Preußen und Österreich abtreten, die diese Länder provisorisch gemeinsam verwalteten. Preußen besetzte Schleswig, Österreich Holstein.

Bei der im August vorausgegangenen »Schönbrunner Konferenz« war Österreich bereit gewesen, beide Herzogtümer Preußen zu überlassen. Dafür sollte sich Preußen verpflichten, Österreich beim Erhalt seiner Provinz Venetien und eventuell bei der Wiedereroberung der Lombardei zu helfen. König Wilhelm lehnte das Angebot mit dem Argument ab, er habe kein Recht auf die sogenannten Elbherzogtümer. Das war jedoch nicht der entscheidende Grund. Vielmehr war Bismarck unter keinen Umständen bereit, Österreich in Italien gegen Napoleon und Viktor Emanuel beizustehen. Mit den Herzogtümern hatte er keine Eile. Er war fest überzeugt, dass sie Preußen früher oder später ohnehin zufallen würden.[322]

Der Deutsche Krieg

Der Krieg um Schleswig und Holstein war in Wahrheit bereits ein Teil des Krieges gegen Österreich. Wie früher schon im Bundestag war Bismarck darauf aus, Österreichs Ansehen in Deutschland zu schaden.

Bismarcks Sohn Herbert berichtete später dem Historiker Erich Marcks, dass sein Vater zielstrebig darauf hingearbeitet habe, über eine zeitweilige Koalition mit Österreich zu einem kriegerischen Konflikt mit dem habsburgischen Konkurrenten zu kommen. Bismarck habe allerdings »über seine wichtigsten Pläne und Wege, auf denen er sie zu erreichen hoffte, mit niemandem« sprechen können, »um sie nicht durch Indiskretionen oder Eigensucht kompromittiert zu sehen«. Denn es »würde ihm nie gelungen sein, seine Politik zur Durchführung zu bringen, wenn er im Spätherbst 1863 Wilhelm I. gesagt hätte: ›Ich werde jetzt Österreich zur gemeinsamen Kriegführung mit Dänemark bringen in der Erwartung, dass es später über Schleswig-Holstein zum Bruch mit Österreich kommen wird, und dass wir dann auf dem einzig möglichen kriegerischen Wege die Suprematie Preußens über Deutschland herstellen‹«.[323]

Schon im November 1864 schaffte es Bismarck, Österreich bei der gemeinsamen Verwaltung der beiden Elbherzogtümer seinen Willen aufzuzwingen. Ultimativ forderte er den Abzug der sächsischen und hannoverschen Truppen, die der Deutsche Bund gegen Dänemark ins Feld geschickt hatte und die noch im preußisch besetzten Schleswig standen. Den Affront gegen den Deutschen Bund musste Österreich hinnehmen.

Im Februar 1865 stellte Bismarck weitere Bedingungen an Wien, die für Kaiser Franz Joseph »ganz unannehmbar« waren.[324] Unter anderem sollten die Streitkräfte Schleswigs und Holsteins vollständig in die preußische Armee übernommen werden und Preußen militärische Schlüsselstellungen in beiden Herzogtümern erhalten. Weil man sich nicht einigen konnte, wurde das Kondominium fortgesetzt.

Durch eine bei den preußischen Hofjuristen bestellte Expertise brachte Bismarck den König im März schließlich dazu, seine Bedenken gegen eine Annexion aufzugeben. Ein Krieg mit Österreich schien unter diesen Umständen unvermeidlich. Doch im Kronrat am 29. Mai 1865 überraschte Bismarck damit, dass er, gegen das Votum der Militärs, für einen Aufschub plädierte.[325]

Das Problem war das Geld. Obwohl die Liberalen nach dem Sieg im Deutsch-Dänischen Krieg ihre feindselige Haltung gegenüber Bismarck zumindest teilweise aufgegeben hatten, bestand das Abgeordnetenhaus weiterhin darauf, über den Staatshaushalt abzustimmen. Und ohne zusätzliche Steuereinnahmen, so schien es, würde kein Krieg zu führen sein.

Aber Bismarck fand einen Ausweg. Er ließ im Juli/August 1865 unter anderem den Staatsbesitz an der Köln-Mindener Eisenbahn-Gesellschaft verkaufen. Kriegsminister Roon bestätigte die Hintergründe der Transaktion in einem Brief an Moritz von Blanckenburg: »Es ist Geld da, genug um uns freie Hand in der auswärtigen Politik zu geben, nötigenfalls um die ganze Armee mobil zu machen und einen Feldzug hindurch zu bezahlen ... Woher das Geld? Ohne Gesetz-Verletzung, vornehmlich durch ein Arrangement mit der Köln-Mindener Eisenbahn.«[326] Tatsächlich war es ein klarer Bruch der Verfassung, weil das Abgeordnetenhaus der Veräußerung von Staatsbesitz hätte zustimmen müssen.

Die »Geldoperation« blieb den Österreichern nicht verborgen. Einer ihrer Diplomaten in Berlin berichtete nach Wien, es sei »wohl nicht zu bezweifeln« dass die Geldgeschäfte »sich durchaus nicht vom wirtschaftlichen, sondern lediglich vom Standpunkte einer dringenden politischen Notwendigkeit rechtfertigen ließen«; die Mittel stellten »einen so bedeutenden Geldvorrat dar, wie man ihn sonst nur in Gewärtigung einer kriegerischen Eventualität in Bereitschaft zu stellen pflegt«.[327]

In Kenntnis akuter Kriegsgefahr musste sich Wien um Frieden bemühen, zumal die habsburgische Staatskasse ein erhebliches Defizit aufwies. So stimmten die Österreicher am 14. August in der Konvention von Gastein zu, die gemeinsame Verwaltung der beiden Herzogtümer zu beenden und sie unter beiden Mächten aufzuteilen. Bismarck äußerte sich triumphierend gegenüber dem preußischen Innenminister Friedrich Graf zu Eulenburg: »In Schleswig also regieren wir von 1. Sept. ab allein und souverän; hinaus wird man uns dann wohl nicht wieder bringen, und es fühlt sich so an, als wolle Österreich uns später Holstein dazu verkaufen; dass wir es so oder so bekommen, bezweifle ich nun nicht mehr.«[328]

Die Spannungen zwischen Berlin und Wien verschärften sich im Laufe des Winters, aber Anfang März 1866 hatte Bismarck noch immer keinen triftigen Kriegsgrund gefunden.[329] In dem Wissen, dass Österreich einem Zweifrontenkrieg in Italien und Deutschland nicht gewachsen sein würde, hatte Außenminister Alexander Graf von Mensdorff-Pouilly immer wieder alles zu vermeiden versucht, was Bismarck einen Vorwand zum Losschlagen hätte liefern können. Doch Franz Joseph und seine Militärs befürchteten, dass die österreichische Armee von vornherein ins Hintertreffen geraten würde, wenn man nicht für den Fall eines preußischen Angriffs vorsorgte. Deshalb befahl der Kaiser am 14. März auf Drängen seiner Generäle, einige Regimenter an die böhmische Grenze zu verlegen, um die dortigen Verteidigungskräfte zu verstärken.[330]

Endlich hatte Bismarck einen Vorwand, um seine Absichten zu verwirklichen. In zahlreichen Depeschen beschuldigte er Österreich, den Krieg herbeiführen zu wollen.[331] Am 27. März stimmte Wilhelm I. einer Teilmobilmachung und der

Einberufung von Reservisten zu. Aber Bismarck sorgte sich, der fromme König könne es sich angesichts des nahenden Osterfestes noch einmal anders überlegen. In »krankhafter Ungeduld«[332] drängte Bismarck den Kriegsminister, dass Wilhelm noch vor dem Gründonnerstag »seine definitiven Befehle gibt«, was der König denn auch am 29. März tat.[333] Generalstabschef Helmuth von Moltke machte sich an die Planung des Feldzugs.[334]

Kronprinz Friedrich Wilhelm war entsetzt. Dem königlichen Flügeladjutanten Hans Lothar von Schweinitz schrieb er: »Der König wünscht den Krieg nicht; Bismarck verstand es aber seit Monaten die Dinge so zu winden, dass der König nach und nach gereizt wird, und schließlich wird ihn B. so hineingeritten haben, dass der arme Herr nicht anders wird können, als sich zu diesem Krieg entschließen, der Europa aufwühlen wird. Bismarcks Talent, dem König die Dinge so zurecht zu machen, ist groß und bewunderungswürdig; seinem bodenlosen Leichtsinn und seiner Seeräuberpolitik entsprechend soll auch eine deutsche Reformidee noch aufs Tapet gebracht werden, wahrscheinlich mit Reichsparlamentsvorschlägen und das angesichts unseres inneren parlamentarischen Zerwürfnisses! Das ist wie Ironie und trägt seine Erfolglosigkeit an der Stirn. Indessen bei einem solchen Menschen ist eben alles möglich.«[335]

Tatsächlich brachte der preußische Gesandte beim Bundestag am 9. April 1866 den Antrag ein, »die Bundesversammlung wolle beschließen: eine aus direkten Wahlen und allgemeinem Stimmrecht der ganzen Nation hervorgehende Versammlung für einen noch näher zu bestimmenden Tag einzuberufen, um die Vorlagen der deutschen Regierungen über eine Reform der Bundesverfassung entgegenzunehmen und zu beraten«.[336]

Bismarck manövrierte mit diesem Schachzug Österreich und die Staaten des Deutschen Bundes aus. Denn er wusste natürlich, dass das Habsburgerreich mit seinen elf Volksgruppen und der zunehmenden Bedrohung durch deren Nationalismus sich nicht auf ein allgemeines Wahlrecht einlassen konnte. Kurioserweise hielt ausgerechnet der Demokratieverächter Bismarck den Habsburgern »die Demokratie entgegen wie einem Vampir das Kreuz«; der liberalen *Kölnischen Zeitung* kam Bismarcks verblüffende Initiative vor, als ob »Mephistopheles auf die Kanzel steigt und das Evangelium verliest«.[337]

Wie scheinheilig die Frankfurter Aktion war, zeigte sich darin, dass Preußen einen Tag zuvor, am 8. April, einen geheimen Vertrag mit Italien abgeschlossen hatte. Darin verpflichtete sich Italien, in einem von Preußen erklärten Krieg gegen Österreich militärischen Beistand zu leisten, sofern der Konfliktfall binnen drei Monaten eintreten würde. Dafür wollte Bismarck schon sorgen.[338]

Der Vertrag mit Italien verstieß gegen die Verfassung des Deutschen Bundes und besiegelte dessen Ende. Denn die Bundesverfassung verbot den Einzelstaaten ausdrücklich, mit einer auswärtigen Macht gegen ein anderes Mitglied des Bundes zu koalieren. Gegenüber dem französischen Gesandten in Berlin, Vincent Graf Benedetti, mit dem er über eine Kompensation für Frankreichs Neutralität verhandelte, prahlte Bismarck: »Ich habe einen König von Preußen dazu gebracht, die intimen Beziehungen seines Hauses zum Hause Habsburg zu brechen, eine Allianz mit dem revolutionären Italien abzuschließen, Vereinbarungen mit dem kaiserlichen Frankreich eventuell zu akzeptieren und in Frankfurt die Umgestaltung des Bundesvertrages mit Einschluss eines volkstümlichen Parlaments vorzuschlagen. Das ist ein Erfolg, auf den ich stolz bin.«[339]

Der englische *Spectator* kommentierte: »Die Politik dieses Mannes ist widerwärtig, aber seine Ziele sind groß, seine Pläne zweckdienlich und seine Begabung phantastisch.«[340]

Über Bismarcks Coup, ein allgemeines Wahlrecht zu fordern, waren vor allem seine früheren Freunde und Förderer unter den Konservativen fassungslos. Kammergerichtspräsident Adolph von Kleist schrieb voller Entsetzen an Ludwig von Gerlach: »Anrufung der Volkssouveränität!!! Bildung einer Konstituante!! ... Um Gottes willen kommen Sie her. Sie sind der Einzige, der noch Einfluss auf ihn hat, den er wenigstens hört. Wir sind hier alle vollkommen vor den Kopf geschlagen. Ich bin in Verzweiflung.«[341]

Ludwig von Gerlach schickte am 5. Mai einen Artikel an die *Kreuzzeitung*, der zwei Tage später unter der Überschrift »Krieg und Bundesreform« erschien. Darin hieß es, das allgemeine Stimmrecht sei »der politische Bankrott – statt lebendiger Rechtsverhältnisse und politischer Gedanken, statt konkreter Persönlichkeiten nur Ziffern und Additions-Exempel«. Vor allem aber mahnte er nachdrücklich zum Frieden und warnte die konservative Partei davor, ihre Ideale zu verraten, nur um durch Bismarck regieren zu können: »Hüten wir uns vor der scheußlichen Irrlehre, als umfassten Gottes heilige Gebote nicht auch die Gebiete der Politik, der Diplomatie und des Krieges ... Dem berechtigten preußischen Berufe der Macht*entfaltung* in Deutschland steht der ebenso berechtigte österreichische Beruf der Macht*erhaltung* in Deutschland gegenüber ... Deutschland ist nicht mehr Deutschland, wenn Preußen fehlt oder wenn Österreich fehlt.«[342]

Damit distanzierte sich Gerlach nicht nur öffentlich von seinem einstigen politischen Ziehsohn Bismarck, er traf auch eine in der Bevölkerung weitverbreitete Stimmung gegen den heraufziehenden Waffengang, den selbst Kronprinz Friedrich Wilhelm einen »Bruderkrieg« nannte.[343] Bismarck war im Frühjahr 1866 der meistgehasste Mann in Deutschland. Wenn er damals durch die Straßen gegangen sei, berichtete Bismarck später, habe man vor ihm »ausgespien« und »mit Knallerbsen geworfen«.[344]

Am selben Tag, an dem Gerlachs Artikel veröffentlicht wurde, verübte der 22-jährige Student Ferdinand Cohen-Blind, Stiefsohn eines badischen 1848er-Revolutionärs, Unter den Linden in Berlin mit einem Revolver ein Attentat auf Bismarck. Er hatte, wie er vorher in einem Abschiedsbrief kundtat, gehofft, dass der Krieg noch abgewendet werden könne, wenn Bismarck, dieser »Verräter an Deutschland«, beseitigt sei. Bismarck wurde zwar von mehreren Kugeln getroffen, aber weil er ungewöhnlich dick gepolstert angezogen war, erlitt er nur Prellungen.

Der Attentäter, der sich nach der Verhaftung das Leben nahm, wurde weithin als Märtyrer gefeiert, vor allem in Süddeutschland. »Es wird sich niemand getrauen, den jungen Mann für einen schlechten Deutschen zu erklären, der sein Leben daran gegeben hat, um das Vaterland von einem solchen Unhold zu befreien«, hieß es im *Beobachter*, dem Organ der württembergischen Demokraten.[345]

»Überall, besonders in unteren Schichten«, habe er »ein Bedauern über das Nichtgelingen« des Anschlags feststellen können, berichtete der Publizist Franz Ziegler sogar aus Berlin. Und selbst in höchsten Kreisen fand Cohen-Blind Verständnis: »Der arme, gutmeinende, aber verfehlende und kurzsichtige Unglückswurm, der auf Bismarck schoss, ist tot«, schrieb Victoria, die Frau des Kronprinzen, ihrer Mutter, der Queen.[346]

Bismarck selbst kokettierte in seinen Erinnerungen mit den öffentlichen Reaktionen: »In den Berliner Bilderläden hing eine Lithographie aus, in der das Attentat so dargestellt war, dass der Teufel die für mich bestimmten Kugeln auffing mit den Worten: Der gehört mir!«[347] Unmittelbar nach dem Anschlag freilich sah Bismarck die Hand Gottes im Spiel. Sein Freund Keudell hatte den Eindruck, »dass er sich jetzt als Gottes ›auserwähltes Rüstzeug‹ fühlte, um seinem Vaterlande Segen zu bringen«.[348]

Obwohl Ferdinand Cohen-Blind unzweifelhaft ein Einzelgänger und von niemandem zu dem Attentat angestiftet worden war, gab Bismarck den Anschlag als Teil einer Verschwörung »süddeutscher Revolutionäre« aus. Er missbrauchte sogar den Polizeiapparat, um entsprechende – natürlich erfolglose – Ermittlungen anstellen zu lassen.

Der Chefredakteur der *Kreuzzeitung*, Thuiskon Beutner, schrieb einige Tage nach Erscheinen des Gerlach-Artikels an den Verfasser, dessen Beitrag habe Bismarck »schwer gekränkt und schwerer verletzt als das Attentat von demselben Tage«.[349] In der *Kreuzzeitung* wurde ein heftiger Streit über den Artikel ausgetragen. Eine von der Redaktion wahrscheinlich vorgetäuschte Mehrheit der Leserbriefschreiber wandte sich gegen Gerlachs Ansichten.[350] Am 17. Mai schrieb Gerlach in sein Tagebuch: »Es ist erstaunlich und in der furchtbaren Gefahr des Vaterlandes doch fast komisch, wie die Leute sich – leider von der *Kreuzzeitung* – an der Nase herumführen lassen, als sei es Österreich, welches den Frieden störe.«[351] Man konnte Gerlach oftmals Halsstarrigkeit vorwerfen, aber in diesem Fall hatte er recht: Es war Preußen, das auf einen Krieg hinarbeitete, nicht Österreich.

In der *Norddeutschen Allgemeinen Zeitung* erwiderte Bismarck selbst auf Gerlachs Kritik. Er forderte ihn auf, »die Macht der Tatsachen« zu akzeptieren.[352] Im August 1866 zerbrach die langjährige Freundschaft zwischen Bismarck und Ludwig von Gerlach, dessen älterer Bruder Leopold bereits gestorben war, endgültig. Mit Bismarck sprach Gerlach danach nur noch zweimal, in den 1870er Jahren bei zufälligen Begegnungen im Abgeordnetenhaus.[353]

Am 1. Juni beauftragte die österreichische Regierung den Deutschen Bund, die Schleswig-Holstein-Frage endgültig zu klären. Formal betrachtet, brach sie damit die Konvention von Gastein, die ein einvernehmliches Vorgehen der beiden Großmächte vorschrieb. Bismarck nutzte die Vertragsverletzung sofort aus. Er befahl dem preußischen Statthalter in Schleswig, General Edwin von Manteuffel, am 7. Juni mit 12 000 Mann in Holstein einzurücken, wo zu dieser Zeit knapp 5000 österreichische Soldaten stationiert waren. Manteuffel hatte deren Befehlshaber jedoch vorab gewarnt, weshalb die Österreicher abzogen, ohne Widerstand zu leisten. Bismarck war außer sich vor Wut, dass ihm Manteuffel die Chance zu einem kriegerischen Konflikt verpatzt hatte.

Schließlich tat er den entscheidenden Schritt selbst. Am 10. Juni ließ Bismarck dem Bundestag den Entwurf einer neuen Bundesverfassung vorlegen. Darin wurde erstmals offen verlangt, Österreich aus dem Deutschen Bund auszuschließen. Daraufhin forderte Österreich im Bundestag »zum Schutze der inneren Sicherheit Deutschlands und der bedrohten Rechte seiner Bundesglieder« die Mobilmachung der sieben nichtpreußischen Bundeskorps zum Bundeskrieg gegen Preußen. Der Antrag wurde am 14. Juni mit neun gegen sechs Stimmen angenommen. Die Gegenstimmen kamen von Oldenburg, Mecklenburg und Braunschweig sowie drei thüringischen Kleinstaaten. Preußen stimmte nicht mit ab und erklärte den Deutschen Bund für aufgelöst. Zwischen dem 16. und 19. Juni marschierten preußische Truppen bei Österreichs Verbündeten, in den Königreichen Hannover und Sachsen sowie im Kurfürstentum Hessen-Kassel, ein.

Drei Wochen später, am 3. Juli 1866, standen sich die Armeen Preußens und Österreichs, mehr als 400 000 Mann, bei Königgrätz in Nordböhmen gegenüber. Generalstabschef Helmuth von Moltke hatte den Feldzug, der erstmals die Eisenbahn für den schnellen Truppentransport nutzte, nahezu perfekt geplant. Als Vorteil für die Preußen erwies sich der Einsatz des neuartigen Zündnadelgewehrs, das im Vergleich zu den herkömmlichen Vorderladern nicht nur schneller, sondern auch im Liegen, also in Deckung, nachgeladen werden konnte.

Dennoch waren die Österreicher zunächst überlegen, da die Zweite preußische Armee unter Führung des Kronprinzen wegen technischer Schwierigkeiten stundenlang nicht auf dem Schlachtfeld erschien, was die von den Preußen geplante Umzingelung der Habsburgerarmee verzögerte. Aber die Österreicher versäumten es, den ungeschützten linken Flügel der Preußen anzugreifen. Das brachte sie um den Sieg, denn als die Armee des preußischen Kronprinzen doch noch kam, wendete sich das Blatt innerhalb von zwei Stunden, und Preußen konnte triumphieren.[354]

Nach der Schlacht sagte der Flügeladjutant des Königs, Eduard von Steinäcker, zu Bismarck: »Exzellenz, jetzt sind Sie ein großer Mann; wenn der Kronprinz zu spät gekommen wäre, wären Sie jetzt der größte Bösewicht.«[355] Später äußerte Bismarck, bei einer Niederlage hätte er sich einer Kavallerieattacke angeschlossen und den Tod gesucht.[356] Das mag theatralisch klingen, aber Bismarck-Kenner waren überzeugt, dass er es ernst gemeint hatte; schon vor Kriegsbeginn hatte Bismarck angekündigt: »Wenn wir geschlagen werden, kehre ich nicht zurück. Man kann nur einmal sterben, und dem Besiegten geziemt es zu sterben.«[357]

Wäre die Schlacht anders ausgegangen, hätte die deutsche Geschichte eine andere Wendung genommen. Bismarck hätte, wenn nicht sein Leben, so doch sein Amt verloren, und statt eines großpreußischen Kleindeutschland hätte Österreich einen multinationalen Staatenbund in Mitteleuropa geschaffen. So aber kam es zur ersten deutschen Teilung.

König Wilhelm I., der zuvor nur zögerlich dem Krieg gegen Österreich zugestimmt hatte, wollte jetzt die auf dem Rückzug befindlichen Habsburgertruppen am liebsten bis nach Wien verfolgen und einen Eroberungsfrieden diktieren. Doch Bismarck bremste ihn. Trotz aller Unerbittlichkeit, mit der er den Krieg herbeigeführt hatte, war er fest entschlossen, die territoriale Integrität des besiegten Landes nicht anzutasten.

Er war überzeugt, dass eine Gebietsabtretung auf längere Sicht Preußen schaden würde, weil es sich dadurch die Habsburgermonarchie zum unversöhnlichen Feind gemacht hätte. Am Tag nach Königgrätz sagte er zu General Albrecht von Stosch, dem militärischen Berater des Kronprinzen: »Wir werden Österreichs Kraft in Zukunft für uns selbst brauchen.« Dies zeichnete den Staatsmann aus, der sich den klaren Blick in die Zukunft nicht durch einen Tageserfolg trüben ließ.[358] »Die Streitfrage ist entschieden«, erklärte er, »jetzt gilt es, die alte Freundschaft mit Österreich wiederzugewinnen.«[359]

Als Bismarck bei den Verhandlungen in Nikolsburg vom 24. bis zum 25. Juli 1866 darauf beharrte, dass Österreich keinen Gebietsverlust erleiden solle, führte dies zu einem der schwersten Konflikte zwischen dem Monarchen und seinem Ministerpräsidenten. Einmal lief Bismarck aus dem Zimmer, brach in Tränen aus und war drauf und dran, sich aus dem Fenster in den Tod zu stürzen. Bei solch trüben Gedanken fand ihn der Kronprinz. Friedrich Wilhelm, der in der Friedensfrage mit Bismarck übereinstimmte, überzeugte schließlich seinen Vater. Wilhelm gab nach. Er sei, ließ er Bismarck wissen, zu seinem Schmerz gezwungen gewesen, »nach so glänzenden Siegen der Armee in diesen sauren Apfel zu beißen und einen so schmachvollen Frieden anzunehmen«.[360]

Nicht mit allen Kriegsgegnern ging Bismarck so schonend um. Vier mit den Habsburgern verbündete Staaten, die bis dahin Mitglieder des Deutschen Bundes gewesen waren, wurden von Preußen ohne Rücksicht auf die herrschenden Dynastien annektiert: das Königreich Hannover, das Kurfürstentum Hessen-Kassel, das Herzogtum Nassau und die Freie Stadt Frankfurt am Main, deren Bürgern Bismarck obendrein eine hohe Reparationslast aufbürdete. Österreich schied aus Deutschland aus und räumte Preußen das Recht ein, Norddeutschland nach eigenem Belieben zu organisieren. Süddeutschland war davon ausdrücklich ausgenommen. Dies war die Bedingung, unter der Napoleon III. den Annexionen zustimmte.

Aber bereits vor der Unterzeichnung des Prager Friedensvertrags am 23. August 1866 hatte Bismarck Bayern, Württemberg und Baden unter der Androhung, Teile ihrer Territorien zu annektieren, dazu gebracht, mit Preußen geheime Schutz- und Trutzbündnisse zu schließen. Darin verpflichteten sich die Könige von Bayern und Württemberg sowie der Großherzog von Baden, ihre gesamten Truppen im Kriegsfall dem preußischen König zur Verfügung und unter seinen Befehl zu stellen.[361]

Friedrich Ferdinand Graf von Beust, zur Zeit des Deutschen Krieges Ministerpräsident des Königreichs Sachsen, das an der Seite Österreichs kämpfte, dann ab Oktober 1866 österreichischer Außenminister, bezeichnete dieses Verfahren als die höchste Form des Machiavellismus: »Der Fall ist in der Geschichte nicht selten, dass Verträge nicht gehalten werden, aber dass ein Vertrag *anticipando* verletzt wird, das ist eine Neuerung, die dem Genie des Fürsten Bismarck vorbehalten blieb.«[362]

Auf dem Weg zur nationalen Einheit

Den Entwurf für die Verfassung des Norddeutschen Bundes, die später mit geringfügigen Änderungen für das Deutsche Reich übernommen wurde, formulierte Bismarck maßgeschneidert für sich selbst. Sie beschrieb ausführlich die Allianz zum wechselseitigen Nutzen, die Monarch und Minister eingingen; das Volk kam nur am Rande vor.

Das Parlament, das die Verfassung zu beschließen hatte, war ein Reichstag, der aus allgemeinen Wahlen aller über 25-jährigen Männer hervorgegangen war. Aber der demokratische Schein trog. Bismarck war entschlossen, der Volksvertretung jede politische Macht vorzuenthalten. Dem sächsischen Außenminister Richard von Friesen erläuterte er, das eigentliche Ziel aller seiner Bestrebungen sei, »den Parlamentarismus durch den Parlamentarismus zu stürzen«. Der Reichstag sollte nicht einmal das Recht haben, ein Budget aufzustellen. Aus dem preußischen Verfassungskonflikt am Beginn seiner Amtszeit hatte Bismarck für sich die Lehre gezogen, dass ein Budget in den Händen eines willensstarken Parlaments eine gefährliche Waffe war. Das Militärbudget, das rund drei Viertel des Staatshaushalts ausmachte, wollte Bismarck für alle Zeit als »eisernen Etat« mit einer festen Kopfquote pro Soldat festschreiben. Das Parlament hätte somit keinerlei Mitwirkungsrechte gehabt.

Bismarck wollte auch keine Regierung, die gegenüber dem Reichstag verantwortlich gewesen wäre. Stattdessen schuf er einen »Bundesrat«, dem Delegierte der im Norddeutschen Bund vereinigten 22 Regierungen angehörten, weisungsgebundene Beamte der Länderfürsten. Preußen sicherte sich mit 17 der 43 Sitze ein Vetorecht. Dem Bundesrat präsidierte ein »Bundeskanzler«, der dem Reichstag nicht rechenschaftspflichtig sein sollte. An der Spitze des höchsten Verfassungsorgans, des »Bundespräsidiums«, stand der preußische König. Der Zweck dieses Verfassungsentwurfs war eindeutig: Der König von Preußen sollte allmächtig sein – und damit indirekt sein Regierungschef.

Vor allem die Nationalliberalen, die im konstituierenden Reichstag 80 der 297 Mandate innehatten, konnten einige wenige Korrekturen durchsetzen. So musste der Bundeskanzler alle Akte des Bundespräsidiums gegenzeichnen, also die politische Verantwortung übernehmen. Beim Militärbudget wurde ein Kompromiss erzielt: Der »eiserne Etat« wurde zunächst bis Ende 1871 befristet, danach sollte die Friedenspräsenzstärke des Heeres jeweils durch ein Gesetz festgelegt werden. Bismarck zwang den Reichstag, dieses Gesetz jeweils für mehrere Jahre – anfangs vier, später sieben – zu beschließen.

Mit dem Ergebnis war Bismarck zufrieden, wie er später gegenüber Roon bekannte: »Die Form, in welcher der König die Herrschaft in Deutschland ausübt, hat mir niemals eine besondere Wichtigkeit gehabt; an die Tatsache, dass er sie ausübt, habe ich alle Kraft des Strebens gesetzt, die Gott mir gegeben.«[363]

Schwarz-Rot-Gold als Flagge des neugegründeten Norddeutschen Bundes lehnte Bismarck strikt ab; für ihn waren dies die »Farben des Aufruhrs und der Barrikaden«. Zudem hatten im Deutschen Krieg badische, württembergische und hessische Soldaten, die auf der Seite Österreichs gegen die preußischen Truppen kämpften, schwarz-rot-goldene Armbinden getragen. Bismarck entschied sich für Schwarz-Weiß-Rot, angeblich eine Kombination aus dem preußischen Schwarz-Weiß und dem Rot-Weiß der Hansestädte. Dem König machte Bismarck weis, es handle sich bei Rot und Weiß um die altehrwürdigen Farben Brandenburgs.

Bismarck sagte später: »Sonst ist mir das Farbenspiel ganz einerlei. Meinethalben grün und gelb und Tanzvergnügen oder auch die Fahne von Mecklenburg-Strelitz. Nur will der preußische Troupier nichts von Schwarz-Rot-Gold wissen, was ihm, wenn man sich an die Berliner Märztage erinnert und an das Erkennungszeichen der Gegner im Mainfeldzuge von 1866, von billig Denkenden nicht übel genommen wird.«[364] Schwarz-Weiß-Rot wurden 1871 auch die Farben des Kaiserreichs; erst 1919 kam Schwarz-Rot-Gold.

»1866 war eine vollständige Revolution«, schrieb Friedrich Engels noch fast zwei Jahrzehnte später an den sozialdemokratischen Parteiführer August Bebel. »Wie Preußen, nur durch Verrat und Krieg gegen das deutsche Reich, im Bunde mit dem Ausland (1740, 1756, 1795) zu etwas geworden, so hat es das deutsch-preußische Reich nur zustande gebracht durch gewaltsamen Umsturz und Bürgerkrieg ... Wenn das nicht revolutionär war, so weiß ich nicht, was das Wort bedeutet.«[365]

1866 war die preußische Reaktion auf die Revolution von 1848. Die Achtundvierziger waren, misst man sie an ihren Zielen, gescheitert. Der Deutsche Krieg brachte zwar weder Einheit noch Freiheit, aber Deutschland kam der nationalen Einigung zumindest einen großen Schritt näher. Was auf dem Schlachtfeld und am Verhandlungstisch erreicht wurde, wurde auch von der konservativen altpreußischen Führungsschicht beifällig aufgenommen. Die Liberalen freilich wollten mehr als das, was der Prager Friede vorsah: Sie wollten die Trennung zwischen Nord- und Süddeutschland überwinden.[366]

Doch Bismarck hatte es nicht eilig, den Anschluss der süddeutschen Staaten an den Norddeutschen Bund herbeizuführen. Wiederholt sprach er davon, dass dies eine Aufgabe für die nächste Generation sei. »Erreicht Deutschland sein nationales Ziel noch im 19. Jahrhundert, so erscheint mir das als etwas Großes«, schrieb er im Mai 1868; sollte es »in zehn oder gar fünf Jahren« gelingen, wäre es »ein unverhofftes Gnadengeschenk von Gott«.[367]

Auch innenpolitisch war der Krieg für Bismarck ein Befreiungsschlag. Bei den Wahlen zum preußischen Abgeordnetenhaus, die just am Tag der Schlacht von Königgrätz stattfanden, erlitt die oppositionelle Fortschrittspartei eine schwere Niederlage. Nun konnte Bismarck den parlamentarischen Gegnern seine Bedingungen diktieren. Er verlangte »Indemnität«, also Straffreiheit, für seinen Verfassungsbruch und bekam sie mit überwältigender Mehrheit. Auch der Haushalt wurde nachträglich von einer Dreiviertelmehrheit gebilligt. Denn fast über Nacht war ein regelrechter Bismarck-Kult entstanden. Die Verehrer des neuen Helden begannen, dessen

Taten während der vergangenen vier Jahre in ein neues Licht zu rücken. Der militärische Sieg schien die Sinnhaftigkeit der umstrittenen Heeresreform zu belegen.[368]

Zur Bismarck-Legende gehört auch, dass der geniale Staatsmann die Verfassung des Norddeutschen Bundes nach seiner Rückkehr nach Berlin am 1. Dezember 1866 in gerade mal zwei Tagen entworfen habe, assistiert allein von seinem Vertrauten Lothar Bucher. Tatsächlich gab es zahlreiche Vorentwürfe, auf die Bismarck zurückgreifen konnte. Gleichwohl war die Grundstruktur, die auch während des komplizierten Ratifizierungsverfahrens erhalten blieb, Bismarcks Werk, Produkt seines Denkens und Wollens.[369]

Vier Jahre nach seinem Amtsantritt als preußischer Ministerpräsident hatte Bismarck mit seiner Lösung der deutschen Frage, die ein halbes Jahrhundert geschwelt hatte, die innen- und außenpolitischen Strukturen seines Landes umgekrempelt. »Auf seine Art der Lösung«, schwärmte Henry A. Kissinger, »war vorher weder irgendeine wesentliche Gruppe noch irgendeiner der bedeutenderen politischen Köpfe gestoßen.« Sie war »zu demokratisch für Konservative, zu autoritär für Liberale, zu machtorientiert für Legitimisten«. Die neue Ordnung war allein auf Bismarck zugeschnitten, »der in genialer Weise die widerstrebenden Kräfte – im Inland wie auch im Ausland – dadurch in Schach zu halten verstand, dass er sie gegeneinander ausspielte«.[370]

Der Deutsch-Französische Krieg

Frankreich beharrte darauf, dass der Norddeutsche Bund am Main endete, die süddeutschen Länder sollten unter französischem Einfluss bleiben. »Man hat die Mainlinie als eine Mauer zwischen uns und Süddeutschland aufrichten wollen, und wir haben sie akzeptiert, weil sie unserm Bedürfnis und unserm realen Interesse entsprach«, schrieb Bismarck im März 1867 an den preußischen Botschafter in Paris. Die Einigung im Norddeutschen Bund hatte ihm genügt, am »süddeutsch-katholisch-bayerischen Element« war er nicht interessiert gewesen. »Aber«, fragte er nun, »sollte man sich darüber getäuscht haben«, dass die Mainlinie »nicht eine wirkliche Mauer, sondern ... gewissermaßen ein Gitter ist, durch welches der nationale Strom seinen Weg findet?«[371]

Das klang nicht nach einer entschlossenen Absicht, Deutschland zu einigen. Allenfalls schien sich Bismarck darauf einzustellen, dem nationalen Gedanken mehr Raum zu geben. Aber er hielt es für verfrüht, sich deswegen mit Frankreich anzulegen.

Auch noch zwei Jahre später, als schon offen darüber spekuliert wurde, ob ein gemeinsam von den nord- und süddeutschen Ländern geführter Krieg gegen Frankreich die deutsche Einigung vorantreiben könnte, wiegelte Bismarck ab. »Dass die deutsche Einheit durch gewaltsame Ereignisse gefördert werden würde, halte auch ich für wahrscheinlich«, äußerte er im Februar 1869. Aber es gehe um die »Wahl des Zeitpunkts«. Ein »willkürliches, nur nach subjektiven Gründen bestimmtes Eingreifen in die Entwicklung der Geschichte« habe »immer nur das Abschlagen unreifer Früchte zur Folge gehabt«; und »dass die deutsche Einheit in diesem Augenblicke keine reife Frucht ist, fällt meines Erachtens in die Augen«. Man könne nur »unseren Nachkommen das Weitere zu tun überlassen«.[372]

Aber Bismarck wurde immer stärker bedrängt, die Lösung der nationalen Frage anzugehen. König Wilhelm berichtete ihm im Herbst 1869 nach einem Besuch bei seinem Schwiegersohn, dem badischen Großherzog, dass man dort eine Vereinigung mit dem Norden dringlich wünsche. Auch die Menschen in den anderen süddeutschen Ländern zeigten sich durchaus enttäuscht über den Stillstand. Außerdem erkannte Bismarck, dass er die Chancen der Nationalliberalen bei den anstehenden Wahlen zum Reichstag des Norddeutschen Bundes und zum preußischen Abgeordnetenhaus maßgeblich erhöhen könnte, wenn er zur Anfachung des Nationalgefühls beitrüge.

Die Gelegenheit, Frankreich zum Krieg zu reizen, ergab sich kurz nach einem Putsch in Spanien im September 1868, als die spanischen Generäle dem Prinzen Leopold von Hohenzollern-Sigmaringen den Königsthron in Madrid antrugen. Die Sigmaringer waren zwar nur entfernt mit den brandenburgischen Hohenzollern verwandt, galten aber als Angehörige des preußischen Königshauses. Nach dem Familiengesetz brauchte Leopold die Einwilligung Wilhelms, die Krone annehmen zu dürfen. Doch der Preußenkönig lehnte das Ansinnen entschieden ab und schrieb Bismarck Ende Februar 1870, dass er »gegen die Sache« sei. Dennoch setzte sich Bismarck in einer Denkschrift, die er am 9. März an den König richtete, nachdrücklich für Leopolds Kandidatur ein.

Zur selben Zeit erklärte Bismarck dem sächsischen Staatsminister Friesen, er sehe »einen baldigen Krieg mit Frankreich als eine unabweisbare Notwendigkeit an«. Um das deutsche Nationalgefühl zu mobilisieren, musste Frankreich dabei jedoch als Aggressor vorgeführt werden, der die Deutschen daran zu hindern suche, ihr natürliches Recht auf nationale Selbstbestimmung wahrzunehmen.[373]

Der König war verärgert, dass sich Bismarck in die Frage der Thronfolge einmischte, zumal dieser kurz darauf in einer informellen Kronratssitzung am 15. März noch einmal versuchte, Wilhelm umzustimmen. Doch dessen »große Bedenken« blieben bestehen. Entgegen seinem offenkundigen Drängen beteuerte Bismarck in seinen Erinnerungen, »politisch« habe er »der ganzen Frage ziemlich gleichgültig« gegenübergestanden.[374]

Bismarck wollte Napoleon angeblich eine »Falle« stellen, wie er später gegenüber seinem Mitarbeiter Lothar Bucher bei der Abfassung seiner Memoiren behauptete. Er wollte den französischen Kaiser vor das Dilemma stellen, entweder innenpolitisch als Schwächling dazustehen, was ihn früher oder später seinen Thron kosten musste, oder es auf einen Krieg ankommen zu lassen.[375]

Durch einen Zufall wurde die Absicht des Hohenzollernprinzen, den spanischen Thron zu besteigen, vorzeitig bekannt. Auch die französische Regierung erfuhr davon und stieß heftige Drohungen gegen Berlin aus. Daraufhin zogen die Sigmaringer Hohenzollern die Kandidatur Leopolds zurück. Bismarck sah sich um seine Chance gebracht, Frankreich zu einem militärischen Angriff zu bewegen.

Ein Fauxpas des französischen Botschafters Vincent Graf Benedetti brachte Bismarck dann aber doch noch an sein Ziel. Benedetti war von seiner Regierung beauftragt, von dem in Bad Ems zur Kur weilenden König Wilhelm auch persönlich und für die Zukunft einen definitiven Verzicht der Hohenzollern auf den spanischen Thron zu verlangen. Der Botschafter sprach den Monarchen am 13. Juli 1870 beim morgendlichen Spaziergang an und trug ihm die Forderung vor. Wilhelm wies das Ansinnen höflich, aber bestimmt zurück, doch Benedetti bedrängte ihn weiter. Unwirsch beschied ihn der König, er habe ihm nichts weiter mitzuteilen, und sagte eine für den Nachmittag vereinbarte Audienz ab. Über den Vorgang ließ Wilhelm einen Bericht nach Berlin telegraphieren.

In den vorangegangenen Tagen hatte sich Bismarck in Varzin aufgehalten, um den Anschein zu erwecken, er habe überhaupt nichts mit den Vorgängen um die spanische Thronfolge zu tun. Nur wegen des ihm avisierten Berichts aus Bad Ems war er nach Berlin zurückgekehrt. Als er die Depesche jedoch las, war er zunächst über deren Nüchternheit enttäuscht und wütend. »Er habe gedacht, er stehe vor einem der größten historischen Ereignisse«, zitierte ihn Generalstabschef Moltke, der gerade mit Bismarck, Roon und Eulenburg beim Abendessen saß, »und nun sei alles, was dabei herauskomme, die unangenehme Unterbrechung seiner Kur.«[376]

Aber dann strich Bismarck den Wortlaut der Depesche so zusammen, dass Benedettis Auftritt als anmaßend und beleidigend erscheinen musste, und ließ die redigierte Fassung sowohl den Preußischen Vertretungen als auch den Zeitungen zukommen. Die Depesche werde »wie rotes Tuch auf den gallischen Stier« wirken, freute sich Bismarck im Voraus.[377]

Der Plan ging auf. Die französische Regierung reagierte empört auf die, wie sie empfand, offene Provokation. Das Volk forderte Satisfaktion. Napoleon sah sich zum Handeln gezwungen, um seinen Thron zu retten. Unter dem Druck der Straße, nationalistischer Abgeordneter und kriegerisch eingestellter Berater am Hofe ließ der Kaiser am 19. Juli Preußen den Krieg erklären. Damit stand Frankreich in der öffentlichen Meinung als Friedensbrecher da. Bismarck hatte erreicht, was er wollte.

Frankreich, der äußere Gegner des deutschen Nationalstaats, schweißte die süddeutschen Staaten mit Preußen zusammen. Baden, Hessen-Darmstadt, Württemberg und Bayern unterstellten ihre Truppen nun, wie in den Schutz- und Trutzbündnissen vereinbart, dem preußischen Oberbefehl. Die Menschen zwischen Nordsee und Alpen wurden von einem nationalen Taumel erfasst, frühere Ressentiments gegen Preußen waren verflogen.

Frankreich war isoliert. Denn Bismarck hatte mit dem Streit um die Hohenzollernnachfolge auf dem spanischen Königsthron ein Konfliktthema gefunden, das die anderen europäischen Mächte nicht betraf. Die Regierung in Paris hatte irrigerweise geglaubt, dass Österreich-Ungarn, wie die Habsburgermonarchie seit 1867 hieß, und Italien an ihrer Seite kämpfen würden. Aber beide Länder blieben neutral.

Großbritannien und Russland sahen keine Interessen berührt, die sie veranlasst hätten, in den Krieg einzugreifen.

Viele Deutsche betrachteten den Krieg als »nationale Notwendigkeit«, so auch der Rechtswissenschaftler Rudolf von Jhering. 1866, vor dem Krieg gegen Österreich, hatte er noch geschrieben, »mit einer solchen Schamlosigkeit, einer solchen grauenhaften Frivolität« sei »vielleicht nie ein Krieg angezettelt worden«.[378] Schon drei Monate später hatte er allerdings seine Meinung geändert: »Ich beuge mich vor dem Genie Bismarcks, der ein Meisterstück der politischen Kombination und der Tatkraft geliefert hat. Ich habe dem Mann alles, was er bisher getan hat, vergeben, ja mehr als das, ich habe mich überzeugt, dass es notwendig war, was uns Uneingeweihten als frevelhafter Übermut erschien, es hat sich hinterher herausgestellt als unerlässliches Mittel zum Ziel.«[379] Nun, im August 1870, bekannte er: »Wie danke ich Gott, dass ich diese Zeit noch erlebe; das ist die nahe Wiedergeburt der deutschen Nation, und alles, was sie im Laufe von einem Jahrtausend gesündigt hat, macht sie in wenig Wochen wieder gut, sie erhebt sich jetzt als *einige* Nation wie der Herkules in der Wiege.«[380]

Der Sinneswandel des großen Rechtsgelehrten spiegelt den Stimmungsumschwung auch in der breiten Mehrheit der Deutschen wider. Die Kriegsbegeisterung im Sommer 1870 erfasste nahezu alle politischen Gruppen und Bevölkerungsschichten.[381]

Wieder hatte der preußische Generalstabschef Helmuth von Moltke umsichtig den Feldzug vorbereitet. Die deutschen Truppen wurden wie auf Fließbändern an die französische Grenze befördert.[382] Schon die ersten Kämpfe Anfang August bei Weißenburg, Spichern und Wörth verliefen für die Franzosen verheerend. Am 16. August, als sich die Heere bei Mars-la-Tour in Lothringen Gefechte lieferten, schrieb Bismarck an seine Frau: »Die Leute müssen mich hier für einen Bluthund halten, die alten Weiber, wenn sie meinen Namen hören, fallen auf die Knie und bitten mich um ihr Leben. Attila war ein Lamm gegen mich.«[383] Der schlechte Ruf gefiel ihm.

Nach dem triumphalen Sieg der deutschen Armeen bei Sedan am 2. September schien der Krieg schon entschieden. Eine der beiden französischen Hauptarmeen hatte kapituliert, Napoleon III. musste mit 100000 Soldaten in Gefangenschaft gehen. Doch nun erhob sich das französische Volk, das Regime brach zusammen. Der im Schloss Wilhelmshöhe in Kassel unter Arrest gestellte Kaiser wurde am 4. September für abgesetzt erklärt, in Paris die Republik ausgerufen. Für die neue »Regierung der nationalen Verteidigung« ging der Krieg weiter.

Bismarck fehlte ein Partner, mit dem er Friedensverhandlungen hätte führen können. Nicht einmal eine Rückkehr Napoleons an die Macht mochte er ausschließen. »Die Franzosen müssen ungewiss bleiben, ob sie ihn wiederbekommen, das fördert ihre Zwistigkeiten«, schrieb er seinem Sohn Herbert.[384] »Wer in Frankreich regiert, ist uns gleichgültig, Napoleon oder weiße oder rote Republik.«[385] Es kam ihm nur darauf an, einen Verhandlungspartner zu finden, der bereit wäre, Elsass und Lothringen abzutreten.

Bismarck hielt die Annexion zwar für »politisch unerwünscht«, wie er Anfang September gegenüber Freunden erklärte. Aber er wusste auch, dass Frankreich »unter allen Umständen für die Ereignisse der letzten Wochen an uns Rache zu nehmen bestrebt sein« würde.[386] Aus strategischen Gründen müsse deshalb Deutschland diese Gebiete in Besitz nehmen: »Die einzige richtige Politik ist unter solchen Umständen, einen Feind, den man nicht zum aufrichtigen Freund gewinnen *kann*, wenigstens etwas unschädlicher zu machen und uns mehr gegen ihn zu sichern.«[387]

Die Absicht stieß in Russland und Großbritannien auf Bedenken. Zar Alexander warnte, dass es bei einer Annexion dieser beiden Provinzen niemals Frieden geben würde; Premierminister William Gladstone war »sehr bedrückt« darüber, dass Menschen »wie bewegliches Eigentum« behandelt werden sollten. Nicht einmal die Deutschen im Elsass wollten zu Deutschland.

Hinzu kam ein handfester Streit Bismarcks mit dem preußischen Generalstab über die weitere Kriegführung und die jeweiligen Kompetenzen. Bismarck war gegen den direkten Vormarsch auf Paris, aber sein Rat wurde von den Militärs ignoriert. Als die deutschen Truppen die Hauptstadt erreichten, empfahl er, sie sofort zu stürmen, statt sie zu belagern.

Zwei Monate lang, im November und Dezember, stritten Bismarck und die Militärs, ob eine Beschießung von Paris zweckmäßig sei. Die Generäle hielten es für einfacher, die Hauptstadt auszuhungern. Schließlich setzte sich Bismarck durch, und am 27. Dezember begann das Artilleriebombardement. Obwohl die Granaten wenig Schaden anrichteten, wandte sich die öffentliche Stimmung in Europa gegen die Brutalität der Deutschen – ein Ruf, der seither an der Nation haftenblieb.[388] Schließlich siegte der Hunger; Paris kapitulierte am 28. Januar 1871.

Die Staatsgründung

Die Militärs ärgerten sich über die »kindischen Ratschläge« Bismarcks. Aber gegen den heftigen Widerstand Moltkes setzte der preußische Ministerpräsident beim König durch, dass er die Waffenstillstandsverhandlungen mit dem französischen Außenminister Jules Favre allein führte.

Das deutsche Hauptquartier wurde in Versailles aufgeschlagen. Das war weit genug weg von den Kampfhandlungen um Paris, aber nahe genug, um der Belagerungsarmee auf kürzestem Weg Befehle übermitteln zu können. Neben den militärischen Stäben hielten sich auch König Wilhelm, der Kronprinz und Bismarck dort auf. In Versailles fanden deshalb seit Mitte Oktober die meisten Ministerkonferenzen zwischen Preußen und den süddeutschen Staaten über die Gestaltung des künftigen Einheitsstaates statt.

Bismarck wollte, dass die süddeutschen Staaten sich dem Norddeutschen Bund anschlossen und dessen Verfassung nur geringfügig modifiziert werden sollte. Da die Delegationen unterschiedliche Vorstellungen und Wünsche hatten, verhandelte Bismarck zunächst mit jeder einzeln. Für ihn hatte das den Vorteil, dass er nicht allen die gleichen Zugeständnisse machen musste, sondern sie auch gegeneinander ausspielen konnte.

Baden beantragte bereits im Oktober die Aufnahme in den Norddeutschen Bund. Dadurch konnte Bismarck Druck auf die sperrigen Hessen ausüben, sich dem Sog des Einheitsstrebens nicht zu widersetzen. Auch Württemberg und Bayern waren schließlich zum Anschluss bereit, nachdem ihnen Bismarck zunächst gedroht hatte, den Volkszorn gegen die beiden Königreiche zu entfachen, und ihnen schließlich ein paar Sonderrechte zugestanden hatte, eigene Briefmarken und Eisenbahnen etwa oder ein eigenes Post- und Telegraphenwesen. Am meisten Konzessionen musste Bismarck den Bayern machen, deren Armee als selbständige Einheit innerhalb der deutschen Armee unter dem Befehl des bayerischen Königs bestehen blieb. Aber die anderen Privilegien, schmückende Symbole scheinbarer Souveränität und die Gründung eines Bundesratsausschusses für auswärtige Angelegenheiten unter dem Vorsitz Bayerns, erwiesen sich in der späteren Praxis als inhaltsleer – Bismarck hatte sie alle über den Tisch gezogen.[389]

Zuletzt verhandelte Bismarck über den Titel für das neue Staatsoberhaupt. Die Idee, den preußischen König zum Kaiser von Deutschland oder wenigstens des Norddeutschen Bundes zu machen, hatte er seit Beginn des Jahres 1870 verfolgt. Erst war es ihm nur darum gegangen, für den Militärhaushalt, der nach dem 31. Dezember 1871 neu bewilligt werden musste, bei den 1870 anstehenden Wahlen eine Mehrheit im Reichstag zu gewinnen; die Kaiserproklamation sollte den Widerstand der Liberalen gegen die nach vier Jahren fällige Erneuerung des »eisernen Etats« brechen und den Ausbruch eines neuen Verfassungskonflikts verhindern helfen. Kleinere Staaten des Nordens wären für Bismarcks Kaiserplan wohl zu gewinnen gewesen, nicht aber die süddeutschen Königreiche Bayern und Württemberg. Diese, so General Stosch, ein Vertrauter des Kronprinzen, würden sich niemals freiwillig einem Hohenzollernkaiser unterordnen.[390]

Nun, vor dem absehbaren Ende des Deutsch-Französischen Krieges, war eine neue Situation gegeben. Für Bismarck war der Kaisertitel eine politische Notwendigkeit. Die Einzelstaaten hatten sich zunächst auf die Bezeichnung »Deutscher Bund« für den Gesamtstaat und auf »Bundespräsidium« für das Staatsoberhaupt geeinigt. Bismarck wollte jedoch die Würde eines »deutschen Kaisers« wiederherstellen, um ein besonderes, auch geschichtsmächtiges Symbol der Reichseinheit zu schaffen.

1866 war Bismarck noch gegen den Kaisertitel gewesen. Damals glaubte er auf Napoleon Rücksicht nehmen zu sollen und auch auf das besiegte Österreich, dessen Monarchen aus der Habsburgerdynastie über Jahrhunderte bis 1806 Kaiser des Heiligen Römischen Reiches Deutscher Nation gewesen waren. Nun wollte er den süddeutschen Fürsten eine Brücke bauen, damit sie die Führungsrolle Preußens akzeptieren – einem König von Preußen würde sich der bayerische König nicht unterstellen, wohl aber einem Kaiser.

Bismarck wusste sich zu helfen. Nach den Hohenzollern waren die Wittelsbacher die wichtigste Dynastie in Deutschland. Wenn also der Bayernkönig seinem preußischen Amtsbruder die Kaiserkrone antrüge, würde dieser sie kaum ablehnen können, kalkulierte Bismarck. Hinter dem Rücken seines Monarchen fädelte er die Sache ein.

Bismarck schrieb dem »Allerdurchlauchtigsten Großmächtigsten König« Ludwig II. einen schmeichlerischen Brief: »Bezüglich der deutschen Kaiserfrage ist es nach meinem ehrfurchtsvollen Ermessen vor allem wichtig, dass deren Anregung von keiner andern Seite wie von Eurer Majestät, und namentlich nicht von der Volksvertretung zuerst ausgehe. Die Stellung würde gefälscht werden, wenn sie ihren Ursprung nicht der freien und wohlerwogenen Initiative des mächtigsten der dem Bunde beitretenden Fürsten verdankte.«[391]

Mit schönen Worten allein war es aber nicht getan. Vom preußischen Gesandten in München, Georg von Werthern, erfuhr Bismarck, dass der exzentrische Bayernkönig »durch Bauten und Theater in große Geldverlegenheit geraten« war;[392] bei der Errichtung seiner exotischen Märchenschlösser Neuschwanstein, Herrenchiemsee und Linderhof hatte sich Ludwig finanziell übernommen. Wie Bismarck in seinen Erinnerungen schrieb, hatte er von Ludwig »jederzeit den Eindruck eines geschäftlich klaren Regenten von nationaldeutscher Gesinnung«,[393] und so vermutete er zu Recht, dass der klamme König für eine hübsche Bestechungssumme empfänglich sein würde. Aus dem geheimen Welfenfonds, den sich Bismarck bei der Annexion Hannovers angeeignet hatte, alimentierte er Ludwig mit jährlich 300000 Mark, bis der König, inzwischen geisteskrank geworden, 1886 im Starnberger See ertrank. Am 30. November 1870 unterschrieb Ludwig den von Bismarck aufgesetzten »Kaiserbrief«, den Prinz Luitpold, Ludwigs Onkel, am 3. Dezember König Wilhelm in Versailles überreichte.[394]

Allerdings musste Bismarck noch seinen König von der Idee überzeugen. Das war ein schwieriges Unterfangen, weil

Wilhelm die angestammte preußische Krone höher schätzte als einen Kaisertitel. »Was soll mir der Charakter-Major?«, fragte er Bismarck schnippisch. Im preußischen Heer wurde verdienten Offizieren, die es nur bis zum Hauptmann gebracht hatten, bei der Verabschiedung aus dem aktiven Dienst der Rang (Charakter) eines Majors verliehen – eine belanglose formale Beförderung. Bismarck erwiderte: »Eure Majestät wollen doch nicht ewig ein Neutrum bleiben, ›das Präsidium‹? In dem Ausdrucke ›Präsidium‹ liegt eine Abstraktion, in dem Worte ›Kaiser‹ eine große Schwungkraft.«[395]

Bismarck war es wichtig, dass das entstehende Groß-Preußen – denn nichts anderes war das Deutsche Reich – den angeschlossenen Fürstentümern ein Integrationssymbol anbot. Wilhelm quälte sich damit, seine Zustimmung zu geben, während Bismarck leichthin darüber lästerte, dass sein »Allergnädigster« ihn »mit all den kleinen Schwierigkeiten« plage, »die sich für ihn in der sehr einfachen Kaiserfrage an fürstliche Vorurteile und Kinkerlitzchen knüpfen«.[396]

Beiden war klar, dass der König am Ende tun würde, was Bismarck von ihm verlangte, widerstrebend zwar und tief verärgert, aber letztlich willfährig. Wann immer sich der König dazu überwunden hatte, Bismarcks Handlungsanweisungen zu folgen, fand er sich schnell mit der neuen Lage ab und vertrat sie nachdrücklich, als sei er nie anderen Sinnes gewesen.

Unwillig ergab sich Wilhelm in sein Schicksal. Doch während Bismarck mit den deutschen Einzelstaaten bereits ausgehandelt hatte, dass der Preußenkönig die Bezeichnung »Deutscher Kaiser« tragen sollte, beharrte Wilhelm stur darauf, »Kaiser von Deutschland« sein zu wollen. Dies hätte aber eine territoriale Herrschaft behauptet, die für die anderen Fürsten nicht akzeptabel gewesen wäre.

Wilhelm ließ Bismarck zwar seinen Ärger spüren, aber er war nicht nachtragend. Einige Tage nachdem ihm eine Delegation des Reichstags am 18. Dezember 1870 die Kaiserwürde angeboten und er sie, mit einer von Bismarck aufgesetzten Erklärung, angenommen hatte, zeichnete er den Kanzler mit dem Eisernen Kreuz I. Klasse aus.[397]

Die Verfassung des neuen Deutschen Reiches trat am 1. Januar 1871 in Kraft. Die Kaiserproklamation am 18. Januar im Spiegelsaal des Schlosses von Versailles war deshalb nur eine zeremonielle Bestätigung des Kaisertitels. »Mummenschanz« nannte ein preußischer Generalstäbler in seinem Tagebuch respektlos die Feierstunde.[398] Sie erhielt jedoch eine symbolische Überhöhung dadurch, dass sich genau an diesem Tag vor 170 Jahren Friedrich I. in Königsberg zum ersten »König in Preußen« gekrönt hatte.

Die Wahl des Ortes erfolgte aus pragmatischen Gründen: Die Hauptakteure befanden sich ohnehin in Versailles, und der fast 75 Meter lange, über zehn Meter breite Spiegelsaal, in jenen Wochen als Lazarett genutzt, war der größte verfügbare Raum. Gleichwohl zeugte die Ausrufung des deutschen Kaisers an einem der heiligsten Orte französischen Geschichtsbewusstseins zumindest von Instinktlosigkeit. Versailles war von der Mitte des 17. Jahrhunderts bis zur Französischen Revolution die Hauptresidenz der französischen Könige gewesen. Die Überheblichkeit der preußischen Militärmonarchie beleidigte den Nationalstolz der Franzosen.[399]

Dabei weinte Wilhelm dem alten Preußen nach, das er im neuen Reich untergehen sah. Sogar an Abdankung hatte er gedacht. Und bis zuletzt mochte er sich mit dem Titel eines »deutschen Kaisers« nicht abfinden. Als ranghöchstem Fürsten – die Könige von Sachsen, Bayern und Württemberg waren nicht anwesend – fiel dem badischen Großherzog Friedrich, dem Schwiegersohn Wilhelms, die Ehre zu, dem neuen Kaiser zu huldigen. Er umging das Problem der Titulierung dadurch, dass er einfach »Kaiser Wilhelm« hochleben ließ.

Wilhelm aber nahm es seinem Ministerpräsidenten übel. Nach der Zeremonie ging er wortlos an Bismarck vorbei, um den hinter ihm stehenden Fürsten und Generälen die Hände zu schütteln. Bismarck erlebte den Tag seines allergrößten Triumphes, wie jeder im Saal unschwer sehen konnte, tief gekränkt und verärgert.

Seiner Frau schrieb Bismarck vier Tage nach dem Ereignis: »Diese Kaisergeburt war eine schwere, und Könige haben in solchen Zeiten ihre wunderlichen Gelüste wie Frauen, bevor sie der Welt hergeben, was sie doch nicht behalten können. Ich hatte als Accoucheur [Geburtshelfer] mehrmals das dringende Bedürfnis, eine Bombe zu sein und zu platzen, dass der ganze Bau in Trümmer gegangen wäre.«[400]

Die Dominanz der Uniformen, Helme und Säbel im Spiegelsaal zeigte eindrucksvoll, dass die Kaiserproklamation eine militärische Veranstaltung war. Und ein feudaler Akt: Wie die Könige im Mittelalter wurde der Kaiser von den Fürsten ausgerufen. Das Volk war nicht vertreten, nicht einmal durch eine Abordnung des gewählten Parlaments des Norddeutschen Bundes. Bismarck hatte sich zwar seit 1866 mit den Nationalliberalen ausgesöhnt, weil er sie zur Vollendung der Einheit brauchte. Aber er hatte sorgfältig darauf geachtet, dass Reichstag und Parteien keinen Einfluss auf die Verhandlungen zur Reichsgründung nehmen konnten.[401] Der Sozialdemokrat Wilhelm Liebknecht nannte das neue Reich denn auch eine »fürstliche Versicherungsanstalt gegen die Demokratie«.[402]

Wilhelms Zorn über Bismarck verflog bald, und nach einigen Tagen kamen »die gegenseitigen Beziehungen wieder in das alte Geleise«, wie Bismarck in seinen Erinnerungen notierte.[403] Am 21. März 1871 ernannte der Kaiser ihn zum Reichskanzler und erhob ihn in den Fürstenstand. Dazu schenkte er ihm die staatliche Domäne Friedrichsruh, den Sachsenwald östlich von Hamburg.

Heinrich von Sybel, in Bonn lehrender Historiker und einer der liberalen Vorkämpfer der deutschen Einheit, schrieb am

27. Januar 1871 seinem Karlsruher Kollegen Hermann Baumgarten: »Wodurch hat man die Gnade Gottes verdient, so große und mächtige Dinge erleben zu dürfen? Und wie wird man nachher leben? Was 20 Jahre der Inhalt alles Wünschens und Strebens gewesen, das ist nun in so unendlich herrlicher Weise erfüllt! Woher soll man in meinen Lebensjahren noch einen neuen Inhalt für das weitere Leben nehmen?«[404]

Aber um welchen Preis waren diese Sehnsüchte gestillt worden? Gegenüber Sybel bekannte Bismarck 1894, dass er die militärische Auseinandersetzung mit Frankreich gesucht hatte. Er habe, schrieb der Altkanzler dem Historiker, »damals u. früher keinen Augenblick gezweifelt, dass mit Frankreich ein dauerndes Freundschaftsverhältnis unmöglich u. der Krieg sicher sei. Ich wollte ihn aber aufschieben und Napoleon in guter Laune behalten, so lange es ging«.[405]

Drei Kriege wurden für die kleindeutsche Einigung ausgetragen, Bismarck hatte sie bewusst herbeigeführt. 1877 gestand er offen: »Ohne mich hätte es drei große Kriege nicht gegeben, wären achtzigtausend Menschen nicht umgekommen, und Eltern, Brüder, Schwestern, Witwen trauerten nicht.« Und er fügte hinzu: »Das habe ich indes mit Gott abgemacht.«[406] Die Selbstabsolution zeugt von einem geschmeidigen Gewissen. Unerfindlich ist, wie Bismarck auf die Zahl der Kriegsopfer gekommen ist; offenbar zählte er nur die deutschen Gefallenen. Allein im Deutsch-Französischen Krieg gab es rund 190000 Tote, davon auf deutscher Seite, laut offiziellem »Sanitätsbericht über die Deutschen Heere«, 43174 Soldaten. Der deutsche Nationalstaat wäre ohne Bismarck wohl auf andere Weise gegründet worden. Ob es ohne Blutvergießen möglich gewesen wäre, lässt sich nicht beweisen.

Die Einheit, eines der beiden großen Ziele von 1848, war erreicht. Die andere Forderung, die nach Freiheit, erfüllte Bismarck nicht. Weder er, als Reichskanzler und preußischer Ministerpräsident, noch die Regenten der anderen Bundesstaaten waren gewillt, das Parlament an der Herrschaft zu beteiligen.

Schon seinen Zeitgenossen erschien es im Nachhinein, als habe Bismarck ein klares Ziel verfolgt und als sei die Reichsgründung, so wie sie zustande kam, das Ergebnis einer planvollen, Schritt für Schritt vorangetriebenen Einigungspolitik gewesen. Und doch ist dies nur eine perspektivische Täuschung. Was Bismarck wirklich wollte, hing stets von den jeweiligen Umständen und den wechselnden Möglichkeiten ab.[407]

WIDERSPRÜCHE

Das Deutsche Reich in Europa

Karl Marx hatte bereits im Kriegssommer 1870 vor der Annexion Elsass-Lothringens gewarnt. Sie sei das »unfehlbarste Mittel, Deutschland und Frankreich durch wechselseitige Selbstzerfleischung zu ruinieren«. Der geistige Wegbereiter des Sozialismus prophezeite eine gesamteuropäische Katastrophe in einem Zweifrontenkrieg, weil Frankreich durch einen Raubfrieden in die Arme des zaristischen Russlands getrieben werde. Nach dem deutschen Sieg bei Sedan am 2. September 1870, als Bismarcks Kriegsziel einer Aneignung der beiden französischen Regionen immer konkreter wurde, wiederholte Marx seine Warnung: Im Fall eines Friedensdiktats mit Gebietsabtretungen müsse sich Deutschland bald zu einem Krieg »gegen die verbündeten Rassen der Slawen und Romanen« rüsten. Dies sei die »Friedensperspektive«, die von den »hirnkranken Patrioten der Mittelklasse Deutschlands« garantiert werde.[408]

Die Gefahr, dass das neue Reich von feindlich gesinnten Mächten eingekreist und angegriffen werden könnte, sah auch Bismarck, nur zog er andere Schlussfolgerungen daraus. Ihm war klar, dass sich Frankreich niemals mit der Demütigung abfinden und nach Wiedergewinnung seiner verlorenen

Ostgebiete trachten würde. Dem französischen Geschäftsträger in Berlin, Joseph Jules de Gabriac, sagte Bismarck am 13. August 1871 ins Gesicht: »Ich glaube nicht, dass Sie jetzt schon den bestehenden Waffenstillstand brechen wollen. Sie werden uns zwei Milliarden [Goldfrancs] bezahlen, aber wenn wir im Jahre 1874 sein werden und Sie die anderen drei Milliarden begleichen müssen, werden Sie uns bekriegen.«[409]

Bismarck schien die Annexion bereits zu bereuen. Zu Gabriac sagte er nämlich auch: »Einen Fehler haben wir begangen, indem wir euch Elsass-Lothringen wegnahmen, wenn der Friede dauerhaft sein sollte. Denn für uns sind diese Provinzen eine Verlegenheit, ein Polen mit Frankreich dahinter«[410] – also ein ständiger Unruheherd.

Während Bismarck die Revanche Frankreichs fürchtete, verdächtigten die anderen europäischen Großmächte Deutschland, es wolle sich weitere deutschsprachige Gebiete außerhalb seines jetzigen Territoriums einverleiben. Odo Russell, von 1871 an britischer Botschafter in Berlin, glaubte, dass die »Vorherrschaft Deutschlands in Europa und der deutschen Rasse in der Welt« das Ziel des Kanzlers sei.[411]

Ein Schauder ging durch Europa. Binnen sieben Jahren war Preußen, dessen Großmachtansprüche 1864 noch fragil waren, durch drei erstaunliche Kriegserfolge in eine »halbhegemoniale Stellung« gelangt.[412] Die europäische Balance, wie sie der Wiener Kongress geschaffen hatte, war aus den Fugen geraten.

Nirgends machte man sich über die Absichten Bismarcks größere Sorgen als in Großbritannien. Seit dem Krimkrieg 1853 bis 1856 hatte sich das Vereinigte Königreich, die unangefochtene Weltmacht, auf die Rolle eines Beobachters zurückgezogen, nur daran interessiert, dass das Gleichgewicht der Kräfte auf dem Kontinent gewahrt bliebe. Die Gründung des Deutschen Reiches war mit den Worten des konservativen britischen Oppositionsführers Benjamin Disraeli jedoch

»ein größeres politisches Ereignis als die Französische Revolution«. Im Londoner Unterhaus sagte er am 9. Februar 1871: »Nicht eins der Prinzipien, die noch vor sechs Monaten von allen Staatsmännern als Richtschnur bei der Führung unserer außenpolitischen Geschäfte anerkannt wurden, hat heute mehr Gültigkeit. Da ist keine diplomatische Tradition mehr, die nicht hinweggefegt worden wäre. Sie haben eine neue Welt, da sind neue Einflüsse am Werk, neue und unbekannte Gegenstände und Gefahren, mit denen jetzt zu rechnen ist.«[413]

Bismarck suchte die Skeptiker zu beschwichtigen. Das Reich sei »saturiert«, beteuerte er gebetsmühlenhaft; es habe keine weitergehenden Ansprüche und wolle nur das Bestehende bewahren. Schon bei der Kaiserproklamation hatte Bismarck den Wunsch bekundet, »dass es dem deutschen Volk vergönnt sein wird, den Lohn seiner heißen und opfermütigen Kämpfe in dauerndem Frieden und innerhalb der Grenzen entgegenzuführen, welche dem Vaterland die seit Jahrhunderten entbehrte Sicherung gegen erneute Angriffe Frankreichs gewähren«.[414] Die martialischen Militärparaden, die alljährlich am »Sedanstag«, dem neuen Nationalfeiertag am 2. September, abgehalten wurden, waren freilich nicht dazu angetan, die Welt von der Friedfertigkeit der Deutschen zu überzeugen.

Das neue Reich in der Mitte Europas war stärker als jede andere kontinentale Großmacht, aber natürlich schwächer als eine Koalition mehrerer oder gar aller Großmächte, von denen es umgeben war. Aus diesem Grund hatte es solche Koalitionen immer zu fürchten. Die schwächeren Länder, wusste Bismarck, würden immer dazu neigen, gegen das übermächtige Reich gerichtete Schutzbündnisse einzugehen.[415] Deshalb bemühte er sich, solche Koalitionen zu verhindern, indem er sich selbst Bündnispartner suchte.

Dies geschah zunächst nach ideologischen Präferenzen. Schon wenige Tage nach der Schlacht von Sedan hatte Bismarck an den preußischen Gesandten in St. Petersburg, Heinrich VII. Prinz von Reuß, telegraphiert: »Gegenüber den nicht nur republikanischen, sondern ... stark sozialistischen Elementen, die jetzt in Frankreich zur Herrschaft gekommen, ist festes Zusammenschließen der monarchisch-konservativen Elemente Europas umso wünschenswerter.« Deshalb müssten die zusammenstehen, die »wie Russland, Deutschland und Österreich dem monarchischen Prinzip noch einen festeren Halt gewähren«.[416]

Der Kanzler, der von sich sagte, er sei »Royalist in erster Linie, dann ein Preuße und ein Deutscher«,[417] suchte gleichgesinnte restaurative Partner gegen »diese Rothäute in Lackstiefeln«,[418] wie er die republikanischen Politiker, die Frankreich seit dem Sturz Napoleons III. regierten, verächtlich nannte. In ihrer Feindschaft gegen radikaldemokratische Strömungen und erst recht gegen die internationale sozialistische Bewegung, die in den frühen 1870er Jahren an Bedeutung gewann, waren sich die drei Monarchien einig.

Bismarck beeilte sich, den von ihm 1866 angezettelten Bruderkrieg gegen Österreich vergessen zu machen. Ein Treffen der Kaiser Wilhelm und Franz Joseph im Sommer 1871 in Gastein feierte der Kanzler als Beweis, »dass die Störung der freundschaftlichen Beziehungen, zu welcher beide Länder, im Widerspruch mit den persönlichen Gefühlen ihrer Herrscher, durch ihre geschichtliche Entwicklung gedrängt worden waren, als eine abgeschlossene und beseitigte Episode angesehen werden« dürfe.[419]

Bismarck buhlte um die Gunst in Wien, auch weil man dort eifersüchtig auf die traditionell freundschaftlichen deutsch-russischen Beziehungen blickte. Zar Alexander II. hatte seinem Onkel Wilhelm, dem König von Preußen, im Krieg gegen Frankreich wertvolle Unterstützung geleistet, indem er russische Truppenhilfe in Aussicht stellte, falls Österreich gegen Preußen mobilisiert hätte. Öffentlich hatte es der deutsche

Kaiser im Februar 1871 seinem Neffen vergolten: »Niemals wird Preußen vergessen, dass es Dir zu verdanken ist, wenn der Krieg nicht außerordentliche Dimensionen angenommen und die anderen Länder ergriffen hat.«[420] Damit war vor aller Welt klargestellt, dass sich Österreich nicht aus nationaler Verbundenheit, sondern unter russischem Druck neutral verhalten hatte.

Trotz ihrer Rivalität wurden Russland und Österreich die beiden Stützpfeiler in Bismarcks Außenpolitik, und sie blieben es bis zur Entlassung des Kanzlers 1890. Um beide Staaten bemühte er sich immer wieder; er lockte sie in Verträge und Allianzen und blendete dabei aus, dass ihr Verhältnis zueinander immer schlechter wurde, bis ein Bündnis aller drei gar nicht mehr möglich war.[421]

Bismarck hätte sich auch um England bemühen können. Ende 1870 hatte er Odo Russell erklärt, Großbritannien und Österreich seien Deutschlands »natürliche Verbündete«, und für ein solches Bündnis sei Deutschland auch bereit, Opfer zu bringen.[422]

Das Gespräch mit Russell markierte den Beginn jener »Schaukelpolitik«, die in den beiden folgenden Jahrzehnten Bismarcks Diplomatie bestimmte. Ein Hintergedanke bei Bismarcks Sondierungen könnte gewesen sein, den Riss zwischen Frankreich und Großbritannien zu vertiefen, der sich in den letzten Jahren der Regentschaft Napoleons III. aufgetan hatte. Die liberale Londoner Regierung unter Premier William Gladstone ging auf die Avancen des Kanzlers jedoch nicht ein; aus kontinentalen Händeln hielt sich Großbritannien heraus, konzentrierte sich vielmehr auf die Erhaltung des Empire – der Inselstaat pflegte die *splendid isolation*, auch wenn der Begriff erst am Ende des 19. Jahrhunderts aufkam.

Tatsächlich war es Bismarck selbst nicht ernst mit einem deutsch-britischen Bündnis. Denn er fürchtete, dass die liberalen Staats- und Gesellschaftsideen wie auch das Vorbild eines parlamentarisch-demokratischen Systems die deutsche Innenpolitik infizieren könnten.

Weniger Bismarcks strategischer Weitblick als vielmehr russisch-österreichische Eifersüchtelei brachte dann die drei Kaiser zusammen. Als Franz Joseph seinen Staatsbesuch in Berlin ankündigte, um die Vergangenheit zu begraben, luden sich Zar Alexander II. und sein Außenminister Alexander Gortschakow kurzerhand selbst ein, weil sie dem Techtelmechtel zwischen Berlin und Wien misstrauten.[423]

Der Kanzler wusste es freilich so darzustellen, als habe er das sechstägige Dreieinigkeitsfest mit Konferenzen, Militärparade und Staatsbankett im September 1872 arrangiert. »Zum ersten Mal in der Geschichte«, schwärmte der Reichskanzler, »haben drei Kaiser sich zur Beförderung des Friedens zu Tisch begeben.«[424] Bismarck fühlte sich als Regisseur, der »seine Puppen, die hohen Majestäten, auf der weltpolitischen Schaubühne tanzen« ließ.[425] Es sei ihm, erläuterte er dem Botschafter Russell, darauf angekommen, dass »die drei eine liebende Gruppe bilden wie Canovas drei Grazien«; sie sollten »schweigend zusammenstehen und sich bewundern lassen«, jedoch »auf keinen Fall reden, so schwierig es auch war, denn alle drei halten sich für größere Staatsmänner, als sie sind«.[426]

Die Begegnung der Kaiser hatte größere Bedeutung, als Bismarck zugeben wollte. Der russische Zar und sein Wiener Kollege versöhnten sich, und ihre Außenminister, Gortschakow und Gyula Graf Andrássy, entschärften wenigstens vorübergehend die Spannungen, die auf dem Balkan zwischen ihren Ländern herrschten. Beflügelt wurde ihre Verständigungsbereitschaft wesentlich dadurch, dass beide ein bilaterales Bündnis des jeweils anderen mit Deutschland verhindern wollten.

Bismarck wusste allerdings, dass weder Andrássy noch Gortschakow eine Kooperation mit Frankreich prinzipiell ausschließen mochten. Gegenüber Wilhelm I. erklärte der Kanzler im Dezember 1872: »Unsere Hauptgefahr für die Zukunft beginnt von dem Augenblick an, wo Frankreich den monarchischen Höfen Europas wieder bündnisfähig erscheinen wird.«[427]

Deshalb konnte Bismarck es als Erfolg verbuchen, dass im Oktober 1873 die drei Kaiser ein Abkommen schlossen, um »den gegenwärtig in Europa herrschenden Friedenszustand zu befestigen«, ihn »gegen alle Erschütterungen, von welcher Seite sie auch kommen mögen, zu sichern, und wenn nötig zu erzwingen«.[428] So vage formuliert, war das Dreikaiserabkommen nicht mehr als eine gutgemeinte Willensbekundung der drei Herrscher, mögliche Differenzen durch »direkte und persönliche Verständigung« auszuräumen. Es war kein Beistandspakt, aber es wurde der Grundstein der bismarckschen Bündnispolitik. Dem Kanzler war es fürs Erste gelungen, eine Annäherung Russlands an Frankreich zu verhindern. Aber nachdem Frankreich bereits im September 1873 die letzte Rate seiner Kriegsschuld bezahlt hatte, wiederholte Bismarck seine Warnung, dass »niemand sich Illusionen« machen dürfe: Der Frieden werde enden, sobald Frankreich stark genug sei, ihn zu brechen.[429]

Immerhin konnte er hoffen, dass sich die monarchisch-autoritären Regime in Österreich und Russland von einem Bündnis mit Frankreich abschrecken ließen, solange die Grande Nation eine Republik war. Dies führte zu dem scheinbar paradoxen Ergebnis, dass sich Bismarck größte Mühe gab, in Frankreich die Republik gegen alle monarchistischen Restaurationsversuche zu stützen.[430] Tatsächlich glaubte er, Präsident Adolphe Thiers würde keinen Bundesgenossen finden, wohingegen Frankreich unter dem im November 1873 von der monarchistischen Mehrheit in der Nationalversammlung gewählten ehemaligen napoleonischen General Patrice de MacMahon »bündnisfähiger« geworden sei – und »unter einer Monarchie, zu der MacMahon den Übergang bilden soll, wird es das in noch höherem Grade sein«.[431]

Mit den monarchischen Prinzipien nahm es der Royalist Bismarck auch sonst nicht so genau. 1874 warb er, ohne seine Bündnispartner zu konsultieren, unter den europäischen Großmächten für die Anerkennung der im Jahr zuvor ausgerufenen Spanischen Republik. Indem er gute Beziehungen zu Spanien pflegte, hoffte er, dessen Nachbarn Frankreich schrecken zu können.[432]

Derweil bröckelte die Solidarität der drei Kaiserreiche. Gortschakow blockierte den Versuch Bismarcks, die Partnerstaaten zur gemeinsamen Anerkennung der republikanischen Regierung in Madrid zu gewinnen. Kaiser Franz Joseph und sein Außenminister Andrássy versicherten General Adolphe Le Flô, dem französischen Botschafter in St. Petersburg, bei einer Russlandvisite im Februar 1874, dass »ein mächtiges Frankreich für das europäische Gleichgewicht wichtiger sei denn je«. Bismarck habe »seine Kaltblütigkeit und Selbstbeherrschung verloren«, meinte Andrássy.[433] Und es war vermutlich Gortschakow, der das Gerücht streute, Bismarcks nach St. Petersburg entsandter Sonderbotschafter Joseph Maria von Radowitz habe im Februar 1875 Russlands wohlwollende Neutralität oder gar bewaffneten Beistand im Falle eines Krieges Deutschlands mit Frankreich erbeten. Tatsächlich hatte Radowitz die Russen nur dazu bewegen sollen, auf Paris einzuwirken, die französische Aufrüstung nicht so zu forcieren.[434]

Bismarck geriet denn auch sogleich in den Verdacht, am 9. April 1875 einen Leitartikel (»Ist der Krieg in Sicht?«) in der regierungsoffiziösen Berliner *Post* lanciert zu haben. Darin wurde die Möglichkeit eines deutschen Präventivschlags angedeutet, falls die Nationalversammlung in Paris eine Aufstockung der mobilisierbaren Truppenstärke billigt. Frankreich wurde als potentieller Aggressor an den Pranger gestellt.

Einmütig verurteilten London und St. Petersburg den Versuch, Frankreich als Kriegstreiber zu denunzieren, und versprachen Paris ihren Beistand. Außenminister Gortschakow und Botschafter Russell forderten Bismarck auf, öffentlich zu versichern, dass Deutschland keinen Angriff auf Frankreich beabsichtige. Bismarck wies das Ansinnen zurück, aber mit der Krieg-in-Sicht-Krise hatte er den ersten ernsthaften Rückschlag seiner Laufbahn erlitten. Es war die größte diplomatische Niederlage seiner ganzen Karriere.[435] Am Silvestertag 1875 bilanzierte Bismarck selbst, es sei »ein übles Jahr« gewesen.[436] Ihm, der 1872 überheblich behauptet hatte, die Geschicke Europas könnten von ihm »stets in zehn bis fünfzehn Minuten beim ersten Frühstück abgemacht, gekämmt und gebürstet« werden, waren die Grenzen aufgezeigt worden.[437]

An seinem Hauptziel, Frankreich zu isolieren, hielt Bismarck unverändert fest. Aber er erkannte, dass er zwar nicht seine Strategie, aber seine Taktik ändern musste.[438] Statt die Gefahr eines Krieges an die Wand zu malen, präsentierte er sich von nun an als Vermittler und Friedensstifter bei europäischen Konflikten. Hinter den Kulissen spielte er die Interessen der anderen Großmächte gegeneinander aus und heizte ihre Feindseligkeiten fast bis zur kriegerischen Auseinandersetzung an; auf diese Weise verlagerte er die Spannungen vom Zentrum Europas weg an den Rand des Kontinents und in außereuropäische Gebiete. Bismarck hielt die Konflikte auf dem Balkan zwischen Russland auf der einen sowie Österreich-Ungarn und Großbritannien auf der anderen Seite, im Mittelmeer zwischen Italien und Frankreich, in Nordafrika zwischen Großbritannien und Frankreich und in Mittelasien zwischen Russland und Großbritannien stets am Köcheln, ohne dass die Flammen offen emporschlugen und einen europäischen oder globalen Brand hätten entzünden können.[439]

Eine Karikatur in der britischen Satirezeitschrift *Punch* zeigte Bismarck in der Position eines Weichenstellers, der in der Mitte Europas die Schienenwege regeln musste, damit die aufeinander zurasenden Züge nicht kollidierten.[440] Ein nicht weniger sprechendes Bild gebrauchte Bismarck selbst: Das Deutsche Reich war zur »Bleigarnitur in einem Stehaufmännchen« geworden, »welche die Figur immer zum Stehen« bringen müsse.[441]

Der ehrliche Makler

»Die orientalische Frage«, die Situation auf dem Balkan, so hatte Bismarck schon kurz nach seinem Amtsantritt als preußischer Außenminister seine Leitlinie formuliert, »ist ein Gebiet, auf welchen wir unseren Freunden nützlich und unseren Gegnern schädlich sein können, ohne durch direkte eigene Interessen wesentlich gehemmt zu werden«.[442] Nach der Reichsgründung hatte sich daran nichts geändert. Russlands Expansionsdrang bedrohte die Stellung Österreich-Ungarns; Großbritannien fürchtete das Erstarken des russischen Einflusses im Mittelmeerraum, den die Briten, auch in Konkurrenz zu den Franzosen, als ihre Interessensphäre betrachteten. Anders als für die anderen vier europäischen Großmächte, die also jeweils eigene Ziele auf dem Balkan verfolgten, gab es für Deutschland dort nichts zu gewinnen, was auch nur »die gesunden Knochen eines einzigen pommerschen Musketiers wert« gewesen wären, wie es Bismarck Ende 1876 einmal ausdrückte.[443] Knapp 38 Jahre später, im August 1914, wird das Deutsche Reich seinen Nachbarn Russland und Frankreich den Krieg erklären, und Hunderttausende nicht nur pommerscher Musketiere ziehen in eine Völkerschlacht, die in eben jener orientalischen Frage ihren Ursprung hatte.[444]

Als sich die Balkankrise seit dem Sommer 1875 wieder einmal zuspitzte, nutzte Bismarck die Gelegenheit, aus der Rolle des Unbeteiligten heraus auf die Machtverteilung zwischen den anderen Großmächten Einfluss zu nehmen. Dies gab ihm die Chance, Misstrauen gegen das Reich abzubauen, und Bismarck hat nachhaltig von ihr Gebrauch gemacht – die Selbstinszenierung als unparteiischer Vermittler wurde in der Folge zu einer bestimmenden Strategie für sein außenpolitisches Handeln.[445]

Die deutsche und die italienische Einigung hatten auch bei den Völkern in Südosteuropa nationale Bestrebungen ausgelöst. Der Machtverfall des Osmanischen Reiches ermutigte die von den Türken unterdrückten slawischen Bevölkerungsgruppen, gegen die brutal ausbeuterische Herrschaft aufzubegehren. In Bosnien, der Herzegowina und in Bulgarien kam es seit 1875 zu Aufständen. Ende Juni 1876 erklärten Serbien und Montenegro dem Osmanischen Reich den Krieg.

Der Reichseiniger Bismarck konnte diese nationalen Tendenzen nicht unterstützen, ohne den Bestand seines multinationalen Partners Österreich-Ungarn zu gefährden. Russland wiederum schürte die Glut, zum einen aus Verbundenheit mit den slawischen Brüdern, zum andern als Schutzmacht der orthodoxen Christen. Dahinter stand freilich auch der Anspruch, die russische Einflusssphäre in Richtung Konstantinopel und Mittelmeer auszudehnen. Die Expansionspolitik des Zarenreichs stieß vor allem bei Österreich-Ungarn auf entschiedenen Widerstand.

Im böhmischen Reichstadt schlossen die Außenminister Wiens und St. Petersburgs im Juli 1876 ein geheimes Abkommen, das die Aufteilung des Balkans zwischen ihnen regeln sollte. Da beide Seiten glaubten, die mündlich getroffenen Vereinbarungen nicht schriftlich fixieren zu müssen, stritten sie sich später über die Auslegung des Vertrags.[446]

Nach außen tat Bismarck immer so, als sei Deutschland die an der Balkanfrage am wenigsten interessierte Macht. Noch im September 1875 erklärte er: »Wenn es wirklich zum offenen Brande kommen sollte«, so »müssten wir möglichst lange abwartend zuschauen und uns die Hände an dem Feuer wärmen.«[447]

Doch bald genügte es nicht mehr, sich aus der Krise herauszuhalten und darauf zu warten, bis die anderen sich heillos zerstreiten und zu den Waffen greifen würden. Denn die Russen forderten immer massiver die deutsche Rückendeckung für den Fall ihres Eingreifens in die Balkanreibereien und sogar die Bereitschaft, sich für das Zarenreich und gegen Österreich-Ungarn zu entscheiden. Am 1. Oktober 1876 ließ Alexander II. dem deutschen Kaiser ausrichten, er erwarte, »wenn es zum Krieg mit Österreich kommen sollte«, dass Wilhelm »geradeso handeln würde, wie er [der Zar] es 1870 getan« habe.[448] Jetzt forderte er den Preis für die Hilfe, die Russland durch seine Neutralität im Deutsch-Französischen Krieg gewährt hatte.

Wilhelm fühlte sich »als mächtigster christlicher Souverän zu tätigerem Eingreifen gegen die Türkei verpflichtet«.[449] Dies war indes mit dem Dreikaiserabkommen nicht zu vereinbaren, denn es hätte bedeutet, sich auf die russische Seite zu schlagen. Bismarck geriet in eine Zwickmühle.

Zunächst drohte er seinem Kaiser, wieder einmal, mit Rücktritt. Sodann diktierte er seinem Sohn Herbert in Varzin mehrere Memoranden zur orientalischen Frage in die Feder. Die Analysen und Prognosen vom Oktober und November 1876 wurden für die deutsche Politik in der Krise richtungweisend.[450]

Eindringlich führte Bismarck dem Kaiser die Gefahren vor Augen, die ein deutsches Eingreifen heraufbeschwören würde: »Je schwieriger die Situation sich zuspitzt, umso deutlicher müssen wir meines Erachtens ... in unserer diplomatischen Tätigkeit zum Ausdruck bringen, dass unser Hauptinteresse nicht in dieser oder jener Gestaltung der Verhältnisse des türkischen Reiches liegt, sondern in der Stellung, in welche die uns befreundeten Mächte zu uns und untereinander gebracht werden. Die Frage, ob wir über die orientalischen Wirren mit England, mehr noch mit Österreich, am meisten aber mit Russland in dauernde Verstimmung geraten, ist für Deutschlands Zukunft unendlich viel wichtiger als alle Verhältnisse der Türkei zu ihren Untertanen und zu den europäischen Mächten.«[451]

Dem Zaren ließ Bismarck auf dessen Anfrage schließlich antworten, dass Deutschland Österreich-Ungarn drängen würde, mit Russland Frieden zu halten, falls es zu einem russisch-türkischen Krieg käme. Sollten sich jedoch St. Petersburg und Wien nicht einigen können, wäre dies für Deutschland kein Grund, seine Neutralität aufzugeben.[452]

Bismarcks Bemühungen, sich nicht zwischen seinen beiden Verbündeten entscheiden zu müssen, führten im Januar und März 1877 zum Erfolg. Österreich-Ungarn und Russland verständigten sich in einer militärischen und politischen Konvention in Budapest darauf, ihr Vorgehen im Fall eines russisch-türkischen Krieges miteinander abzustimmen. Russland versprach, keinen großslawischen Staat auf dem Balkan zu schaffen; Österreich-Ungarn sollte Bosnien und die Herzegowina bekommen und sich dafür neutral verhalten. Mit diesen Absprachen im Rücken erklärte Russland im April 1877 der Türkei den Krieg.

Vor dem Hintergrund des Balkankonflikts entstand im Juni 1877 das berühmte »Kissinger Diktat«. Die Gedanken, die Bismarck während eines Kuraufenthalts in Bad Kissingen im Gespräch mit seinem Sohn Herbert skizzierte, werden oft missverstanden als eine Art außenpolitischer »Masterplan« des Kanzlers. Tatsächlich entstand das Dokument aus der Tagespolitik heraus. Gleichwohl offenbart es die Grundlinien der bismarckschen Sicherheitsarchitektur.[453]

Bismarck litt, wie eine französische Zeitung zu jener Zeit schrieb und der Kanzler bestätigte, unter einem »cauchemar des coalitions«, einem Alpdruck feindlicher Allianzen gegen das Reich. Er wollte deshalb England ermuntern, Ägypten zu besetzen, während Russland die Herrschaft über das Schwarze Meer bekommen sollte. Damit, so Bismarck, »wären beide in der Lage, auf lange Zeit mit der Erhaltung des Status quo zufrieden zu sein, und doch wieder in ihren größten Interessen auf eine Rivalität angewiesen, die sie zur Teilnahme an Koalitionen gegen uns ... kaum fähig macht«. Sein Idealszenario, betonte Bismarck, sei »nicht das irgendeines Ländererwerbes, sondern das einer politischen Gesamtsituation, in welcher alle Mächte außer Frankreich unser bedürfen und von Koalitionen gegen uns durch ihre Beziehungen zueinander nach Möglichkeit abgehalten werden«.[454]

Der russische Sieg über das Osmanische Reich stellte eine neue Herausforderung dar. Denn das russische Friedensdiktat von San Stefano im März 1878 veränderte das Mächteverhältnis auf dem Balkan radikal. Russland setzte die Bildung eines von ihm abhängigen Großbulgarischen Reiches durch, das bis an die Ägäis reichen sollte und das Osmanenreich in zwei Teile getrennt hätte. Damit hatte Russland den Vertrag von Budapest gebrochen.

Österreich-Ungarn und Großbritannien sahen ihre zuvor mit Russland abgesteckten Interessensphären verletzt. Der regionale Konflikt drohte zu einem europäischen Krieg zu eskalieren, eine britische Flotte war bereits im Marmarameer aufgekreuzt. Die explosive Lage bot Bismarck Gelegenheit, sich als Schlichter zwischen den drei Mächten zu profilieren. Dabei wollte er, wie er seine Aufgabe schon im Februar 1878 im Reichstag definiert hatte, weder »Schiedsrichter« noch »Schulmeister« sein, sondern sich auf die Rolle »eines ehrlichen Maklers« beschränken, »der das Geschäft wirklich zustande bringen will«.

Um in der orientalischen Frage zu vermitteln, lud Bismarck auf eine Anregung Andrássys hin zu einem Kongress nach

Berlin ein, der vom 13. Juni bis 13. Juli 1878 stattfand. Der deutsche Reichskanzler befand sich auf dem Höhepunkt seines Einflusses auf die europäische Politik. Ein verhängnisvoller Umschwung kündigte sich aber bereits an.

Denn der Kongress schuf keine Friedensordnung, die Aussicht auf Bestand hatte: »Viele Beschlüsse trugen den Keim neuer Konflikte in sich, nur wenige wirkten dauerhaft klärend« (Heinrich August Winkler).[455] Bismarck versuchte, eine besonders raffinierte Strategie anzuwenden, die er im Herbst 1878 selbst bildhaft beschrieb: Es sei höchste Staatskunst, wenn es gelänge, »das orientalische Geschwür offen zu halten und dadurch die Einigkeit der anderen Großmächte zu vereiteln und unseren eigenen Frieden zu sichern«.[456] Die Balkan-Wunde sollte ein bisschen desinfiziert werden, aber ruhig weiter eitern.

Die Ergebnisse des Berliner Kongresses konnten denn auch nur die Briten zufriedenstellen. Serbien, Montenegro und Rumänien wurde die Unabhängigkeit bestätigt, ein von Russland abhängiges Großbulgarisches Reich wurde verhindert, stattdessen teilte man Bulgarien auf und unterstellte den größeren Teil, das Fürstentum Bulgarien, dem Osmanischen Reich. Russland erhielt kleinere Gebiete, wie Teile Armeniens und Bessarabiens, mit denen es sich aber nicht zufriedengab.

Weil der Kongress den Vertrag von San Stefano in allen wesentlichen Punkten revidierte, sah sich Russland um die Früchte seines militärischen Sieges gebracht. In St. Petersburg herrschte tiefe Verbitterung über Bismarck. Es zeichnete sich ab, dass sich das gedemütigte Russland von Berlin abkehren und Paris zuwenden könnte. Das Kalkül des »Kissinger Diktats« war nicht aufgegangen. Rückblickend bezeichnete Bismarck den Berliner Kongress als »die größte Torheit meines politischen Lebens«.[457]

Eine Politik der freien Hand, sich unter allen Mächten außer Frankreich Verbündete suchen zu können, war nicht mehr möglich. Bismarcks Alptraum schien wahr zu werden: Nun konnten Dreierkoalitionen gegen das Reich entstehen, entweder Großbritannien/Frankreich/Österreich oder Russland/Österreich/Frankreich. Es drohte eine Konstellation, die vom britisch-russischen Gegensatz beherrscht würde. Deutschland lief Gefahr, sich zwischen alle Stühle zu setzen.

Deshalb war es nun Bismarcks Ziel, wie er 1880 gegenüber dem russischen Diplomaten Peter Saburow erläuterte, »immer einer von dreien auf dem europäischen Schachbrett zu sein«; seine ganze Politik beschränke sich »auf diese Formel: zu versuchen, einer von dreien zu sein, solange die Welt regiert wird vom schwankenden Gleichgewicht von fünf Großmächten«.[458]

Bismarck begann geradezu manisch, ein gesamteuropäisches Netz von Bündnissen zu knüpfen, immer um Frankreich herum. Dabei hatte er keine feste und langfristige Blockbildung im Sinn. Vielmehr wollte er durch jeweils befristete Verträge »die Beziehungen der Mächte in einem flüssigen Aggregatzustand« halten, wie er 1886 erläuterte.[459] In graphischen Darstellungen ähnelten die Bündniskombinationen am Ende einem Schnittmusterbogen.

Zweibund und Dreikaiservertrag

Der erste Schritt war, naheliegend, eine Allianz mit Österreich-Ungarn. Zu deren Gunsten glaubte Bismarck eine Vereinbarung mit Russland erst einmal zurückstellen zu können. Er war überzeugt, dass Russland trotz der Verstimmung am Zarenhof nach dem Berliner Kongress einen Bruch mit Deutschland nicht riskieren würde.

Zusätzlich belastet wurde das deutsch-russische Verhältnis jedoch durch eine neuerliche innenpolitische Kehrtwende

Bismarcks, die er zur Absicherung seiner Macht vollzog. Seit ihm die Konservativen 1866 die Freundschaft aufgekündigt hatten, regierte Bismarck vor allem mit Hilfe der Nationalliberalen. Diese traten, wie er selbst auch, für Freihandel und gegen Schutzzölle ein, um die Exporte der aufblühenden deutschen Industrie nicht zu gefährden. Ende der siebziger Jahre entschloss sich der Kanzler jedoch zu einem neuen Wirtschaftskurs, indem er die Nationalliberalen fallen ließ und sich wieder den Konservativen annäherte.

Die ostelbischen Rittergutsbesitzer, wie Bismarck selbst einer war, forderten Schutzzölle, um ihre landwirtschaftlichen Produkte gegen ausländische Billigimporte abzusichern. Dasselbe verlangten die Schwerindustriellen des Ruhrgebiets für ihre Erzeugnisse. Unter dem Beifall dieses Bündnisses von »Roggen und Eisen« nutzte Bismarck eine in Teilen des Zarenreichs grassierende Rinderpest als Vorwand, um Anfang 1879 die Grenzen nach Russland zu schließen. Gleichzeitig verabschiedete der Reichstag eine Schutzzollvorlage für Getreide, die russische Ausfuhren auf dem deutschen Markt verteuerten und dadurch weniger wettbewerbsfähig machten.

Zur Verstimmung in St. Petersburg trug auch bei, dass sich Bismarck mit dem russischen Außenminister Gortschakow aus persönlicher Ranküne verfeindete. Vor dem Deutsch-Französischen Krieg hatte der Russe noch seine enge Freundschaft mit dem preußischen Kollegen beschworen: »Wir sind wie die Hand und der Handschuh.« Nun, im Frühjahr 1879, führte Bismarck eine Pressekampagne gegen den Minister des Zaren. Gortschakow sei, so schrieb er selbst, »eine Kalamität für Russland und dessen Freunde«, der beste Wille der Letzteren reiche nicht hin, »um die Folgen seiner Torheiten gut zu machen«. Gortschakow war ihm zu frankophil.

Zar Alexander II. beschwerte sich im August 1879 schriftlich bei seinem Onkel Wilhelm über Bismarck. Der Kanzler belaste aus persönlicher Animosität gegen Gortschakow das

Verhältnis zwischen ihren beiden Ländern. Zudem habe Bismarck wohl »die Versprechungen von 1870 vergessen«; während der Balkankrise und beim Berliner Kongress sei Russlands Neutralität im Deutsch-Französischen Krieg schlecht vergolten worden, klagte der Zar in dem als »Ohrfeigenbrief« bekanntgewordenen Schriftstück. Doch Dankbarkeit ist keine politische Kategorie. Durch einen Besuch bei Alexander versuchte Wilhelm die Wogen zu glätten.

Bismarck reagierte mit trotziger Bockigkeit und verhandelte unterdessen über einen deutsch-österreichischen Beistandspakt. Wilhelm wehrte sich heftig dagegen, wollte Bismarck sogar eine Reise nach Wien verbieten, denn er sah in dem angestrebten Vertrag eine grobe Desavouierung Alexanders.

Bismarck war dagegen überzeugt, dass sich Russland schon wieder beruhigen und eine Annäherung an Deutschland suchen würde. »Mit Frankreich werden wir nie sicheren Frieden haben, mit Russland nie die Notwendigkeit des Krieges«, glaubte er, schränkte aber ein, »wenn nicht liberale Dummheiten oder dynastische Missgriffe die Situation fälschen«.[460]

Diesmal wurde es besonders melodramatisch, denn Wilhelm erklärte, er wolle lieber abdanken, als eine gegen Russland gerichtete Allianz gutheißen. Allerdings hätte dieser Schritt nichts gebracht: Auch der Kronprinz, der ihm auf dem Thron gefolgt wäre, war willens, das Bündnis mit Österreich abzuschließen. Deshalb hatte Bismarck leichtes Spiel, als er mit seinem Rücktritt drohte, falls der Kaiser sich weigern sollte, den Zweibund-Vertrag zu genehmigen. Am 4. Oktober beugte sich Wilhelm dem Ultimatum seines Kanzlers. »Bismarck«, seufzte er, »ist notwendiger als ich.«[461] Am Tag darauf unterzeichnete er die Vollmacht zum Abschluss des Vertrags. Aber er fügte hinzu: »Die, welche mich zu diesem Schritt veranlasst haben, werden es dereinst dort oben zu verantworten haben.« Und dem Staatssekretär Bernhard von Bülow, der in diesem Fall Bismarcks Politik einigermaßen kritisch gegenüberstand, schrieb er gleichzeitig: »Meine ganze moralische Kraft ist gebrochen.«[462]

Bei einem Besuch, den Staatsminister Robert Lucius von Ballhausen kurz darauf dem Kanzler abstattete, erzählte Bismarck freimütig, wie er den König immer wieder auf Linie gebracht habe. Der Monarch habe ihm seit seiner Berufung 1862 »allerlei Begütigendes« geschrieben: Sie hätten doch nie eine erhebliche Differenz in den siebzehn Jahren gemeinsamer Arbeit und Zusammenwirkens gehabt. Bismarck, so Lucius, habe dabei herzlich »über dieses bequeme Gedächtnis« gelacht.[463] Denn andererseits grollte Wilhelm immer wieder, es sei »nicht leicht, unter einem solchen Kanzler Kaiser zu sein«. Sie waren auf Gedeih und Verderb aufeinander angewiesen, der Kaiser und sein Kanzler.

Am 7. Oktober 1879 schlossen Deutschland und Österreich-Ungarn ein geheimes Defensivbündnis. Sollte »wider Verhoffen und gegen den aufrichtigen Wunsch« der beiden Kaiser eines ihrer Reiche von Russland angegriffen werden, wollten sie sich »mit der gesamten Kriegsmacht« beistehen. Das galt auch für den Fall, dass eine »andere Macht«, also vor allem das nicht ausdrücklich genannte Frankreich, einen der beiden Bündnispartner angreifen und dabei von Russland unterstützt würde. Das schien eine solide Absicherung für den Fall eines Zweifrontenkriegs zu sein, doch eindeutig und unmissverständlich war der Wortlaut nicht.[464]

Kurz bevor der Vertrag abgeschlossen wurde, erklärte Bismarck dem Sonderbeauftragten des Zaren, Peter Saburow, einem Neffen seines Gegenspielers Gortschakow, es sei ihm durch die Zweibund-Verhandlungen gelungen, »auszuführen, was ich die erste Etappe meiner Sicherungspolitik nennen möchte, zwischen Österreich und den Westmächten eine Schranke aufzurichten«. Er zweifle aber nicht, »die zweite Etappe zu erreichen, das heißt, die Wiederherstellung des Dreikaiserbundes, des einzigen Systems, das meiner Meinung nach eine Maximaldauer des europäischen Friedens garantiert«.[465]

Den Zweibund betrachtete Bismarck also nur als einen Zwischenschritt. Der Kanzler ging wie selbstverständlich davon aus, dass sich Russland wieder dem Deutschen Reich annähern müsse, wenn es nicht vollkommen isoliert bleiben wolle. Als Partner für die reaktionäre Monarchie des Zaren kämen weder das republikanische Frankreich noch Großbritannien in Betracht, das auf dem Balkan beinahe zum Kriegsgegner geworden wäre.

Bismarck täuschte sich. Nachdem Deutschland aus russischer Perspektive schon beim Berliner Kongress einen schweren Verrat begangen hatte, wurde die erneuerte Freundschaft mit Österreich als zweite Treulosigkeit empfunden. Dadurch entstand in St. Petersburg das Bedürfnis, sich einen anderen, zuverlässigeren Bündnispartner zu suchen. Frankreich wartete nur auf solche Avancen.

Zwar verachtete der autokratische Zarenhof die republikanische Regierung in Paris. Aber allmählich wurde der ideologische Graben durch das Misstrauen gegenüber Deutschland überbrückt. Es war Gortschakow gewesen, der Bismarck bei der Krieg-in-Sicht-Krise davor gewarnt hatte, einen neuen Krieg gegen Frankreich anzuzetteln. In Paris war der Eindruck entstanden, vor allem Russland habe einen deutschen Angriff verhindert. Daher rührte die Überzeugung vieler französischer Politiker, »dass der Schlüssel nicht nur zur Sicherheit Frankreichs, sondern auch zur Lösung seiner größten internationalen Probleme allein bei Russland liege«.[466]

Im Sommer 1879 lud die russische Regierung eine französische Militärdelegation ein, um an den alljährlichen Manövern nahe der kaiserlichen Residenz Zarskoje Selo teilzunehmen. Im Herbst desselben Jahres folgte die Gegeneinladung einer russischen militärischen Abordnung zu französischen Manövern.

Das war noch kein russisch-französisches Bündnis, aber eine diplomatische Annäherung, die hätte hellhörig machen müssen. Der Gesellschafts- und Militärtheoretiker Friedrich Engels warnte schon in den 1880er Jahren, dass ein solches gegen Deutschland gerichtetes Bündnis kommen würde. Zu einem Zeitpunkt, als sich dieser Pakt, der Anfang der 1890er Jahre zustande kam, erst anbahnte, erkannte er die Gefahr, die davon für den Frieden in Europa ausgehen würde.[467]

Fürs Erste schien Bismarcks Rechnung jedoch aufzugehen. Nachdem der alte Gegenspieler Gortschakow krankheitshalber die Regierungsgeschäfte hatte abgeben müssen und deutschlandfreundlichere Politiker ans Ruder gekommen waren, näherten sich Deutschland und Russland wieder an. Die Hoffnung des Kanzlers, er könne mit Österreich und Russland gleichermaßen verbündet sein, schien sich zu erfüllen.

In dem 1881 geschlossenen und 1884 erneuerten Dreikaiservertrag, der das Abkommen von 1873 wieder aufleben ließ, sicherten sich die Partner gegenseitig wohlwollende Neutralität für den Fall zu, dass eine der drei Mächte in einen Krieg mit einer vierten Macht verwickelt würde. Das bedeutete: Selbst wenn Frankreich nicht eindeutig als Aggressor auftreten würde, konnte sich Berlin der russischen Neutralität gewiss sein.

Bismarck hatte sein Ziel erreicht: eine Dreierkoalition, in der zwei Rivalen sich ständig gegenseitig belauerten und jeweils auf die vermittelnde Hilfe des Dritten angewiesen waren. Bismarck hatte nun wieder die Chance, im Konfliktfall auf dem Balkan jeweils zwischen St. Petersburg und Wien schlichten zu können.

Aber das Abkommen war eben auch eines über die orientalische Frage, und insofern kollidierte es mit der erklärten Absicht Bismarcks, sich aus Südosteuropa herauszuhalten. Das Zusatzprotokoll band das Deutsche Reich an die vertraglichen Vereinbarungen etwa über Bosnien und die Herzegowina, den Sandschak von Novibazar, Ostrumelien und Bulgarien. Die Gefahr, dass Spannungen zwischen Russland und Österreich-Ungarn auf Deutschland übergriffen, war also mit dem Dreikaiservertrag keineswegs gebannt; sie sollte sich im Gegenteil in den folgenden Jahrzehnten ständig erhöhen. Das begann mit dem Beitritt Rumäniens zum Dreibund 1883, setzte sich fort mit dem zweiten Dreibundvertrag 1884 und dem deutsch-italienischen Separatvertrag von 1887.[468]

Außerdem ersetzte das Dreikaiserabkommen den Zweibund nicht, sondern es bestanden nun nebeneinander zwei sich teilweise widersprechende Bündnisse: eines zwischen Österreich und Deutschland gegen Russland und eines zwischen Deutschland, Russland und Österreich gegen einen nicht genannten Vierten, womit aber eindeutig Frankreich gemeint war.[469]

Im Netz der Bündnisse

Damit blühte das Wirrwarr der bismarckschen Verträge auf, die jeweils nur kurz hielten und gegensätzliche Interessen nicht überbrücken konnten. Es begann die Zeit der von Golo Mann so genannten »Allianz-Irrgärten«, die Bismarck in den 1880er Jahren schuf, »immer darauf bedacht, feindliche Mächte auseinanderzuhalten oder sie durch freundliche Querverbindungen zusammenzubringen, Deutschland durch die eine zu decken gegen die andere und, etwas später, auch durch diese gegen jene«.[470]

Die kurze Geltungsdauer des Dreikaiservertrags von nur drei Jahren zeigte schon an, dass man der Eintracht nicht so recht traute. Aus Furcht vor innenpolitischen Problemen – die Panslawisten in Russland lehnten jegliche Aufteilung von Interessensphären auf dem Balkan ab, die Magyaren in

Österreich-Ungarn gebärdeten sich russenfeindlich – wurde nicht nur der Wortlaut, sondern sogar die bloße Existenz des Pakts geheim gehalten. »Nur im Dunkeln, wo es niemand sieht, reichte man sich die Hand.« (Johannes Ziehkursch)[471]

Daneben schlossen Deutschland, Österreich-Ungarn und Italien 1882 einen weiteren Dreibund, ein vor allem gegen Frankreich gerichtetes Defensivbündnis. Es wurde insgesamt viermal erneuert und war noch beim Ausbruch des Ersten Weltkriegs in Kraft. Der Dreibund gab Deutschland und Italien Sicherheit für den Fall, dass Frankreich einen von ihnen »ohne unmittelbare Herausforderung« angreifen sollte. Außerdem verpflichteten sich die Bündnispartner zu wohlwollender Neutralität, falls »eine Großmacht, die den gegenwärtigen Vertrag nicht unterschrieben hat«, die Sicherheit eines der drei Staaten bedrohen würde und dieser sich »dadurch gezwungen sehen sollte, ihr den Krieg zu machen«. Mit dieser Großmacht konnte nur Russland gemeint sein. Der Vertragstext lud Österreich-Ungarn förmlich zu einem Präventivschlag ein, wenn es sich von Russland bedroht fühlen sollte. Ein solches Szenario war schwerlich mit dem Zweibundvertrag und dem Dreikaiserbündnis vereinbar. Bismarcks Paktomanie gewann mit jedem Schritt eine Eigendynamik, so dass deren Erfinder über kurz oder lang die Kontrolle darüber verlieren musste.[472]

Zudem verfolgten Deutschlands Vertragspartner mit den unterschiedlichen Abkommen auch jeweils eigene Ziele. So hätte das Reich zum Beispiel gemäß dem deutsch-italienischen Separatvertrag von 1887 seinem Verbündeten auch dann beistehen müssen, falls es wegen französischer Expansionsbestrebungen in Nordafrika, die italienischen Interessen zuwiderliefen, zu einem Krieg zwischen diesen beiden Staaten gekommen wäre. Aber was ging Deutschland Nordafrika an?

Vor allem wurde es zunehmend illusorisch, dass sich Berlin aus der Balkanpolitik heraushalten könnte. Dies zeigte sich vor allem in der Krise der Jahre 1885 bis 1887, die sich an einem Streit um das Fürstentum Bulgarien entzündete. Wien unterstützte serbische Ansprüche, St. Petersburg bestärkte Bulgarien und erklärte das Dreikaiserbündnis für erloschen. Bismarck hatte sich in seinem eigenen Netz verheddert.

Im Reichstag hatte sich Bismarck am 4. Juni 1882 gerühmt: »Wenn ich mir in der auswärtigen Politik irgendein Verdienst beilegen kann, so ist es die Verhinderung einer übermächtigen Koalition gegen Deutschland seit dem Jahre 1871.« Dazu hätte es jedoch dieser verlogenen und oft widersinnigen Geheimabkommen nicht bedurft.

In der geradezu paranoiden Furcht, die anderen europäischen Staaten könnten sich gegen das Reich verbünden, gab Bismarck rundherum Zusagen, teils offen, teils geheim, die sich wechselseitig wieder aufhoben. Sie bedeuteten wenig, weil es sich jeweils um Versicherungen gegen »unprovozierte Angriffe« handelte, wobei es im Ernstfall den Partnern freistand, zu entscheiden, wer der Angreifer war und wer der Angegriffene. »Inwieweit dies schwindelnd virtuose System dem Frieden wirklich diente, ist schwer zu sagen«, fand Golo Mann.[473]

Bismarck gefiel sich in der Rolle des Artisten, der mit seinen Partnern wie mit Glaskugeln jonglierte. Das Bild stammte wohl ursprünglich von Wilhelm I. Der Kaiser sagte zu seinem Kabinettschef Emil von Albedyll, als dieser ihm einmal zur Entlassung Bismarcks riet, »das Vaterland« brauche den Kanzler »zu nötig, da der Fürst der einzige Mann« sei, der »mit fünf Kugeln jonglieren« könne, »von denen immer mindestens zwei in der Luft« seien; das könne er, der Kaiser, nicht.[474] Bismarcks Amtsnachfolger Leo von Caprivi äußerte sich 1890 ähnlich: Er könne im Gegensatz zu seinem Vorgänger nicht »als Jongleur mit fünf Glaskugeln spielen, er könne nur zwei Glaskugeln gleichzeitig halten«.[475]

Tatsächlich war auch Bismarck nicht der virtuose Jongleur, als den ihn seine Bewunderer gern dargestellt haben. Immer bestand die Gefahr, dass ihm eine der Kugeln oder gleich mehrere aus der Hand springen würden. Eben dies geschah in den folgenden Jahren, so dass dem Reich am Ende nur Österreich-Ungarn als Bündnispartner blieb. In Bismarcks Amtszeit musste das Spiel mit den fünf Kugeln seine Solidität nur deshalb nicht beweisen, weil keine der europäischen Mächte ernsthaft einen Krieg riskieren wollte.[476]

Mit Bismarcks Sturz brach das von ihm konstruierte Bündnissystem zwar nicht sofort zusammen. Aber es war ein höchst riskanter Ausgangspunkt für die Außenpolitik unter seinen Nachfolgern, als das Kaiserreich nach Weltgeltung strebte und einen »Platz an der Sonne« verlangte.

Deutsche Kolonialpolitik

Auch dafür hatte Bismarck mit seinem verwinkelten Taktieren den Grundstein gelegt. 1884 stürzte er sich überraschend in eine Kolonialpolitik, die der Maxime seines »Kissinger Diktats« widersprach, keinen »Ländererwerb« betreiben zu wollen. Bis dahin hatte er es strikt abgelehnt, überseeische Gebiete dem Reich anzugliedern. Und ebenso überraschend, wie er sich darauf einließ, wurde er der Kolonien wieder überdrüssig, ohne dass er den Geist wieder zurück in die Flasche bekam.

Bei den Friedensverhandlungen 1870 hatte Bismarck das Angebot Frankreichs, an Stelle von Elsass-Lothringen wertvollen Kolonialbesitz in Cochinchina, der Gegend um Saigon im heutigen Vietnam, abzutreten, entschieden zurückgewiesen: »O! O! Cochinchina! Das ist aber ein sehr fetter Brocken für uns; wir sind aber noch nicht reich genug, uns den Luxus von Kolonien leisten zu können.«[477] Noch 1881 hatte er versichert: »Solange ich Reichskanzler bin, betreiben wir keine

Kolonialpolitik. Wir haben eine Flotte, die nicht fahren kann, und wir dürfen keine verwundbaren Punkte in fernen Weltteilen haben, die den Franzosen als Beute zufallen, sobald es losgeht.«[478] Und ein Jahr später hatte er bekräftigt: »Solange das Reich finanziell nicht konsolidiert ist, dürfen wir an so teure Unternehmen nicht denken.«

Ein für Bismarck gewichtiges Argument war, dass Verwaltung und Schutz von Kolonien den Staat Geld kosten würden, das der Reichstag hätte bewilligen müssen. Dies hätte eine Stärkung der Parteien und des parlamentarischen Systems bedeutet, das Bismarck verabscheute.[479]

Sein plötzlicher Sinneswandel ist deshalb verwunderlich. Über seine Motive ist viel spekuliert worden. Bismarck selbst hat eine verwirrende Vielzahl an Gründen für sein überseeisches Engagement genannt.[480]

Einer war sicher das Kolonialfieber, das sich in dieser Zeit in der deutschen Öffentlichkeit ausbreitete. Auf dieser Woge wollte auch Bismarck mitschwimmen. Große Handelshäuser in Hamburg und Bremen hatten seit Ende des 18. Jahrhunderts ein verzweigtes Netz von Niederlassungen in aller Welt aufgebaut. Nicht zuletzt durch die Weltwirtschaftskrise, die seit 1873 auch Deutschland erfasste, wurde der Nutzen außereuropäischer Besitzungen als Rohstofflieferanten und Absatzmärkte nun allgemein höher eingeschätzt. Kaufleute und Abenteurer erwarben Ländereien vor allem in Afrika, wobei sie in der Regel die einheimischen Häuptlinge übervorteilten. Einflussreiche Industrielle und Bankiers gründeten 1882 den »Deutschen Kolonialverein« und 1884 die »Gesellschaft für deutsche Kolonisation«.[481]

Offenherzig äußerte Bismarck im September 1884 gegenüber einem seiner engsten Mitarbeiter im Auswärtigen Amt, Karl Heinrich von Boetticher: »Die ganze Kolonialgeschichte ist ja Schwindel, aber wir brauchen sie für die Wahlen.«[482] Da die Konservativen schwächelten, setzte er wieder stärker auf die Nationalliberalen. Mit Hilfe von Kolonien wollte Bismarck versuchen, das Prestigebedürfnis der »verspäteten Nation«[483] am Beginn der Ära des Imperialismus zu stillen, nachdem die Begeisterung über die Reichsgründung längst abgeklungen war und sich allgemeine Resignation breitzumachen drohte. Dennoch war der Zugewinn, den die Nationalliberale Partei bei der Wahl am 28. Oktober 1884 erzielte – von 14,7 auf 17,6 Prozent –, äußerst mager; die beiden konservativen Parteien verloren an Rückhalt bei den Wählern.

Bismarcks abrupter Kurswechsel hatte gewiss auch mit einer Neuausrichtung seiner Außenpolitik zu tun. Sein brüchiges und widersprüchliches »System der Aushilfen«[484] verlangte nach beständigeren Alternativen. Nun erkannte er die Chance, durch Nadelstiche gegen Großbritannien zu einem besseren Verhältnis mit Frankreich zu kommen.

Im Kissinger Diktat hatte Bismarck als eines seiner wichtigen außenpolitischen Ziele die »Loslösung Englands von dem uns feindlich bleibenden Frankreich wegen Ägyptens und des Mittelmeers« genannt. Beim Tauziehen der Westmächte um Nordafrika hatte Bismarck immer Partei für England ergriffen. Nun wechselte er die Seiten, wobei er seinem Hauptanliegen treu blieb: eine Allianz zwischen London und Paris zu verhindern. Das war auch möglich, indem er in den kolonialen Zänkereien die französische Position gegen die britische unterstützte.[485]

Anlass dazu gab ein Vertrag zwischen England und Portugal im Februar 1884. Darin sicherten sich die beiden Länder exklusiv die Nutzung des Gebiets am unteren Kongo, was alle anderen Seehandelsnationen benachteiligte. Daraufhin berief Bismarck gemeinsam mit dem französischen Ministerpräsidenten Jules Ferry eine Kongokonferenz nach Berlin ein, ohne England vorher zu konsultieren. Zu dem französischen Botschafter in Berlin, Alphonse de Courcel, sagte Bismarck im September 1884, man müsse dahin gelangen, dass England

»sich an die Idee gewöhnte, dass eine französisch-deutsche Allianz nichts Unmögliches sei«.[486]

Mit der Kongokonferenz im Winter 1884/85 zerrte Bismarck England vor ein internationales Tribunal. Der Monopolanspruch der alten Kolonialmacht in Westafrika wurde zurückgewiesen, der belgische Kongostaat wurde international anerkannt. Zugleich entfesselte Bismarck mit Hilfe der vom Auswärtigen Amt gelenkten Presse und mittels Weißbüchern eine primitive antibritische Kampagne. Dagegen stellte er gegenüber Frankreich eine bis dahin nicht gekannte Freundlichkeit zur Schau.[487]

Das deutsch-französische Tauwetter ging indes jäh in eine neue Eiszeit über. Im März 1885 stürzte Ferry nicht zuletzt über sein partielles Zusammenwirken mit Bismarck. Es folgte eine neue antideutsche, revanchistische Welle in Frankreich. Damit war Bismarcks Versuch gescheitert, sich Frankreich anzunähern und so möglicherweise neue außenpolitische Kombinationen zu schaffen.[488]

Dafür hatte es sich Bismarck mit England verdorben. Begonnen hatte der Konflikt noch ganz unspektakulär im April 1884, nachdem der Kaufmann Adolf Lüderitz Land in Südwestafrika erworben hatte. In einem Telegramm an den deutschen Konsul in Kapstadt und den deutschen Botschafter in London wies Bismarck die beiden Diplomaten an, die Regierung der britischen Kapkolonie beziehungsweise das Foreign Office davon in Kenntnis zu setzen, dass Lüderitz »und seine Niederlassungen unter dem Schutz des Reiches stehen«. Die britische Regierung nahm die einseitige Erklärung ohne Widerspruch hin, da das Empire keine Hoheitsrechte in diesem Gebiet geltend machen konnte.[489]

Doch die Landnahmen gingen weiter. In der Südsee und an der westafrikanischen Küste betrieben deutsche Handelsgesellschaften die Gründung von Kolonien, die Bismarck als »Schutzgebiete« bezeichnete, da er den Begriff »Kolonien«

scheute. Im Juli 1884 schlossen Beauftragte Bismarcks mit dem König von Togo und Häuptlingen in Kamerun Verträge und hissten dort die schwarz-weiß-rote Flagge des Deutschen Reichs. Vergeblich versuchte die britische Regierung, weitere deutsche Ansiedlungen zu verhindern. Bismarck entsandte Kriegsschiffe und ließ im September 1884, in direkter Nachbarschaft zur Kapkolonie, Deutsch-Südwestafrika gründen, das heutige Namibia.

Victoria, die Ehefrau des Kronprinzen Friedrich Wilhelm, schrieb im Dezember 1884 ihrer Mutter, der Queen: »Ich wundere mich nicht, dass unsere [britischen] Kolonien wütend sind ob dieses lächerlichen Hissens der deutschen Flagge an allen Orten ... Wenn Bismarck beginnt, Weltreich zu spielen, denke ich, ist es Zeit für uns, ihn wissen zu lassen, wer wir sind.«[490]

Eben darauf, England zu provozieren, hatte es Bismarck mit seiner plötzlichen Kolonialpolitik abgesehen. Am 19. September 1884 notierte Friedrich von Holstein, leitender Mitarbeiter im Auswärtigen Amt, in seinem Tagebuch: »Fürst Bismarck hat dem Kaiser Alexander ... gesagt, die deutsche Kolonialpolitik habe nur den Zweck, einen Keil zwischen den Kronprinzen und England zu schieben.«[491]

Auch im Nachhinein hat Herbert von Bismarck dieses Hauptmotiv seines Vaters bestätigt. Im März 1890 erklärte er auf die Frage des Diplomaten Hans Lothar von Schweinitz, wie die zeitweilige Begeisterung Bismarcks für eine Kolonialpolitik zu erklären sei, die doch im offenen Widerspruch zu allem vorher Gesagten gestanden habe: »Als wir in die Kolonialpolitik hineingingen, mussten wir auf eine lange Regierungszeit des Kronprinzen gefasst sein, während welcher der englische Einfluss dominieren würde. Um diesem vorzubeugen, musste die Kolonialpolitik eingeleitet werden, welche volkstümlich ist und jeden Augenblick Konflikte mit England herbeiführen kann.«[492]

Anfang der 1880er Jahre rechnete man allgemein mit dem baldigen Tod des 1797 geborenen, also weit über 80-jährigen Kaisers Wilhelm I. Dann hätte dessen Sohn Friedrich Wilhelm das Zepter übernommen. Das Verhältnis zwischen Bismarck und dem Kronprinzen war von Anfang an gespannt. Ihre politischen Anschauungen unterschieden sich grundsätzlich. Friedrich Wilhelm hing einem gemäßigten Liberalismus an, was durch seine Ehe mit der englischen Prinzessin Victoria noch verstärkt wurde.

Bismarck hatte den Kronprinzen schon 1863 wissen lassen, er könne ihm nur wünschen, dass er »so treue Diener finde, wie ich es für Ihren Vater bin«, und hinzugefügt: »Ich beabsichtige nicht darunter zu sein.«[493] Das war nicht ernst gemeint, denn tatsächlich hatte Bismarck »eine für mich haltbare Stellung« gesucht, die er am liebsten bis zu seinem Tod nicht mehr hergeben wollte und möglichst seinem Sohn Herbert vermacht hätte. Friedrich Wilhelm wiederum schrieb 1880 an Albrecht von Stosch, den Chef der Admiralität, dass er als Kaiser »wenig Neigung empfinde, mir durch einen Majordomus die Sachen machen zu lassen«. Bismarck spottete über die »geringe Kenntnis von Staatsgeschäften und die »unglaubliche politische Schwachköpfigkeit« des Kronprinzen.

Bismarcks föderalistisch-partikularistische Reichsgründung betrachtete Friedrich Wilhelm mit Skepsis. Außenpolitisch hätte er statt Bismarcks konservativem Kaisertrio einem antirussischen Viererbund, bestehend aus Deutschland, Österreich-Ungarn, Italien und Großbritannien, den Vorzug gegeben. Die politischen Vertrauten des Kronprinzen waren fast durchweg Intimfeinde Bismarcks. Es galt als wahrscheinlich, dass der neue Kaiser Bismarck entlassen und ein parlamentarisches System nach britischem Vorbild installieren würde. Bismarcks Kolonialpolitik zielte also auf einen Konflikt mit Großbritannien, um sowohl einem britischen Einfluss auf den Kronprinzen vorzubeugen als auch die Linksliberalen zu bekämpfen.[494]

Seine Abneigung gegen den Kronprinzen übertrug Bismarck auch auf dessen Gemahlin und auf den liberalen britischen Premier William Ewart Gladstone, der 1880 den Konservativen Benjamin Disraeli abgelöst hatte. Sein Hass auf Gladstone hatte streckenweise pathologische Züge. Bismarck habe dessen politischen Fähigkeiten eine »namenlose Geringschätzung« entgegengebracht, notierte Holstein am 18. Januar 1884 in seinem Tagebuch.[495] Herbert von Bismarck schrieb am 3. September 1884 an Holstein, er hoffe, dass die deutsche Politik diesen äußerst günstigen Augenblick nutzen werde, »um Gladstone gegen die Wand zu quetschen, dass er nicht mehr japsen kann«. Einen ähnlich hasserfüllten Brief seines Sohnes vom November 1883 ließ Bismarck anonym und teilweise wörtlich in der *Norddeutschen Allgemeinen Zeitung* abdrucken. Die Angriffe galten nicht nur der Person Gladstones, sondern generell den Verhältnissen in England unter den Liberalen. Immer wieder warnte Bismarck in diesen Monaten davor, dass die »englischen Zustände« auf Deutschland übertragen werden könnten.

Das fortwährende Trommelfeuer machte deutlich, dass Bismarck zwar auf Gladstone eindrosch, aber eigentlich den Kronprinzen und dessen liberale Gefolgschaft meinte. Höhepunkt der Kampagne war ein vertraulicher Erlass Bismarcks vom 26. Februar 1884 an den deutschen Botschafter in St. Petersburg, Hans Lothar von Schweinitz. Das Schriftstück war eine einzige Hasstirade. An der Spitze der englischen Regierung, schrieb Bismarck, stehe ein Mann, »dem außer seiner verhängnisvollen Gabe der Beredsamkeit jede Eigenschaft eines Staatsmannes in dem Maße fehlt, dass ich geneigt bin, ihn als geisteskrank anzusehen«; die Regierung werde »mit solchem Ungeschick geführt, dass es, wenn die Möglichkeit dazu überhaupt vorläge, nützlich sein würde, jenes große

Reich zur Wahrnehmung seiner Interessen unter eine Kuratel der übrigen Christenheit zu stellen«.[496]

Es war wohl kein Zufall, dass Bismarck sein Interesse an der Kolonialpolitik genau in dem Moment verlor, als im Juni 1885 die Regierung Gladstone abgewählt und von einem neuen konservativen Kabinett unter Lord Robert Arthur Salisbury abgelöst wurde. Ab sofort ordnete Bismarck die deutsche Kolonialpolitik guten Beziehungen zu England eindeutig unter. Salisburys Verbleiben im Amt hielt er für »hundertmal mehr wert … als das gesamte Ostafrika« oder »zwanzig Sumpfkolonien in Afrika«.[497]

In den folgenden Jahren stellte Bismarck des Öfteren Überlegungen an, wie er die deutschen Kolonien in Afrika wieder loswerden könnte. Daraus wurde jedoch nichts, weil die von einem nationalen Größenwahn befallene Öffentlichkeit den Verzicht auf Kolonialbesitz nicht erlaubte. Noch 1891 versicherte Bismarck, er sei »niemals ein sogenannter Kolonialschwärmer« gewesen.[498]

Politische Bigamie

Bismarck war stets davon überzeugt, dass Russland gar nicht anders könne, als mit Deutschland verbündet zu sein. Daher glaubte er wohl auch, gute Beziehungen nach St. Petersburg unterhalten zu können, obschon er ständig eine gegen diesen Partner gerichtete Wirtschaftspolitik betrieb. Dass Deutschland die ohnehin hohen agrarischen Schutzzolltarife 1885 noch einmal verdreifachte, erschien in St. Petersburg indes als weiteres Indiz dafür, dass Bismarck endgültig ins gegnerische Lager übergewechselt sei.

Am Serbisch-Bulgarischen Krieg 1885/86 zerbrach schließlich der Dreikaiserbund. Die Unvereinbarkeit der Interessen der Bündnispartner wurde offenkundig. Österreich unterstützte Serbien, Russland Bulgarien. Durch den Zweibund mit Österreich wäre das Deutsche Reich bei einem russischen Angriff auf die Donaumonarchie zum Beistand aufseiten Wiens verpflichtet gewesen. Bismarck stand, wie genau zehn Jahre zuvor, wieder vor einem Scherbenhaufen.

Deshalb begann er, mit beiden Partnern des gescheiterten Bündnisses getrennte Verträge auszuhandeln. Einerseits verlängerte er den Dreibund mit Österreich und Italien, andererseits schloss er, hinter dem Rücken seines Wiener Verbündeten, mit Russland einen Pakt, den er »Rückversicherungsvertrag« nannte. Es war weniger ein cleverer Schachzug, als den ihn der bald nach 1890 einsetzende Bismarck-Mythos ausgab, als vielmehr ein Akt der Verzweiflung und Ausdruck der Ausweglosigkeit.[499]

Vor allem aber waren Dreibund und Rückversicherungsvertrag inhaltlich nicht kompatibel. Im Vertrag mit Wien hatte Bismarck Österreich deutsche Hilfe zugesagt, falls es von Russland angegriffen würde. Im Vertrag mit St. Petersburg versprach er Russland deutsche Neutralität, falls Österreich es angreifen sollte. Den Widerspruch kommentierte Bismarck mit zwei zu verschiedenen Zeitpunkten geäußerten Sätzen. Auf die Anfrage Österreichs im Dezember 1887, ob Bismarck den Bündnisfall für gegeben halte, wenn Österreich, von Russland provoziert, den Krieg erkläre, antwortete er: »Wer Angreifer ist, das wird eintretenden Falls von unserm Kaiser ehrlich erwogen werden.« Der zweite Satz stand in Bismarcks Reichstagsrede am 6. Februar 1888: »Keine Großmacht kann auf die Dauer mit den Interessen ihres eigenen Volkes an dem Wortlaut irgendeines Vertrags kleben.« Das war das offene Bekenntnis, aus Gründen der Staatsräson auch einen Vertragsbruch in Kauf zu nehmen.

In derselben Sitzung des Reichstags fiel auch Bismarcks berühmter und immer wieder nur halb zitierter Satz: »Wir

Deutsche fürchten Gott, aber sonst nichts in der Welt …« Die oft vergessene Fortsetzung lautete: »… und die Gottesfurcht ist es schon, die uns den Frieden lieben und pflegen lässt.« Später, als Altkanzler, wenn ihm begeisterte Anhänger Pantoffeln oder Krawatten mit dem aufgestickten kriegerischen ersten Teil des Satzes verehren wollten, bedauerte er den Ausspruch auf Plattdeutsch: »Hätt ick dat Wort man nich seggt.«[500]

Der am 18. Juni 1887 abgeschlossene Rückversicherungsvertrag stand aber nicht nur im Widerspruch zum Dreibund, sondern auch zur Mittelmeerentente, die im Februar und März zwischen Großbritannien, Italien und Österreich unter Vermittlung Bismarcks gebildet worden war. Im Rückversicherungsvertrag sicherte Deutschland dem Zarenreich seine Unterstützung zu, falls es sich entschließen sollte, seine Interessen am Ausgang des Schwarzen Meeres zu verteidigen; die Mittelmeerentente war genau dagegen gerichtet, denn sie versprach der Türkei den Schutz der Meerengen zwischen Bosporus und Dardanellen. Der Geheime Legationsrat Friedrich von Holstein bezeichnete das Konstrukt als »politische Bigamie«.

Bismarck nahm die Unvereinbarkeit der Verträge in Kauf, da ihm das »ganz geheime Zusatzprotokoll« zum geheimen Rückversicherungsvertrag Vorteile bot: Deutschland verpflichtete sich zur Neutralität, falls Russland unprovoziert von Österreich-Ungarn angegriffen werden sollte; Russland legte sich fest, im Fall eines unprovozierten französischen Angriffs auf Deutschland neutral zu bleiben. Darauf kam es Bismarck an.[501]

»Fürst Bismarck betrieb mit Eifer die Vertragsweberei nach allen Seiten hin«, beklagte Holstein, der lange ein enger Vertrauter des Kanzlers gewesen war, in den 1880er Jahren aber zunehmend auf Distanz zu dessen Außenpolitik ging. »Je verwickelter das Gewebe, desto misslicher war es, sich darin ohne den Fürsten Bismarck zurechtzufinden.«[502] Holstein kritisierte: »Unsere Politik mit ihren durcheinanderlaufenden Engagements ... ähnelt dem Schienengewirr auf einem großen Bahnhof ... Der große Weichensteller glaubt, alles richtig schieben zu können, und hofft namentlich auch, umso unersetzlicher zu sein, je bunter die Dinge liegen.«[503]

Der Rückversicherungsvertrag minderte zwar fürs Erste die Gefahr eines Zweifrontenkriegs, den Bismarck immer befürchtete. Aber der große Weichensteller glaubte selbst nicht daran, dass dadurch ein russisch-französisches Bündnis ein für alle Mal ausgeschlossen wäre. Düster orakelte er am Ende des ereignisreichen Jahres 1887 gegenüber dem preußischen Kriegsminister Paul Bronsart von Schellendorf: »Nach Lage der europäischen Politik ist es wahrscheinlich, dass wir in nicht zu ferner Zeit den Krieg gegen Frankreich und Russland gleichzeitig zu bestehen haben werden.« Sein Sohn Herbert meinte nüchtern, der Vertrag sei »ziemlich anodyn« (belanglos) und halte »uns im Ernstfall die Russen doch wohl sechs bis acht Wochen länger vom Halse als ohne dem«.[504]

Zudem belastete Bismarck die deutsch-russischen Beziehungen massiv durch das fast gleichzeitig erlassene Lombardverbot, als der Reichstag im November 1887 seinem Wunsch folgte und den Handel mit russischen Wertpapieren auf dem deutschen Kapitalmarkt unterband. In der Folge übernahmen Pariser Banken einen großen Anteil dieser Papiere und deckten damit den enormen Kapitalbedarf in dieser stürmischen Wachstumsphase der russischen Industrialisierung.[505] Damit waren bereits 1887 die Weichen für das russisch-französische Abkommen von 1894 gestellt – und indirekt für den Ausbruch des Ersten Weltkriegs.[506]

Der Mittelmeerentente trat Deutschland nicht bei, damit »wir«, so Herbert von Bismarck, »nicht gleich hineingezogen werden, wenn es wegen orientalischer Fragen mit Russland zum Bruche kommt«; doch war der Kanzler bei den Verhandlungen die treibende Kraft im Hintergrund gewesen. Dabei ging es Bismarck vor allem darum, Großbritannien an den Dreibund heranzuführen und die Verstimmungen infolge der deutschen Kolonialpolitik der Jahre 1884/85 auszuräumen. Das Ziel erreichte er durch Erpressung.

»Wenn sich England von jeder Beteiligung an der europäischen Politik zurückzöge«, drohte Bismarck Anfang Februar 1887 dem englischen Botschafter in Berlin, würde Deutschland »keinen Grund mehr haben ..., den französischen Wünschen in Ägypten oder den russischen im Orient, wie weit immer dieselben sich erstrecken würden, unsere Förderung vorzuenthalten«. Hingegen würde das Reich, falls es auf »Englands Beistand in der Haltung der Verträge und des Status quo« rechnen könne, »zu den egoistischen Wünschen Frankreichs oder Russlands eine andere Stellung nehmen können«.[507]

Im März 1889, als der Rückversicherungsvertrag noch lief und Bismarck ihn auch zu erneuern gedachte, wollte der Kanzler mit England ein Bündnis gegen Frankreich schmieden. Es wäre eine weitere bizarre Konstruktion geworden, denn England war im östlichen Mittelmeer entschiedenster Gegner Russlands, des anderen deutschen Bündnispartners, während Deutschlands »Erbfeind« Frankreich eben dabei war, sich Russland zu nähern.[508]

Doch ein deutsch-britisches Bündnis kam nicht zustande. Auf Bismarcks Angebot antwortete Lord Salisbury: »Wir lassen den Vorschlag auf dem Tisch, ohne Ja oder Nein zu sagen.«[509] Weiter kam Bismarck in seiner Bündnispolitik nicht. Seine Nachfolger kappten den ohnehin schon dünnen Draht nach St. Petersburg.

Caprivi verlängerte den 1890 auslaufenden Rückversicherungsvertrag nicht. Der neue Kanzler ließ sich am 23. März 1890, wenige Tage nach Bismarcks Sturz, überzeugen, dass der Vertrag mit Deutschlands Verpflichtungen gegenüber

Österreich unvereinbar sei. Außerdem brauche er nur von Russland veröffentlicht zu werden, um das Deutsche Reich in größte Kalamitäten zu stürzen.

Die Veröffentlichung besorgte Bismarck 1896 selbst, um das angebliche Versagen seiner Amtsnachfolger aufzuzeigen und sie allein für die russisch-französische Annäherung verantwortlich zu machen, die 1892 zu einer Militärkonvention und 1894 zu einem festen Zweierbündnis geführt hatte. Bismarck verschwieg dabei wohlweislich, dass auch er von Beginn an dem dünnen Draht nach St. Petersburg wenig Vertrauen geschenkt hatte.

Bismarcks System bestand zum Schluss nur noch darin, England und Russland in allen Fragen des Orients gegeneinander aufzubringen, getreu seiner auch von seinen Nachfolgern übernommenen Maxime, »Bär« (Russland) und »Walfisch« (Großbritannien) könnten niemals zueinanderfinden. Da sollten sie sich gewaltig täuschen.

FEHLER

Der Kulturkampf

Eine Mischung aus Hybris und Verschwörungsglaube verleitete den Realpolitiker Bismarck seit 1871 zu innenpolitischen Maßnahmen, die auf völliger Verkennung der Realitäten beruhten. Einerseits versetzte ihn der Erfolg der Reichseinigung in einen euphorischen Übermut, dass seine Mitmenschen Veränderungen in seinem Wesen wahrnahmen: Er duldete keinen Widerspruch mehr, war Schmeicheleien zugänglich und reagierte gereizt auf die kleinste vermeintliche Missachtung seiner Person und seines Amtes.[510] Andererseits fühlte er sich von lauter vermeintlichen »Reichsfeinden« umzingelt: von nationalen Randgruppen wie den Polen und den partikularistischen Welfen ebenso wie von Elsässern und Lothringern, die wider Willen in den neuen Staat gepresst worden waren. Und dann waren da noch die beiden großen Bevölkerungsgruppen der Katholiken und Sozialisten. Ihnen sagte Bismarck einen Kampf an, den er nur verlieren konnte.

Statt das neue Reich auch innenpolitisch zu konsolidieren, wie es geboten gewesen wäre, begann er eine Auseinandersetzung, die die Nation tief spalten musste. Der ehemalige Deichhauptmann an der Elbe errichtete Dämme quer durch die deutsche Gesellschaft.

Das alte Preußen war protestantisch geprägt gewesen. Die konservative Presse pries bei jeder Gelegenheit die Tugenden des »preußischen evangelischen Staates«. Obwohl religiöse Toleranz bei den Hohenzollern Tradition hatte, seit Friedrich Wilhelm von Brandenburg, der »Große Kurfürst«, im 17. Jahrhundert wegen ihres Glaubens Verfolgte aus anderen Ländern in Preußen aufgenommen hatte, waren Katholiken im Staatsdienst, im Militär und an den Universitäten stets benachteiligt worden. Daher hatten seit Anfang der 1850er Jahre katholische Abgeordnete im preußischen Landtag eine eigene Fraktion gebildet und oft, etwa in Fragen der bürgerlichen Freiheiten, mit der liberalen Opposition gestimmt.[511] Im Herbst 1866 zogen sie sich Bismarcks Unmut zu, weil sie eine Reihe wichtiger Regierungsvorlagen wie das Indemnitätsgesetz, die Annexionen, eine große Regierungsanleihe und die üppigen Dotationen für Bismarck und die Generäle nach dem soeben errungenen Sieg über Österreich ablehnten. Die katholische Fraktion, klagte er, sei »die allerfeindseligste im Hause ..., welche selbst die rote Demokratie an Gehässigkeit der Angriffe übertrifft«.[512] Kurz darauf löste sich die Fraktion jedoch wegen interner Meinungsverschiedenheiten auf.

Schon durch den Anschluss des Rheinlands 1815, erst recht aber durch die Eingliederung der süddeutschen Länder ins Deutsche Reich, waren die Katholiken in dem neuen Staat zu einem beachtlichen Machtfaktor geworden. Sie machten etwas mehr als ein Drittel der Bevölkerung aus. Um ihre Minderheitenrechte zu verteidigen, entstand auf Reichsebene, noch vor der Reichsgründung, im Dezember 1870 aus bestehenden regionalen Gruppierungen eine katholisch geprägte Partei: das Zentrum. Sie sollte nach dem Willen ihrer Gründer jedoch überkonfessionell ausgerichtet und nicht der politisch verlängerte Arm der katholischen Kirche sein. Und die neue Partei verstand sich, wie die Namensgebung deutlich machen sollte, als politische Mitte zwischen den rechten Konservativen und den vergleichsweise linken Liberalen. Zudem unterschied sich die Zentrumspartei von den anderen politischen Gruppierungen dadurch, dass sie einen Querschnitt durch alle sozialen Schichten repräsentierte; ihr gehörten Männer unterschiedlicher politischer Überzeugungen und aller Stände an: Konservative neben Demokraten, Adlige, Bürger und Arbeiter. Bismarck erkannte sofort, dass ihm hier ein unnachgiebiger Gegner erwuchs.

Die Gründung des Deutschen Reiches und Bismarcks Krieg gegen Frankreich hatten auch Auswirkungen auf die italienische Politik und die katholische Kirche. Napoleon III. hatte seine in Rom für den Papst stationierten Schutztruppen abziehen müssen, weil er sie an der Heimatfront brauchte; dadurch konnte das Königreich Italien, dessen Hauptstadt erst Turin, dann Florenz gewesen war, im Herbst 1870 die Ewige Stadt besetzen und Rom zur neuen Hauptstadt proklamieren. Mit dem Anschluss des seit 756 bestehenden Kirchenstaats an Italien verlor der Papst seine weltliche Macht, Klöster und Kirchenbesitz wurden enteignet.

Kurz zuvor, im Sommer 1870, hatte das Vatikanische Konzil jedoch die geistliche Macht des Papstes gestärkt: Es verkündete das Dogma, dass der Pontifex maximus unfehlbar sei, wenn er offiziell als oberster Kirchenlehrer, »ex cathedra«, in Glaubens- und Sittenfragen entscheide. Gerade die deutschen Katholiken standen dieser verbindlichen Lehrmeinung wie auch der starrsinnig antiliberalen Haltung des amtierenden Papstes größtenteils ablehnend gegenüber. So stieß auch der »Syllabus Errorum«, ein 1864 von Pius IX. veröffentlichter »Katalog der hauptsächlichsten Irrlehren unserer Zeit«, überwiegend auf Widerspruch; nur die kleine Minderheit der »Ultramontanen« folgte bedingungslos den Weisungen von »jenseits der Berge«. 13 der 17 deutschen Bischöfe, die am Konzil teilnahmen, hatten sich der Verkündung des Dogmas widersetzt.[513]

Den innerkirchlichen Streit verfolgte Bismarck gelassen; er hoffte auf eine Schwächung der Ultramontanen. Die preußische Fraktion des Zentrums lieferte ihm jedoch eine Steilvorlage, den Kampf gegen die katholische Partei aufzunehmen. Am 18. Februar 1871 bat sie den Kaiser in einer Petition, sich für die Wiederherstellung des von Italien annektierten Kirchenstaates einzusetzen. Dieses Ansinnen konnte Bismarck öffentlich so interpretieren, dass es mit der Staatstreue der neuen Partei nicht weit her sein könne, wenn ihre Loyalität vorrangig dem Papst gelte. Wilhelm I. erklärte lapidar, Deutschland werde sich nicht in die Angelegenheiten anderer Staaten einmischen.

Obwohl 36,2 Prozent der Wahlberechtigten im Reich katholischen Glaubens waren, erhielt die Zentrumspartei bei der ersten Reichstagswahl im März 1871 nur 18,6 Prozent der abgegebenen Stimmen. Immerhin wurde sie mit 63 Mandaten aus dem Stand zweitstärkste Fraktion, hinter den Nationalliberalen, die mit 30,3 Prozent der Stimmen auf 125 Sitze kamen.

Anfang April 1871 lehnte der Reichstag einen Antrag der Zentrumsfraktion ab, sechs Artikel aus der alten preußischen Verfassung, die die Rede-, Presse-, Versammlungs- und Religionsfreiheit sowie die Autonomie kirchlicher Institutionen garantierten, in die neue Reichsverfassung aufzunehmen. Die Zentrumsabgeordneten hatten geglaubt, in den Liberalen Verbündete bei der Durchsetzung bürgerlicher Freiheiten zu haben, doch diese verrieten lieber ihre Prinzipien, als die »Klerikalen« zu unterstützen.[514] Viele katholische Parlamentarier stimmten deshalb gegen die Reichsverfassung insgesamt.

Mitte Juni 1871 ließ Bismarck in der *Kreuzzeitung* erklären, dass es sinnlos sei, wenn sich das Zentrum als »Hort der konservativen Interessen Deutschlands« aufspiele.[515] Das Zentrum steigere »die vom Kommunismus der Gesellschaft drohenden Gefahren«, warnte Bismarck zehn Tage später den Vatikan, denn es fördere »die subversiven, aller Autorität feindlichen Tendenzen«. Unter dem »Bündnis der Schwarzen mit den Roten« müsse »die Kirche leiden«. Die Reichsregierung sei »zur Abwehr genötigt«. Sie lehne »die Verantwortlichkeit für die Folgen« ab, wenn der Vatikan nicht mit dem Zentrum breche.[516]

Das war die Kriegserklärung an die neue Partei. Gegenüber dem Publizisten Moritz Busch, einem engen Vertrauten, brüstete sich Bismarck später: »Gegen das Zentrum und seine Auftraggeber habe ich und nur ich den Kampf aufgenommen.«[517]

Bismarcks Befürchtung, dass sich Katholiken und Sozialisten gemeinsam gegen die Regierung verschworen hätten, war absurd. Sie zeigte allerdings, dass er sein eigenes Versäumnis, auf die Arbeiterbewegung zuzugehen, erkannt hatte. In den frühen 1860er Jahren, während des Verfassungskonflikts, hatte Bismarck in Gesprächen mit dem Schriftsteller Ferdinand Lassalle, dem Gründer des Allgemeinen Deutschen Arbeitervereins (ADAV), die Möglichkeit ausgelotet, das Arbeiterproletariat durch einen »Staatssozialismus« für die Monarchie zu gewinnen. »Lassalle war ein energischer und sehr geistreicher Mensch, mit dem zu sprechen sehr lehrreich war«, berichtete Bismarck später.[518] Lassalle glaubte, im Kampf gegen die bürgerlichen Liberalen, die als Sachwalter der Fabrikanten auftraten, sich ausgerechnet mit Bismarck verbünden zu sollen.

1866 war Bismarck jedoch umgeschwenkt, als er in der Nationalbewegung Unterstützung für seine preußische Expansionspolitik fand. 1871 befürchtete er nun, dass die sozialreformerisch engagierte katholische Opposition die Gelegenheit nutzen könnte, eine Allianz mit der organisierten Arbeiterschaft einzugehen, die er sich hatte entgehen lassen. Deshalb zielte sein Gegenangriff seit Juni 1871 auf Katholiken und Sozialisten gleichermaßen.[519]

Gefährlicher erschienen ihm zunächst die Katholiken, gegen die sich deshalb die ersten Maßnahmen richteten. Dem preußischen Kultusminister Heinrich von Mühler, einem konservativen Lutheraner, offenbarte Bismarck seine Pläne, die der langjährige Weggefährte, Minister seit 1862, in einer Niederschrift festhielt: »Kampf gegen die ultramontane Partei, insbesondere in den polnischen Gebieten ... Trennung von Kirche und Staat, von Kirche und Schule überhaupt. Übergabe der Schulinspektion an Nichtgeistliche. Hinausweisung des Religionsunterrichts aus der Schule.« Auf Mühlers Frage, ob er dies dem Kaiser klar gesagt habe, antwortete Bismarck: »Nein, ich weiß, wie der Kaiser steht, wenn Sie ihn mir aber nicht scheu machen, werde ich ihn trotzdem führen, wohin ich will.«[520]

Im Januar 1872 gab Mühler sein Ministeramt auf. Bismarck verachte »die geistigen und moralischen Hebel der Politik«, begründete er seinen Entschluss. »Blut und Eisen – materielle Machtmittel – sind die Faktoren, mit denen er rechnet.« Es trete ein »wenn nicht entschieden unchristlicher, so jedenfalls unkirchlicher und separatistischer Zug in ihm hervor, bei welchem die Grenzen zwischen Verblendung und Feindschaft« schwer auszumachen seien. Dazu komme Bismarcks »übergroßer Ehrgeiz, der keinen Widerstand erträgt, selbst nicht mehr die persönlichen Überzeugungen des Kaisers respektiert«.[521]

Mühler wurde durch den nationalliberalen Juristen Adalbert Falk ersetzt. Dessen Aufgabe sollte es nach Bismarcks Worten sein, »die Rechte des Staates der Kirche gegenüber wiederherzustellen und zwar mit möglichst wenig Geräusch«.[522] Falk, damals noch ein glühender Anhänger Bismarcks, übernahm die ihm zugewiesene Rolle ohne Zögern. Er wurde aus innerer Überzeugung Bismarcks wichtigster Gehilfe im Kulturkampf und der eigentliche Schöpfer jener Ausnahmegesetze, die zwischen 1872 und 1876 erlassen wurden.[523]

Bald gab es auch zwischen Bismarck und seinem neuen Minister Differenzen. Während Falk das Rechtsverhältnis zwischen Staat und Kirche neu ordnen wollte, führte Bismarck einen politischen Machtkampf, der sich in erster Linie nicht gegen die katholische Kirche, sondern gegen die Zentrumspartei richtete. Und während sich Falk an die Maßgabe hielt, »möglichst wenig Geräusch« zu verursachen, machte Bismarck einen Höllenlärm. Mit den heftigsten Reden, die er je gehalten hat, griff er das Zentrum leidenschaftlich und rücksichtslos an.

Diese Partei fand Bismarck nicht deshalb bedrohlich, weil sie einem »Ultramontanismus« gehuldigt hätte, was sie nicht tat. Bismarck fürchtete das Zentrum vielmehr als ernstzunehmende parlamentarische Gefährdung seiner autoritären Herrschaft. Es war die erste Partei, die anders als die bestehenden Klassenparteien quer durch alle Bevölkerungsschichten »ein traditionelles und populistisches Protestpotential« gegen das adlige Establishment mobilisieren konnte.[524] Damit war es eine Gefahr für die hergebrachte gesellschaftliche Ordnung, für die Bismarck zeit seines Lebens stand.

Bismarcks bedeutendster parlamentarischer Gegenspieler war der Rechtsanwalt Ludwig Windthorst aus dem Emsland, der als erster Katholik im evangelischen Königreich Hannover Justizminister gewesen war. Er wurde der Wortführer der Zentrumsfraktion, ohne jemals Partei- oder Fraktionsvorsitzender zu sein. Nach dem Urteil Golo Manns war Windthorst »der genialste Parlamentarier, den Deutschland je besaß, ein geriebener Idealist, ein frommer Fuchs, ein Mann der Grundsätze und erzschlauer Politikus«.[525] Bismarck nannte Windthorst einen Welfen und Partikularisten und hasste ihn von ganzem Herzen. Die beiden Männer waren in ihrem Wesen vollkommen gegensätzlich. Wenn Bismarck sich leidenschaftlich in Rage redete, behielt Windthorst auch in hitzigen Debatten einen kühlen Kopf.

Am 30. Januar 1872 sagte Bismarck im preußischen Landtag, er habe »die Bildung dieser Fraktion nicht anders betrachten können als im Lichte einer Mobilmachung gegen den Staat«. Windthorst entgegnete trocken, der Kanzler verwechsle sich wohl mit dem Staat.[526]

Bei der parlamentarischen Beratung des von Falk vorgelegten Schulaufsichtsgesetzes, das die geistliche Aufsicht durch die staatliche ersetzte, bezichtigte Windthorst den Kanzler, die konservativen, auch von Wilhelm I. vertretenen Grundsätze über Bord zu werfen. Die Anschuldigung ging Bismarck, wie Sitzungsteilnehmer beobachteten, erkennbar nahe: Seine Hände zitterten, und er benötigte beide, um sein Wasserglas zu halten.[527] Bismarck steigerte sich in einen Furor, der in keinem Verhältnis zu der eingebildeten Bedrohung Preußens durch die katholische Kirche stand.

Am 13. Februar 1872 wurde das Schulaufsichtsgesetz mit 207 gegen 155 Stimmen vom preußischen Landtag gebilligt. Die Abstimmung fiel knapper aus, als die Mehrheitsverhältnisse erwarten ließen, denn das Zentrum verfügte nur über 63 Sitze. Aber die Konservativen spürten, dass Bismarck nicht nur den Einfluss der katholischen Kirche auf die Schulen eindämmen, sondern generell den Einfluss beider christlichen Konfessionen ausschalten wollte, und verweigerten ihm ihre Unterstützung.

Der kleinwüchsige Windthorst ging als moralischer Sieger über den Hünen Bismarck vom Platz. »Er ist aus einem Liliputaner zu einem Riesen geworden«, konstatierte ein Beobachter, »während Bismarck an Größe und Macht abgenommen hat.«[528]

Im Frühjahr 1872 provozierte Bismarck einen neuen Konflikt mit dem Papst. Er schlug den Kardinal Gustav Adolf Prinz zu Hohenlohe-Schillingsfürst als preußischen Gesandten beim Heiligen Stuhl vor und verkündete die Ernennung, ohne, wie es diplomatischer Brauch ist, vorher vertraulich anzufragen, ob die Berufung genehm sei. Bismarck wusste natürlich, dass die Personalie für den Vatikan nicht akzeptabel war: Hohenlohe war als Jesuitengegner bei der Kurie nicht gut gelitten und hatte das Vertrauen des Papstes verspielt, weil er Rom vor der Besetzung durch italienische Truppen als einziger Kurienkardinal verlassen hatte; zudem konnte der Kirchenfürst schwerlich zwei Herren dienen, dem römischen Papst einerseits und dem preußischen König und deutschen Kaiser andererseits.

Bismarck verfolgte mit dem diplomatischen Eklat einen innenpolitischen Zweck. Der Kanzler sorgte dafür, dass der nationalliberale Abgeordnete Rudolph von Bennigsen am 14. Mai 1872 im Reichstag den Vorschlag machte, den Posten des Gesandten beim Vatikan zu streichen, nachdem die Kurie mit der Ablehnung des Prinzen zu Hohenlohe die Würde der Reichsregierung und des Kaisers verletzt habe.[529]

So konnte Bismarck öffentlich gegen den Papst Stimmung machen. Auf die bestellte Anfrage Bennigsens antwortete Bismarck mit einer demagogisch ausgefeilten Rede, die in dem Satz gipfelte: »Nach Canossa gehen wir nicht, weder körperlich noch geistig.« Die Anspielung auf den Bußgang Heinrichs IV. zu Papst Gregor VII. im Jahr 1077, die tiefste Erniedrigung des Kaisertums, verstand jeder. Das Deutsche Reich brach die diplomatischen Beziehungen zum Vatikan ab.

Zugleich verschärfte Bismarck seinen Kampf gegen die katholische Kirche in Deutschland. Nachdem bereits im Dezember 1871 der »Kanzelparagraph« ins Strafgesetzbuch des Reiches aufgenommen worden war, der Priestern untersagte, sich in Predigten und öffentlichen Reden kritisch über staatliche Maßnahmen zu äußern, ließ Bismarck im Juli 1872 den Jesuitenorden in Deutschland verbieten. In dem straff organisierten, international verzweigten, durch ein Gehorsamsgelübde gegenüber dem Papst besonders verpflichteten Orden sah der Kanzler eine weitere Gefahr für den Bestand des Reiches.[530]

Mit den »Maigesetzen« leitete Bismarck 1873 eine neue Phase seines Feldzugs gegen die katholische Kirche ein. Den Begriff »Kulturkampf« hatte im Januar 1873 der Arzt Rudolf Virchow geprägt, der als Abgeordneter der linksliberalen Fortschrittspartei im preußischen Landtag saß.[531]

Die Gesetzgebung hatte ihren Sinn, wo sie die Kompetenzen zwischen Staat und Kirche regelte. Sie war töricht, wo sie die Kirche in ihren eigenen Angelegenheiten schikanöser Reglementierung unterwarf. Im Mai 1873 wurden alle kirchlichen Stellen, auch die der Protestanten, unter Staatsaufsicht gestellt, angehende Geistliche mussten ein staatliches Examen ablegen. Die Bischöfe wurden verpflichtet, Neubesetzungen geistlicher Ämter dem zuständigen Oberpräsidenten zu melden. Ein neugeschaffener königlicher Gerichtshof für kirchliche Angelegenheiten konnte unbeugsame Bischöfe absetzen.

Nachdem die katholischen Bischöfe erklärt hatten, sie würden diese Gesetze nicht anerkennen, erwiesen sich diese als praktisch undurchführbar. Theologiestudenten verzichteten lieber auf die Anerkennung ihres Universitätsstudiums, als sich der staatlichen Examenspflicht zu unterwerfen. Bischöfe meldeten die Berufung von Pfarrern nicht, nahmen dafür Geldbußen in Kauf oder gingen sogar ins Gefängnis. Wenn Geistliche von Polizisten abgeführt wurden, zeigten die Gläubigen demonstrativ ihre Solidarität. Die katholische Volksseele kochte, die Staatsmacht machte sich lächerlich.[532]

Der britische Botschafter Odo Russell meinte, dass der Kanzler einen großen Fehler begangen habe, als er den Kulturkampf vom Zaun brach. Dem Außenminister Lord Granville schrieb Russell: »Ich glaube, dass Bismarck die Macht der Kirche völlig missversteht und unterschätzt. Da er sich selbst für noch unfehlbarer hält als den Papst, kann er zwei Unfehlbarkeiten in Europa nicht dulden.«[533]

Bismarck war denn auch nicht zum Einlenken bereit. »Ich bin fest entschlossen, in meinem Kampf mit der katholischen

Kirche den Sieg zu erfechten«, erklärte er dem französischen Botschafter Élie de Gontaut-Biron: »Sie werden einsehen, dass wir nicht zurückweichen können und dass ich allem Gerede der Ultramontanen über angebliches Zögern und Widerstreben an höchster Stelle ein Dementi entgegensetzen muss.«[534]

Deshalb setzte er die Drangsalierungen unvermindert fort. Ein Reichsgesetz vom Mai 1874 ermöglichte es, renitente Geistliche aus bestimmten Regionen oder ganz des Landes zu verweisen. Im Mai 1875 wurden in Preußen sämtliche Orden verboten außer denen, die sich ausschließlich der Krankenpflege widmeten. Das »Brotkorbgesetz« entzog der Kirche alle staatlichen Zuwendungen.

Hunderte von Geistlichen, Kirchenzeitungsredakteuren und anderen Katholiken wurden aufgrund dieser Gesetze zu Geld- oder Haftstrafen verurteilt. Mehr als tausend preußische Pfarreien, fast ein Viertel der Gemeinden, waren im Jahr 1880 verwaist. 1876 befanden sich sämtliche preußischen Bischöfe im Gefängnis oder im Exil.[535]

Als 1880 der Kölner Dom nach jahrhundertelanger Bauzeit vollendet und in Anwesenheit des Kaisers eingeweiht wurde, fand in dem katholischen Kirchengebäude ein evangelischer Festgottesdienst ohne den katholischen Erzbischof statt: Paulus Melchers war 1874 aufgrund der Kulturkampfgesetze verhaftet und mehrere Monate im Gefängnis Klingelpütz inhaftiert worden, 1875 hatte er sich einer neuerlichen Verhaftung durch Flucht in die Niederlande entzogen.[536]

Je stärker der staatliche Druck wurde, desto dichter scharten sich die Gläubigen um ihre Hirten. Die Zentrumspartei, die Bismarck hatte vernichten wollen, erfuhr immer größeren Zulauf. Dass Bismarcks Politik gescheitert war, zeigte sich bereits bei der Reichstagswahl im Januar 1874, als das Zentrum fast 1,5 Millionen Stimmen erhielt, 50 Prozent mehr als 1871.

Im April 1874 begann Bismarck, Sündenböcke für seine verfehlte Politik zu suchen. Die Schuld am Misslingen seiner

Maßnahmen schob er seinen Ministerkollegen in die Schuhe. Er habe nie die Absicht gehabt, einen Feldzug gegen die katholische Kirche zu führen, behauptete er gegenüber einem sächsischen Minister. »Ich wollte die Zentrumsformation als politische Partei bekämpfen, weiter nichts! Wenn man sich darauf beschränkt hätte, so wäre es auch gewiss von Erfolg gewesen. Daran, dass man weitergegangen ist und die ganze katholische Bevölkerung aufgeregt hat, bin ich ganz unschuldig.« Er sei zu krank gewesen, um die dicken Gesetzesentwürfe zu lesen und das »dumme Zeug« herauszustreichen.[537]

Die Ausrede war nicht nur feige, sondern auch unwahr. Lediglich das Gesetz, mit dem 1874 die obligatorische Zivilehe eingeführt wurde, hatte er ursprünglich nicht gewollt, aber nur, weil er fürchtete, damit auch die evangelischen Wähler zu verprellen. Da Kultusminister Falk prinzipienfest auf dem Gesetz bestand und mit seinem Rücktritt drohte, gab Bismarck nach. Alle anderen Maßnahmen betrieb und verteidigte er im Parlament.[538]

Der Kulturkampf vergiftete auch das Verhältnis zwischen Bismarck und seinen alten konservativen Freunden. Viele ehemalige Weggenossen verweigerten ihm die Gefolgschaft. Sie warfen ihm Verrat an ethischen Grundsätzen vor.[539] Der Protestant Ludwig von Gerlach schloss sich als »Hospitant« der Zentrumsfraktion im preußischen Landtag an. Damit zog er sich die Feindschaft Bismarcks zu, mit dem er jahrzehntelang befreundet gewesen war und dessen politischen Aufstieg er und sein Bruder Leopold wesentlich gefördert hatten. Aufgrund seines Aufsatzes »Die Zivilehe und der Reichskanzler« wurde Gerlach 1874 auf Betreiben Bismarcks wegen Verächtlichmachung der Obrigkeit angeklagt und zu einer Geldstrafe verurteilt. Gerlach nahm daraufhin freiwillig seinen Abschied als Gerichtspräsident in Magdeburg.

Einen willkommenen Vorwand, dem Kulturkampf neuen Schub zu geben, lieferte Bismarck ein Attentat, das der

21-jährige katholische Böttchergeselle Eduard Kullmann am 13. Juli 1874 in Bad Kissingen auf ihn verübte. Dabei wurde der Kanzler durch einen Streifschuss an der rechten Hand verletzt, die taub blieb, so dass er auch private Briefe nicht mehr eigenhändig schreiben konnte, sondern diktieren musste. Seither lag stets eine geladene Pistole auf seinem Schreibtisch, die Bismarck auch bei sich trug, wenn er ausging.[540]

Der Zorn über die Maigesetze und die Behandlung der Zentrumspartei durch die Regierung hätte ihn zu dem Anschlag veranlasst, erklärte der Attentäter, der zu 14 Jahren Zuchthaus und wegen Unbotmäßigkeit zu weiteren sieben Jahren Gefängnis verurteilt wurde. Obwohl der junge Handwerker als Einzelgänger ohne Hintermänner gehandelt hatte, insinuierte die Regierungspresse eine klerikale Verschwörung. Bismarck nutzte die Gelegenheit, noch schärfere Maßnahmen gegen katholische Organisationen zu verlangen.

Das Attentat hatte im Dezember 1874 eine stürmische Auseinandersetzung im Reichstag zur Folge. Ein Zentrumsabgeordneter distanzierte sich von der »Freveltat eines halbverrückten Menschen«, derentwegen »ein guter Teil der deutschen Denkernation nahezu ins Delirium geraten« sei. Bismarck rief der Zentrumsfraktion zu: »Verstoßen Sie den Mann, wie Sie wollen. Er hängt sich doch an Ihre Rockschöße.« Als ein anderer Abgeordneter der Zentrumsfraktion in Pfui-Rufe ausbrach, holte Bismarck seine Pistole aus der Tasche und überlegte, ob er auf den Bauch oder die Stirn des Mannes zielen sollte; er begnügte sich dann aber mit einer verbalen Erwiderung: »Pfui« sei ein »Ausdruck des Ekels und der Verachtung«. Solche Gefühle, sagte er an die Adresse des Zentrums, lägen auch ihm nicht fern, er sei »nur zu höflich, um sie auszusprechen«.[541]

»Zorn und Hass« seien »schlechte Ratgeber in der Politik«, und er »bitte Gott um Demut und Versöhnlichkeit«, hatte Bismarck nach dem Kullmann-Attentat an den Kaiser geschrieben. Bald hatte der Kanzler den guten Vorsatz schon wieder vergessen. »Mein Leben erhalten und verschönern zwei Dinge«, erklärte Bismarck bei einem Diner im Januar 1875 seinen Gästen: »meine Frau und Windthorst. Die eine ist für die Liebe da, der andere für den Hass.«[542]

Für Bismarck gab es nur zwei Kategorien von Deutschen: »Patrioten« und »Reichsfeinde«. Wer sich nicht seinem Willen unterwarf, wurde als Gegner attackiert. »Für mich«, sagte er, »kommt es augenblicklich in erster Linie darauf an, den Ultramontanismus zu bekämpfen, alles andere ist Nebensache.«[543] Im März 1875 erklärte er seine Wunschvorstellung: Die Folge des Kulturkampfes werde sein, »dass wir mit der Zeit nur zwei große Parteien haben werden, eine, die den Staat negiert und bekämpft, und eine andere große Majorität der dem Staat anhänglichen, achtbaren, patriotisch gesinnten Leute.«[544]

Nicht nur wegen seiner Kirchenpolitik legte sich Bismarck mit seinen alten konservativen Freunden an. Die *Kreuzzeitung* beschrieb im Juni 1875 die Finanz- und Wirtschaftspolitik der Regierung in einer Reihe von Leitartikeln als Ergebnis eigennütziger Interessen von Männern in Bismarcks Umfeld; es werde eine »Politik von und für Bankiers« gemacht. Vor allem Gerson von Bleichröder, den 1872 geadelten, langjährigen Privatbankier und wirtschaftspolitischen Berater des Kanzlers, stellte der Verfasser als Personifizierung der bedenkenlosen Profitinteressen des Großkapitals dar. Gleichzeitig beschrieb er dessen enges Verhältnis zu Bismarck und suggerierte damit, der Kanzler selbst betreibe die neue Wirtschaftspolitik aus höchst egoistischen Motiven.

Der kaum verhüllte Korruptionsvorwurf empörte Bismarck, aber anders als sonst unterließ er es, deswegen nach dem Staatsanwalt zu rufen. Erst acht Monate später, im Februar 1876, machte er seinem Ärger Luft, weil es ihm nun ins politische Konzept passte: Er suchte einen Anlass, den hinter den Verdächtigungen stehenden Teil der konservativen Partei abzustrafen.

Der Kanzler rief zu einem Boykott der *Kreuzzeitung* auf, die er selbst mitgegründet hatte. Von einem Blatt, das »sich nicht entblödet, die schändlichsten und lügenhaftesten Verleumdungen über hochgestellte Männer in die Welt zu bringen«, müsse »man sich lossagen«; »jeder, der es hält und bezahlt, beteiligt sich indirekt an der Lüge und Verleumdung, die darin gemacht wird«.

Rund hundert Vertreter des ostelbischen Adels, allesamt Anhänger der konservativen Partei, unterschrieben eine Protestresolution gegen Bismarcks Boykottaufruf; als Letzter signierte, »mit tiefem Schmerz«, Adolf von Thadden-Trieglaff. Die Unterzeichner erklärten, sie brauchten keine »Belehrungen über Ehre und Anstand«. Zugleich distanzierten sie sich öffentlich von Bismarck und seiner Politik.[545] Der Bruch mit den ehemaligen Verbündeten war endgültig. Bismarck betrachtete die »Deklaranten« fortan als persönliche Feinde.

Noch im Herbst 1877 erklärte Bismarck, er wolle »den Kulturkampf bis zum äußersten Ende führen«, lieber wolle er »die Herrschaft der Sozialdemokratie dulden als die verdummende der Jesuiten«.[546] Tatsächlich hatte er inzwischen die Sozialdemokraten jedoch als die noch gefährlicheren »Reichsfeinde« ausgemacht, weshalb er sich entschloss, mit den Katholiken einen Burgfrieden zu schließen. Ein innenpolitischer Zweifrontenkrieg war auch für einen Bismarck zu viel. Der Kanzler musste zudem einsehen, dass er gegen das Zentrum, das auch bei der Reichstagswahl 1877 wieder zur zweitstärksten Fraktion geworden war, nicht mehr regieren konnte.

Bismarcks Umschwenken wurde auch dadurch erleichtert, dass im Februar 1878 dem engstirnigen Papst Pius IX. der verständigungsbereite Leo XIII. folgte. Es begannen Verhandlungen, die zwar zunächst ergebnislos blieben, aber dazu beitrugen, dass der Kulturkampf allmählich abflaute. Überraschend signalisierte der Papst im Februar 1880, dass er in der Frage der Anzeigepflicht für die Neubesetzung von Pfarrstellen zu einem Entgegenkommen bereit sei. Als Windthorst davon erfuhr, rief er aus: »Erschossen! Vor der Front erschossen. Vom Rücken her erschossen!«[547]

Im Mai 1880 kündigte Bismarck an, die antiklerikalen Maßnahmen abzuschwächen. In drei »Milderungsgesetzen« wurden einige der schikanösen Vorschriften zurückgenommen. Von Bismarcks einschlägigen Gesetzen blieben die Zivilehe, die staatliche Schulaufsicht, das Verbot politischer Predigten – der »Kanzelparagraph« galt in der Bundesrepublik bis 1953 – und das Jesuitenverbot, das bis 1917 bestand; alle anderen Bestimmungen wurden aufgehoben.

Bei den Reichstagswahlen 1881 erhielt die Zentrumspartei 23,8 Prozent der Stimmen. Auch wenn einige ihrer Wähler keine Katholiken waren, hatten deutlich mehr als vier Fünftel aller katholischen Wähler dem Zentrum ihre Stimme gegeben.

Wie unsinnig der Kulturkampf gewesen war, zeigte sich daran, dass Bismarck ihn ohne viel Federlesens abbrach, als er ihm nicht mehr in den Kram passte.[548] Am Ende war Bismarck doch nach Canossa gegangen. Im Volksmund hieß es, der Kanzler habe sich »am Weihwasser die Finger verbrannt«.

Sozialistengesetz und Sozialreformen

Bismarck wurde klar, dass er in Zukunft auf das Zentrum angewiesen sein würde. Die Konservativen hatten ihm die Gefolgschaft aufgekündigt, und der Bruch mit den Nationalliberalen, die dem Kanzler eben noch im »Kampf für Geistesfreiheit wider vatikanische Weltherrschaftsgelüste« beigestanden hatten, zeichnete sich ab.

Bis 1878 hatte Bismarck, der nie Repräsentant einer Partei sein wollte, mit Hilfe der Nationalliberalen regiert. Er suchte sich seine parlamentarischen Hilfstruppen, wie es ihm gerade passte, schloss mit ihnen Bündnisse wie mit ausländischen Staaten und kündigte sie wieder auf. Parteien waren für ihn ein notwendiges Übel, um Budget und Gesetze zu beschließen. Seine Regierung, glaubte er, stehe über den Parteien.

Nun zielte Bismarck darauf ab, die Nationalliberalen zu spalten. Deren linker Flügel war ihm schon lange ein Dorn im Auge. Die Männer um Eduard Lasker, den er einen »dummen Judenjungen« nannte, waren ihm zu eigensinnig. Lasker sei »doch die eigentliche Staatskrankheit« und »noch viel mehr Reblaus wie Windthorst«.[549] Bismarcks System war eine auf Militär, Adel und hohe Bürokratie gestützte Monarchie, da störte allzu viel liberales Gedankengut. Zudem plagte ihn immer mehr die Sorge, der Thronfolger des greisen Kaisers werde im Falle seiner Regierungsübernahme eine liberalere, systemverändernde Politik betreiben und ihn, Bismarck, entlassen. Dem wollte er vorbeugen, indem er den linken Flügel absprengte und so die Nationalliberalen insgesamt schwächte.[550]

Im April 1878 begann Bismarck, neue Gesetze vorzubereiten, die er ohne die Liberalen durchzubringen hoffte. Ganz oben auf der Agenda des Kanzlers, den Karl Marx gelegentlich »Pissmarck« nannte,[551] stand die Zerschlagung der aufstrebenden Sozialdemokratie. Deren Anhängerschaft war nicht zuletzt aufgrund der seit 1873 bestehenden Wirtschaftskrise stetig gewachsen.

Zwei zunächst miteinander konkurrierende Parteien, der 1863 von Lassalle gegründete reformorientierte Allgemeine Deutsche Arbeiterverein und die marxistisch-revolutionär ausgerichtete Sozialdemokratische Arbeiterpartei (SDAP), 1869 unter Führung von August Bebel und Wilhelm Liebknecht ins Leben gerufen, hatten sich 1875 in Gotha zur Sozialistischen Arbeiterpartei Deutschlands (SAPD) vereinigt.

So entstand in Deutschland – als erste Partei nicht als Fraktion im Parlament gegründet, sondern direkt aus der Gesellschaft heraus – frühzeitig eine kämpferische Arbeiterpartei. Darin unterschied sich Deutschland von anderen Staaten, wo Arbeiterparteien wie in Großbritannien erst später gegründet wurden, gemäßigtere Positionen vertraten, wie in der Schweiz, oder keine nennenswerte Rolle spielten, wie in den USA.[552]

Bismarck ließ hastig ein Gesetz entwerfen, wonach der Bundesrat, die Vertretung der Länderfürsten unter Vorsitz des Kanzlers, Publikationen und Organisationen verbieten können sollte, die sozialistische Ziele vertraten. Am 24. Mai 1878 lehnte der Reichstag das Ausnahmegesetz mit 251 zu 57 Stimmen ab. Es scheiterte vor allem an der Verweigerung der Liberalen, die sich gegen die geplanten Einschränkungen der Bürgerrechte zur Wehr setzten.[553]

Bismarck nahm die recht deutliche Niederlage scheinbar gelassen hin. Doch die Liberalen hatten ihm in die Hände gespielt, indem sie der Freiheit Vorrang vor der inneren Sicherheit gaben, wie Bismarck sie verstand. Diese Waffe gedachte er zu nutzen, und er bekam bald Gelegenheit dazu.

Am 11. Mai und am 2. Juni 1878 wurden zwei Attentate auf den Kaiser verübt. Beim ersten Mal gab der 20-jährige Klempnergeselle Max Hödel aus einem schadhaften Revolver drei Schüsse ab, die niemanden verletzten. Unklar blieb, ob es sich überhaupt um einen ernsthaften Anschlag handelte; der Täter war ein verwirrter junger Mann, der aus der Leipziger SAPD ausgeschlossen worden war. Hödel wurde verurteilt und hingerichtet. Beim zweiten Mal feuerte der beruflich erfolglose 30 Jahre alte Akademiker Karl Nobiling, der sozialistischen Ideen gehuldigt haben soll, aus einem Fenster am Boulevard Unter den Linden zwei Schrotschüsse auf Wilhelm I. ab, der, aus Wunden an Wange, Kehle, Schulter und einer Hand stark blutend, rasch ins Schloss gebracht wurde. Der Attentäter schoss sich bei seiner Verhaftung selbst in den Kopf und erlag gut drei Monate später seinen Verletzungen.[554]

Christoph Tiedemann, der Anfang des Jahres zum ersten Chef der Reichskanzlei berufen worden war und in Friedrichsruh die eingehenden Telegramme sichtete, überbrachte dem dort weilenden Kanzler die Nachricht von Nobilings Anschlag. Nach Tiedemanns Bericht plauderten die beiden Männer zunächst, spazieren gehend, über den guten Gesundheitszustand Bismarcks, ehe dessen Mitarbeiter auf das Attentat zu sprechen kam. Auf den Kaiser sei geschossen worden und diesmal hätten die Schüsse getroffen, berichtete Tiedemann, der Kaiser sei »schwer verwundet«. Ohne sich zunächst nach den Einzelheiten des Attentats oder nach dem Befinden des Monarchen zu erkundigen, stieß Bismarck hervor: »Dann lösen wir den Reichstag auf.«[555]

Wochenlang hatte Bismarck darüber nachgedacht, wie er das widerspenstige Parlament seinem Willen unterwerfen könne. Nun bescherte ihm diese Nachricht wie ein Blitz aus heiterem Himmel die Lösung. Sein Entschluss war binnen Sekunden gefasst, ohne dass er das Geringste über den Hergang des Attentats und über den Attentäter, sein Motiv und mögliche Verbindungen zur SAPD wusste. Der objektive Tatbestand interessierte ihn nicht. Für ihn war entscheidend, wie er aus dem Attentat politisches Kapital schlagen konnte. In einem Gespräch über den Primat des Willens sagte Bismarck einmal: »Ich habe häufig bei mir bemerkt, dass mein Wille entschieden hatte, bevor mein Denken beendet war.«[556]

Bismarck ergriff die günstige Gelegenheit, mit einer wüsten Kampagne eine ihm genehme Reichstagsmehrheit zustande zu bringen. Nach der Verfassung konnte der Reichstag nur durch einen Beschluss des Bundesrats mit Zustimmung des Kaisers aufgelöst werden. Sowohl im Bundesrat als auch im preußischen Staatsministerium gab es Widerspruch gegen einen solchen Schritt. Auch Kronprinz Friedrich Wilhelm, der seinen Vater während dessen verletzungsbedingter Abwesenheit zu vertreten hatte, war gegen die Auflösung. Aber Bismarck hatte dafür gesorgt, dass Wilhelm seinen Sohn nicht zum »Regenten«, sondern nur zu seinem »Stellvertreter« ernannt hatte. Daher musste der Kronprinz so handeln, wie der Bismarck hörige Kaiser wohl gehandelt hätte, nämlich den Reichstag auflösen.[557]

Im Wahlkampf zog Bismarck alle Register der Hetze und des moralischen Terrors gegen die Sozialdemokraten. Behörden verfolgten die »subversiven Subjekte«, die Justiz brüstete sich mit zahlreichen Verhaftungen wegen Majestätsbeleidigung, Unternehmer sperrten sozialdemokratische Arbeiter aus.[558]

Trotz aller Demagogie und trotz des Prestiges, das Bismarck durch den im Juni und Juli 1878 tagenden Berliner Kongress gewonnen hatte, gelang es ihm nicht, die sozialdemokratische Wählerschaft wesentlich zu dezimieren. Bei der Reichstagswahl am 30. Juli 1878 erhielt die Partei 7,6 Prozent der Stimmen, nur 1,5 Prozentpunkte weniger als 1877. Immerhin neun SAPD-Abgeordnete – wegen des ungleichen Zuschnitts städtischer und ländlicher Wahlkreise war die Partei unterrepräsentiert – zogen wieder ins Parlament ein und konnten im Herbst an den Beratungen über das Sozialistengesetz teilnehmen.

Die Nationalliberalen verloren 29 Mandate, während die beiden konservativen Parteien zusammen 38 Sitze hinzugewannen, das Zentrum bekam einen Sitz mehr als im Jahr zuvor. Konservative und Zentrum verfügten damit über 210 der 397 Sitze, also über die absolute Mehrheit. Andererseits hatten aber auch die vier liberalen Parteien (125 Sitze) zusammen mit dem Zentrum (94 Abgeordnete) eine Mehrheit. Bismarck konnte also beide Blöcke gegeneinander ausspielen;

er war allerdings, so oder so, auf das bisher bekämpfte Zentrum angewiesen.

Für das Vorhaben, das Bismarck am dringlichsten erschien, die Unterdrückung der Sozialdemokratie, war die neue Konstellation daher eher ungünstig. Auf Deutsch- und Freikonservative konnte er sich verlassen, aber das Zentrum war bei aller entschiedenen Gegnerschaft zum Sozialismus nicht für ein Antisozialistengesetz zu gewinnen. Daher umwarb Bismarck die eben noch erbittert bekämpften Nationalliberalen, die »Nationalservilen«, wie ein Parteigänger Bismarcks spottete,[559] und die ergriffen gern die Rolle der Mehrheitsbeschaffer.

Gegen »das Anwachsen der sozialdemokratischen Gefahr, die jährliche Vermehrung der bedrohlichen Räuberbande« forderte Bismarck von den deutschen Fürsten wie von »allen Anhängern der staatlichen Ordnung« eine »Solidarität der Notwehr«.[560]

Bismarck behauptete bei der ersten Lesung des »Gesetzes gegen die gemeingefährlichen Bestrebungen der Sozialdemokratie«, Bebels Erklärung zur Pariser Kommune im Mai 1871 habe ihm die Gefährlichkeit des Sozialismus vor Augen geführt. Der sozialdemokratische Abgeordnete hatte gesagt, der Machtkampf der französischen Kommunarden gegen die konservative Verwaltung der Hauptstadt während des Deutsch-Französischen Krieges sei »nur ein kleines Vorpostengefecht« gewesen, die »Hauptsache in Europa« stehe noch bevor.[561] Seit Bebels damaliger Reichstagsrede, so der Kanzler, habe er »in den sozialdemokratischen Elementen einen Feind erkannt, gegen den der Staat, die Gesellschaft sich im Stande der Notwehr befindet«.

Bismarck hatte Bebels Äußerung damals gar nicht ernst genommen, ihn nicht einmal einer Antwort gewürdigt.[562] Nun aber sah der Reichskanzler den richtigen Zeitpunkt gekommen, die bedrohlich werdende parlamentarische Konkurrenz auszulöschen. »Wenn ich keine Küken haben will, muss ich die Eier zerschlagen«, erklärte er dem liberalen Abgeordneten Ludwig Bamberger.

Am 19. Oktober 1878 nahm der Reichstag mit 221 gegen 149 Stimmen das Sozialistengesetz an. Dafür stimmten geschlossen die beiden konservativen Fraktionen und die Nationalliberalen sowie einige mit der Schwerindustrie verbandelte Abgeordnete der Fortschrittspartei; deren Mehrheit sowie das Zentrum und natürlich die Sozialdemokraten votierten dagegen. Vereine, Druckschriften und Versammlungen der SAPD wurden verboten. Zuständig für die Verbote waren nicht ordentliche Gerichte, sondern Polizeibehörden. Wer den Bestimmungen des Sozialistengesetzes zuwiderhandelte, konnte aus bestimmten Bezirken oder Ortschaften ausgewiesen werden.

Auf Antrag von Bismarcks Widersacher Lasker wurde die Gültigkeit des Gesetzes auf zweieinhalb Jahre begrenzt und musste auch danach vom Reichstag immer wieder erneuert werden. Viermal konnte Bismarck Mehrheiten für eine Verlängerung des Gesetzes organisieren. Als er 1889 den Versuch unternahm, das befristete Gesetz in ein dauerhaftes umzuwandeln, misslang ihm dies, nicht zuletzt wegen seiner eigenen taktischen Winkelzüge.

Das Sozialistengesetz trieb die Partei in den Untergrund und in die Illegalität. Sozialdemokraten durften als Einzelkandidaten für die Parlamente kandidieren, hatten jedoch keine Parteiorganisation hinter sich. Es mussten eigens Wahlvereine gebildet werden, und die Polizei behinderte, wo sie nur konnte, das Verbreiten von Flugblättern, das Abhalten von Versammlungen und das Verteilen der Stimmzettel. Schikanen, Ausweisungen und Verhaftungen machten es vielen sozialdemokratischen Kandidaten unmöglich, persönlich im Wahlkampf aufzutreten. Von den 47 bestehenden sozialistischen Blättern entgingen nur zwei dem sofortigen Verbot. Arbeitervereine, Gewerkschaften und freie Hilfskassen wurden aufgelöst, ebenso Genossenschaftsdruckereien, an denen 2500 Arbeiter mit ihren geringen Ersparnissen beteiligt waren.[563] Das neue Parteiorgan *Der Sozialdemokrat* erschien als Wochenblatt in Zürich und wurde heimlich über die Grenze geschmuggelt.[564]

Ebenso wie der Kulturkampf die Katholiken zusammenschweißte und das Zentrum stärkte, festigte das Sozialistengesetz die trotzige Solidarität der Genossen. Sie gründeten scheinbar unpolitische Gesangs-, Tabak- und Sportvereine, später Kultur-, Freizeit- und Bildungsorganisationen und freie Gewerkschaften. Im August 1879 musste der Berliner Polizeipräsident einräumen, dass die »Verbissenheit der Sozialdemokraten ... eher zu- als abgenommen« habe.[565]

August Bebel wurde nun Bismarcks gefährlichster innenpolitischer Gegenspieler. Der gelernte Drechsler, 1840 in Köln-Deutz geboren, hatte sich als Autodidakt weitergebildet und verfügte als selbständiger Handwerker auch über praktische Erfahrung. In der Bevölkerung war er anerkannt und beliebt. Wenn die Polizei sozialdemokratische Versammlungen auseinandertrieb, bei denen Bebel anwesend war, riefen die Leute den Polizisten zu: »Der da ist unser Kaiser.« Mit seiner Haltung und Intelligenz erwarb sich Bebel Anerkennung bis weit ins Bürgertum. Der große liberale Historiker Theodor Mommsen schrieb 1902: »Jedermann in Deutschland weiß, dass mit einem Kopf wie Bebel ein Dutzend ostelbischer Junker so ausgestattet werden könnten, dass sie unter ihresgleichen glänzen würden.«[566]

Mit dem Sozialistengesetz von 1878 war Bismarck unzufrieden. Er betrachtete es nur als ersten Schritt in dem von ihm ausgerufenen »Vernichtungskrieg« gegen die Sozialdemokratie. Erst wollte er mit Polizeimaßnahmen ihre Organisation zerschlagen, danach systemimmanente Reformen einleiten, um den Aufstieg einer neuen revolutionären Partei zu verhindern.[567]

Schon während der Reichstagsdebatte über das Sozialistengesetz deutete Bismarck die Absicht seiner Regierung an, die soziale Lage der Arbeiter verbessern zu wollen. Manche Beobachter fühlten sich daran erinnert, wie Bismarck die nationalstaatliche Einigung durch eine Revolution von oben erzielt hatte, indem er den Deutschen Bund beseitigte, Fürsten entthronte und Länder annektierte. Nun, so etwa die kühne Vision einiger russischer Journalisten, werde Bismarck »die Lösung der sozialen Frage der Revolution entreißen, wie er aus den revolutionären, republikanischen Händen die Frage der Einigung Deutschlands entrissen hat«.[568]

Doch die Zeit, in der sich Bismarck als »weißer Revolutionär« betätigt hatte, war vorbei. Systemsprengende Neuerungen hatte er nicht mehr im Sinn. Jetzt bezweckten seine Sozialreformen nichts anderes, als der Sozialdemokratie das Wasser abzugraben. Bismarck räumte im Nachhinein ein: »Mein Gedanke war, die arbeitenden Klassen dazu zu gewinnen, oder soll ich sagen zu bestechen, den Staat als soziale Einrichtung anzusehen, die ihretwegen besteht und für ihr Wohl sorgen möchte.«[569]

Die zwischen 1883 und 1889 beschlossenen Sozialgesetze, heute oft überschätzt, hatten damals Modellcharakter. Zum ersten Mal übernahm der Staat die Verantwortung für die Wohlfahrt der Arbeiter, wenn auch nicht aus humanitären Motiven. In seinen Erinnerungen erwähnte Bismarck die Versicherungsgesetze mit keinem einzigen Wort, wohl weil er sich von ihnen mehr versprochen hatte. Sie hatten sich nicht so instrumentalisieren lassen, wie er sich das vorgestellt hatte.

Bismarck verfolgte eine Doppelstrategie von Zuckerbrot und Peitsche. Die Peitsche des Sozialistengesetzes sollte die Arbeiterbewegung zerschlagen, das Zuckerbrot, die Sozialgesetze, die Arbeiterschaft für den monarchischen Staat gewinnen. »Die Heilung der sozialen Schäden«, erklärte Wilhelm I. im November 1881 in einer von Bismarck mitformulierten

»Kaiserlichen Botschaft«, sei »nicht ausschließlich im Wege der Repression sozialdemokratischer Ausschreitungen, sondern gleichmäßig auf dem der positiven Förderung des Wohles der Arbeiter zu suchen«. Doch auf Flugblättern höhnten die Sozialdemokraten über den Kanzler: »Sein Zuckerbrot verachten wir, seine Peitsche zerbrechen wir.«[570]

Die Arbeiter durchschauten den Sozialistenfresser. Bismarck dachte überhaupt nicht daran, die Arbeitsverhältnisse selbst zu verbessern. Arbeitsschutzmaßnahmen, eine Verkürzung der Arbeitszeit oder einen Mindestlohn lehnte er ab. Seinen Widerstand gegen ein Verbot der Sonntagsarbeit begründete Bismarck unter anderem damit, dass die Arbeiter, wenn sie sich sonntags vergnügt hätten, am Montag »blau« machten.[571] Die Arbeit schulentlassener Jugendlicher nannte er segensreich. Man dürfe dem hungernden Arbeiter und der notleidenden Arbeiterwitwe die Gelegenheit zum Geldverdienen nicht einschränken. Wer anderer Ansicht sei, mache in »Humanitätsduselei«.

Als erste von Bismarcks Vorlagen verabschiedete der Reichstag am 15. Juni 1883 ein Gesetz über die Krankenversicherung für Arbeiter. Die Beiträge waren zu zwei Dritteln von den Arbeitern, zu einem Drittel von den Arbeitgebern zu entrichten. Im Krankheitsfall trug die Kasse die Kosten der ärztlichen Behandlung. Bei Arbeitsunfähigkeit bezahlte sie längstens 13 Wochen ein Krankengeld in Höhe von 50 Prozent des durchschnittlichen Lohnes, maximal aber zwei Mark pro Arbeitstag. Da das Existenzminimum für eine vierköpfige Familie bei rund 25 Mark in der Woche lag, schützte das Krankengeld nicht vor materieller Not.

Nach drei erfolglosen Anläufen trat im Juli 1884 das Unfallversicherungsgesetz in Kraft, im Wesentlichen so, wie Bismarck es gewollt hatte. Witwen von Unfallopfern erhielten als Rente ein Fünftel des Arbeitseinkommens des tödlich verunglückten Ehegatten. Anschließend wandte sich Bismarck, der mühevollen Auseinandersetzungen um dieses Gesetz überdrüssig, von der Sozialpolitik ab. Nur widerstrebend konnte er noch dazu gebracht werden, für das Gesetz zur Alters- und Invalidenversicherung einzutreten. Dessen Verabschiedung wurde immer wieder verschoben. Erst im Juli 1889, unter dem Eindruck eines aufsehenerregenden Bergarbeiterstreiks im Ruhrgebiet, kam es zustande.

Entgegen Bismarcks ursprünglichen Vorstellungen, der ein rein steuerfinanziertes System gewollt hatte, wurden die Renten außer einem mageren staatlichen Zuschuss vor allem aus den je zur Hälfte von den Arbeitern und den Unternehmen aufgebrachten Beiträgen finanziert. Mit knapp zwei Prozent des beitragspflichtigen Bruttoentgelts waren die Beiträge gering, und entsprechend niedrig waren die Leistungen. Die Altersrente betrug nach 30 Jahren Beitragszahlung gerade mal ein Sechstel bis ein Fünftel des vormaligen Jahresverdiensts, der für Arbeiter ohnehin nicht üppig war. Die Rente reichte mithin nicht zur Existenzsicherung, sondern galt lediglich als Zulage.

Hinzu kam, dass die Altersrente erst vom 70. Lebensjahr an in Anspruch genommen werden konnte – ein Alter, das nur wenige Versicherte überhaupt erreichten. In den 1880er Jahren lag die durchschnittliche Lebenserwartung für Männer bei 37, für Frauen bei 40 Jahren, wobei freilich die hohe Säuglings- und Kindersterblichkeit auf die Statistik drückte. Aber die Werktätigen wurden durch die Maloche gesundheitlich so geschädigt, dass sie in der Regel vor dem 60. Lebensjahr aus dem Arbeitsleben ausschieden. Bedeutsamer als die Altersrente war deshalb die Invaliditätsrente, die bei einer Verminderung der Erwerbsfähigkeit um zwei Drittel in Anspruch genommen werden konnte. In diesem Fall zahlte die Versicherung nach mindestens fünf Jahren Beitragszahlung ein Drittel des Durchschnittslohns als Rente. Eine Witwenrente gab es noch nicht.[572]

Trotz Bismarcks Sozialpolitik schloss die Arbeiterschaft mit dem monarchischen Staat keinen Frieden, sondern neigte mehr denn je zur Sozialdemokratie, wie deren zunehmende Stimmenanteile und Reichstagsmandate sowie der Mitgliederzuwachs der Gewerkschaften zeigten.[573]

Innenpolitischer Stillstand

Zur selben Zeit, als Bismarck mit den Sozialistengesetzen den Kampf gegen die Arbeiterpartei aufnahm, zerbrach sein langjähriges Bündnis mit den Nationalliberalen an der veränderten Wirtschaftspolitik des Reichskanzlers. Jahrelang war er unschlüssig gewesen, welchen Kurs er einschlagen sollte. Adel und Besitzbürgertum waren bisher, wie die Liberalen, auf den Freihandel eingeschworen gewesen. Im Zuge der Wirtschaftskrise setzte bei den Großagrariern und den Stahlmagnaten ein Umdenken ein. Nun forderten sie Schutzzölle für ihre Produkte – und Bismarck, bisher ebenfalls ein Anhänger des Freihandels, war bereit, ihren Wünschen zu folgen.

Zur Durchsetzung der Schutzzollpolitik brauchte der Reichskanzler eine neue parlamentarische Mehrheit, die er nur mit Hilfe des Zentrums erreichen konnte. Am 17. Oktober 1878, zwei Tage vor der Verabschiedung des Sozialistengesetzes, gründeten 204 Reichstagsabgeordnete fraktionsübergreifend eine »Freie Wirtschaftliche Vereinigung«. Ihr gehörten unter anderem 87 Zentrumsmitglieder, 75 Deutsch- und Freikonservative sowie 27 Nationalliberale an. Damit verfügten die Befürworter der Schutzzölle über die absolute Mehrheit der insgesamt 397 Abgeordneten.

Plötzlich nannte Bismarck die Wirtschaftspolitik der letzten zwanzig Jahre eine »freihändlerische Störung«, die den »Wohlstand der Nation geschädigt« habe.[574] Das »Bündnis von Roggen und Eisen« bestimmte von 1878 an den wirtschaftspolitischen Kurs der Regierung. Nebenbei verfolgte Bismarck dabei ein zweites Ziel: Über die Einnahmen aus Zöllen und indirekten Steuern sollte der Staat möglichst ohne parlamentarische Kontrolle verfügen können.[575]

Ungeniert machte sich der Kanzler zum Sprecher der Grundbesitzer. Er war überzeugt, dass nur der wirtschaftspolitischen Sachverstand besitze, der als Unternehmer und Eigentümer unmittelbar betroffen sei. Ohne Kenntnisse ökonomischer Zusammenhänge, um die sich Bismarck nicht einmal bemühte, urteilte er »nach der Erfahrung, die wir erleben«.[576] Über die Zollvorlage der Regierung wurde im Reichstag mehr als zwei Monate lang vehement und ausdauernd gestritten. Es ist bezeichnend, dass Bismarck ausschließlich zu Fragen des Holz- und Getreidezolls sprach.[577]

Die Schutzzölle schadeten den Kleinindustriellen und Handwerkern, die billige Rohstoffe brauchten. Natürlich bekämpften die Sozialdemokraten dieses fiskalische Instrument. Friedrich Engels, der nicht nur ein sozialistischer Theoretiker, sondern auch ein erfahrener Geschäftsmann war, lehnte Schutzzölle ab, weil der Freihandel die Industrie in Deutschland groß und deren Güter exportfähig gemacht habe. Auch Bismarcks Rechnung, dem Reich durch die Schutzzölle größere Einnahmen zu verschaffen und es damit von den Ländern finanziell unabhängig zu machen, ging nicht auf.

Ende März 1879 zerfiel die nationalliberale Fraktion in drei Gruppen: 33 protektionistisch gesinnten Abgeordneten standen 42 überzeugte Freihändler gegenüber, und zwischen beiden Flügeln hofften etwa 28 Abgeordnete auf einen Kompromiss.[578] Damit hatte die in sich zerstrittene Partei ihre Bedeutung für die Regierung verloren. Bismarck wusste aber auch, dass das Zentrum, trotz der partiellen Zusammenarbeit, kaum jemals »zu einer sicheren und dauernden Stütze irgendeiner Regierung gewonnen werden könnte«; deshalb sollten die beiden konservativen Parteien »mit dem ehrlichen Teil der Nationalliberalen« Kompromisse eingehen.[579]

Die Liberalen verloren an Terrain, der Konservatismus setzte sich in Regierung und Verwaltung immer stärker durch.[580] Im Sommer 1880 zerbrach die Nationalliberale Partei vollends. Viele ihrer besten Köpfe, darunter Ludwig Bamberger und Eduard Lasker, bildeten eine neue parlamentarische Gruppe, die »Sezessionisten«. Bismarck hatte sein Ziel erreicht, den linken Flügel der Nationalliberalen abzuspalten. Doch die Reichstagswahl 1881 bescherte ihm eine herbe Enttäuschung: Die Sezessionisten eroberten 46 Sitze, nur einen weniger als die Nationalliberalen, während die Fortschrittspartei, die Bismarck stets als Wurzel allen Übels verdammt hatte, auf 60 Mandate kam. Die Nationalliberalen konnten mit den beiden konservativen Parteien keine parlamentarische Mehrheit mehr bilden.[581]

Ludwig Bamberger, ein glühender Patriot, der nach der 1848er-Revolution viele Jahre in London und Paris hatte leben müssen und seit Mitte der 1860er Jahre Bismarck treue Dienste geleistet hatte, fiel beim Kanzler in Ungnade. Als Bamberger im Juni 1882 die Wirtschaftspolitik der Regierung kritisierte, erwiderte der Kanzler indigniert, auf die Exilzeit des Parlamentariers und dessen jüdischen Glauben anspielend: »Was hat denn der Herr Abgeordnete Bamberger für ein Recht, im Namen der deutschen Nation zu sprechen?« Dabei sprach er Bambergers Namen mit französischer Betonung aus, um dessen Reichstreue in Frage zu stellen, und nannte ihn herablassend ein »sujet mixte« – einen »doppelten« und daher unzuverlässigen Staatsbürger.[582]

Die 1880er Jahre waren eine bleierne Zeit. Das bismarcksche System krankte spätestens seit 1878 an einem Grundfehler: dass sein Schöpfer auf ewig unentbehrlich war. Der Kanzler und preußische Ministerpräsident, in jenem Jahr seit 16 Jahren im politischen Spitzenamt, war nun 63 Jahre alt und hatte seine Kräfte aufgezehrt. Bismarck hatte den richtigen Moment für einen würdigen Abgang verpasst. Wäre er nach dem Berliner Kongress abgetreten oder wäre der liberal gesinnte Friedrich III. jetzt auf den Thron gekommen und hätte den Kanzler geschasst, so hätten sich für das Reich neue Chancen und Perspektiven eröffnet. Stattdessen folgten zwölf sterile Jahre.

Ein Göttinger Studienfreund stellte Bismarck 1885 die Frage, warum er nicht rechtzeitig für einen passenden Nachfolger gesorgt habe. »Die Antwort darauf«, erwiderte Bismarck, »ist sehr einfach: Ich brauchte ja dann nur schon bei Lebzeiten tot zu sein.«[583]

Die Widerstände, die Bismarck im Parlament hinnehmen musste, führten dazu, dass er sich zunehmend mit bloßen Handlangern und Marionetten umgab, die ihm nach dem Munde redeten. Politisch potente Männer mochten nicht in die Regierung eintreten. Der badische Großherzog kritisierte, die Regierung liefere den Nachweis, dass »niemand mehr zu finden ist, der sich mit ›einschiffen‹ will, wo der Steuermann die Richtung verloren hat«.[584]

Bismarck, der 1880 selbst das preußische Handelsministerium mit übernommen hatte, um den Wandel in der Wirtschaftspolitik zu steuern, scheiterte auch mit seinem Experiment eines Volkswirtschaftsrates, mit dem er die Rechte des Reichstags aushebeln wollte. Ein solches Gremium, das die preußische Regierung in Wirtschaftsfragen zu beraten hatte, bestand dort seit 1881. Seine Mitglieder wurden teils von Verbänden aus einer Auswahlliste der Regierung gewählt, teils von der Regierung selbst bestimmt. So glaubte sich Bismarck ein ihm ergebenes Nebenparlament schaffen zu können. Der Reichstag wehrte sich jedoch erfolgreich, als Bismarck diese Institution auch auf Reichsebene einführen wollte, und der preußische Volkswirtschaftsrat wurde 1887 aufgelöst, nachdem er nur viermal getagt hatte.[585]

Auch das Sozialistengesetz, 1881 erneuert, zeigte nicht die von Bismarck erhoffte Wirkung. In jenem Jahr gewannen die Sozialdemokraten wiederum zwölf Mandate, genauso viele wie 1877 vor der Einführung der Unterdrückungsparagraphen. Die Beratung der Sozialgesetze, mit denen Bismarck die Arbeiter ihrer Partei abspenstig machen wollte, stockte. Und trotz zweier »Milderungsgesetze« (1880 und 1882) ging die Verständigung mit der katholischen Kirche und der Zentrumspartei kaum voran.[586]

Die Reichstagswahl vom 27. Oktober 1881 fügte Bismarck eine schwere Niederlage zu. Das Zentrum wurde mit 23,3 Prozent der Stimmen und 100 Mandaten erstmals stärkste Partei. Es profitierte vor allem von den hohen Verlusten der Freikonservativen und von der Spaltung der Nationalliberalen. Diese verloren viele Wähler an die linksliberale Fortschrittspartei, die mit 60 Mandaten die zweitstärkste Fraktion bildete. Der Kanzler hatte kaum mehr als ein Drittel des Hauses hinter sich. Es hatte ihm auch nichts genutzt, dass er sich mit Rücksicht auf die Wahlen nicht gegen die Judenhetze aussprach, die vor allem der Historiker Heinrich von Treitschke mit einem im November 1879 veröffentlichten antisemitischen Hetzartikel angefacht hatte.

Das Ergebnis der Reichstagswahl versetzte Bismarck in rasende Wut. Es beweise, »dass der deutsche Philister noch lebt, der sich mit Phrasen und Lügen bange machen lässt und irreführen ... Überall Unverstand und Undank. Alle Parteien und Fraktionen schießen auf mich, betrachten mich als Kugelfang, spucken mir in die Suppe, wollen, dass ich Prügeljunge bin. Wenn ich aber verdufte, werden sie nicht wissen, was sie machen sollen; denn keine hat die Majorität, und keine hat positive Gedanken und Ziele. Sie verstehen bloß zu kritisieren, zu tadeln und nichts als Negation.«[587]

Da Bismarck sich im Besitz der Wahrheit wähnte, mussten alle anderen verblendet sein. Er wurde zu einem politischen

Geisterfahrer, der auf der falschen Spur unterwegs war. Trotz der politischen Enttäuschungen, die ihm körperliche und seelische Pein bescherten, dachte Bismarck nicht daran, Abstriche an seinen Zielen vorzunehmen; stattdessen fasste er sogar einen Staatsstreich ins Auge. Er machte die »Leichtgläubigkeit der Wähler« dafür verantwortlich, dass im Reichstag für ihn ungünstige Konstellationen herauskamen und drohte unverhohlen mit dessen Abschaffung: Es könne, sagte er zu einem Diplomaten, »einmal der Moment kommen, wo die deutschen Fürsten erwägen müssen, ob der jetzige Parlamentarismus mit dem Wohl des Reichs noch vereinbar sei«.[588]

Bald äußerte Bismarck solche Gedanken nicht nur in privaten Gesprächen, sondern ganz offen. Im Reichstag sprach er im Juni 1882 von der Vorstellung, den »mir wohlbekannten runden Tisch des Frankfurter Bundestags« wiederzubeleben. Er glaubte, dass die Fürsten, die den Norddeutschen Bund und das Deutsche Reich geschaffen hatten, die Einheit auch wieder aufheben oder mindestens modifizieren könnten. Nach seiner Auffassung war das Deutsche Reich kein souveräner Zusammenschluss des deutschen Volkes, sondern eine Union von Fürstenstaaten. Diese könnten, so Bismarcks Vorstellung, die Reichsverfassung aufkündigen, den Reichstag auflösen und durch eine Versammlung anderer Art ersetzen, die willfährig die Politik des Kanzlers unterstützen würde.[589]

Einen Tag vor der Reichstagswahl im Oktober 1884 spekulierte Bismarck gegenüber Robert Lucius von Ballhausen, »wenn sie über Gebühr oppositionell ausfiele, so würde das parlamentarische System umso schneller ruiniert und die Säbelherrschaft vorbereitet werden«.[590] Wiederholt wünschte er einen Aufstand der Sozialdemokraten herbei, um einen Anlass zum militärischen Eingreifen zu bekommen.

Auch später spielte Bismarck noch mit dem Gedanken, das von ihm geschaffene Reich zu zerstören, wenn ihm der Reichstag nicht zu Willen wäre. Am Ende scheute er zwar immer wieder davor zurück, aber er hielt die Androhung eines Staatsstreichs für geboten, um seine Widersacher in den Parteien zum Nachgeben zu bewegen.

Dem deutschen Botschafter in St. Petersburg, Hans Lothar von Schweinitz, schrieb Bismarck am 17. April 1886: »Es kann wohl dahin kommen, dass ich das, was ich gemacht habe, wieder zerschlagen muss; die Leute vergessen, dass dem jetzt bestehenden Bunde dasselbe passieren kann, was dem Frankfurter Bundestag 1866 geschehen ist; die Fürsten können von ihm zurücktreten und einen neuen bilden ohne den Reichstag. Den Prinzen Wilhelm kann man hierfür leicht haben, aber auch den Kronprinzen bringe ich dazu und den Kaiser auch.«[591]

Der Thronwechsel

Der Tag, an dem Friedrich III. den Thron besteigen würde, schien unaufhaltsam näher zu rücken. Wilhelm I. war nun fast 90 Jahre alt. Im Jahr zuvor war er erkrankt, das Ende schien sich anzukündigen. Der Gedanke an den drohenden Thronwechsel ließ den Kanzler nicht mehr los. Bismarck musste damit rechnen, dass der neue Kaiser ihn entlassen und ein Kabinett von Freisinnigen berufen würde, das zudem im Reichstag eine Mehrheit hinter sich hätte. Denn auch nach der Wahl vom 28. Oktober 1884 war Bismarcks Hausmacht schwach geblieben; die beiden konservativen Parteien und die Nationalliberalen verfügten zusammen nur über 157 der 397 Mandate.

Das politische System, das Bismarck geschaffen hatte, sicherte ihm die Macht, solange er sich entweder auf die Krone oder auf das Parlament stützen konnte. Den Thronwechsel konnte er nicht verhindern. Also musste er versuchen, die

Zusammensetzung des Reichstags zu seinen Gunsten zu verändern, damit der neue Kaiser mit ihm weiterregieren müsse. Um dieses Ziel zu erreichen, brauchte Bismarck vorzeitige Neuwahlen und eine zündende Wahlkampfparole, die ihm gute Siegesaussichten bot. Nichts schien sich dafür besser zu eignen, als mit einer militärischen Frage an die patriotischen Gefühle der Wähler zu appellieren.[592]

Nach dem Verfassungskonflikt der frühen 1860er Jahre wurde der Wehretat ab 1874 alle sieben Jahre beschlossen und hieß deshalb »Septennat«. Das war ein Kompromiss, um dem Parlament wenigstens ein kleines Mitspracherecht zu gewähren, obwohl der Militärhaushalt rund drei Viertel des gesamten Staatsbudgets ausmachte. Das letzte Septennat, 1881 in Kraft getreten, wäre demnach im März 1888 ausgelaufen. Aber Bismarck mochte mit seiner neuen Heeresvorlage nicht so lange warten, denn in der Zwischenzeit konnte der greise Kaiser sterben, und dann war es vielleicht zu spät.[593]

Deshalb brachte Bismarck das neue Septennatsgesetz bereits im November 1886 im Reichstag ein. Um die Dringlichkeit einer Verstärkung des Heeres um rund zehn Prozent auf 468 000 Mann zu begründen, malte er die Gefahr eines französischen Angriffskrieges an die Wand. Zwar rasselte der revanchelüsterne Pariser Kriegsminister Georges Boulanger gelegentlich mit dem Säbel, aber Frankreichs Präsident und sein Kabinett waren friedlich gesinnt. Mit einem französischen Angriff sei nicht zu rechnen, berichtete der deutsche Botschafter in Paris dem Kaiser. Bismarck zwang den Diplomaten, den Bericht zurückzuziehen.[594]

Vor dem Hintergrund dieser beängstigenden Gerüchte waren sogar die Freisinnigen und das Zentrum bereit, dem Wehretat zuzustimmen, allerdings nur für drei Jahre. Die Geltungsdauer war im Hinblick auf die angeblich akut drohende Kriegsgefahr belanglos. Doch Bismarck wollte ja nicht die Annahme des Gesetzes erreichen, sondern seine Ablehnung, um den Reichstag auflösen zu können. Er hielt eine furiose, zwei Stunden dauernde Rede, aber nicht, um die Abgeordneten vor der Notwendigkeit der Heeresaufstockung zu überzeugen, sondern um die Wähler auf den kommenden Wahlkampf einzustimmen. Als der Reichstag das Gesetz nur für drei Jahre bewilligte, verlas Bismarck eine vorbereitete kaiserliche Botschaft, die den Reichstag auflöste.[595]

Für die auf den 21. Februar 1887 angesetzte Neuwahl bildeten die Konservativen, die Freikonservativen und die Nationalliberalen ein »Wahlkartell«. Sie verpflichteten sich, nur erklärte Anhänger des Septennats aufzustellen und in den Wahlkreisen nicht gegeneinander anzutreten. Obwohl sich die Stimmenanteile der Konservativen gar nicht, die der beiden Kartellpartner nur mäßig erhöhten, so dass sie insgesamt auf 47,2 Prozent der Wählerstimmen kamen, eroberten sie aufgrund des Mehrheitswahlrechts 220 der 397 Sitze, 63 mehr als drei Jahre zuvor.[596]

Nebenbei wäre es Bismarck beinahe gelungen, die Zentrumspartei über die Septennatsfrage zu kompromittieren. Denn Bismarck hatte es, mit einer Bestechung des päpstlichen Nuntius aus dem Reptilienfonds, fertiggebracht, den Vatikan vor seinen Karren zu spannen. Sechs Wochen vor der Reichstagswahl erteilte Papst Leo XIII. dem Zentrum strikte Weisung, dem Militäretat für volle sieben Jahre zuzustimmen. Damit bewies er, was Bismarck immer unterstellt hatte: dass die katholischen Abgeordneten von Rom aus gesteuert würden. Der Papst mochte glauben, damit zur endgültigen Beilegung des Kulturkampfes beizutragen. Aber Windthorst war bloßgestellt. Dann aber gelang es ihm, in einer genialen Wahlrede im Kölner Gürzenich die Intentionen der päpstlichen Note in ihr schieres Gegenteil zu verkehren, indem er einen Nebensatz zum Kerngedanken erhob: »dass in Fragen weltlicher Natur die Zentrumsfraktion … völlig frei und nach ihrer Überzeugung urteilen und stimmen kann« und dass sich der Heilige Vater in diese weltlichen Dinge nicht einmische. So verlor das vor einer Zerreißprobe stehende Zentrum bei der Reichstagswahl lediglich ein Mandat, und die 98 wiedergewählten Abgeordneten stimmten geschlossen gegen die Erneuerung des Septennats.[597]

Durch das Ergebnis der Reichstagswahl hatte der Kanzler seine Position gegenüber dem Thronfolger gestärkt. Der über den Wahlausgang enttäuschte Liberale Ludwig Bamberger erkannte: »Der Kronprinz ist jetzt aller Verlegenheit enthoben. Er wird tun, was Bismarck will.«[598] Weder Bismarck noch Bamberger konnten ahnen, dass Friedrich III. nur 99 Tage regieren würde.

Als Wilhelm I. am 9. März 1888 starb und sein Sohn ihm auf dem Thron folgte, war der bereits todkranke, an unheilbarem Kehlkopfkrebs leidende Kaiser nicht mehr imstande, kraftvoll in die Führung der Staatsgeschäfte einzugreifen. Er musste Bismarck in seinen Ämtern bestätigen und mit ihm so gut wie möglich zusammenarbeiten. Erleichtert berichtete Bismarck dem preußischen Staatsministerium, dass er »von der großen Besorgnis, mit einem todwunden Mann gegen unzweckmäßige Absichten kämpfen zu müssen«, befreit sei. Alles gehe »leicht und angenehm mit dem hohen Herrn, wie ein jeu de roulette«.[599]

Doch innerhalb von neun Tagen verschlechterte sich das Verhältnis zwischen Kaiser und Kanzler. Friedrich weigerte sich, zwei vom Reichstag verabschiedete Gesetze zu unterschreiben. Das eine betraf die Verlängerung der Geltungsdauer des Sozialistengesetzes um zwei Jahre, das andere die Verlängerung der Reichstagswahlperiode von drei auf fünf Jahre. Friedrich verdächtigte die Regierung, unzulässigen Druck auf das Parlament ausgeübt zu haben, um es zur Annahme der Vorlagen zu veranlassen; Bismarck wiederum glaubte, der Kaiser sei von der linksliberalen Opposition aufgestachelt worden. Bismarck bestand darauf, dass der Kaiser kein Vetorecht habe; seine Weigerung, ein verabschiedetes Gesetz zu unterzeichnen, sei verfassungswidrig. Der Kaiser unterschrieb.[600]

Der Geheimrat Friedrich von Holstein missbilligte das Verhalten der beiden Bismarcks, Vater und Sohn, gegenüber dem todkranken Kaiser: »Die Leute, welche heute Kaiser und Kaiserin unnötig kränken, werden die Entschädigung von Wilhelm II. erhalten, welcher ihnen beibringen wird, was ein Monarch ist. Das ist die Nemesis der Weltgeschichte.«

Am 15. Juni 1888 starb Friedrich III. Wenige Tage zuvor hatte Bismarck, schon mit Blick auf den künftigen Kaiser, bekundet, dass er sein Amt nicht freiwillig hergeben wollte: Er würde sich, sagte er zu Lucius von Ballhausen, »fest an seinen Stuhl halten und nicht gehen, selbst wenn man ihn hinauswerfen wolle«.[601]

Doch der Zufall der raschen Erbfolge beraubte Bismarck seiner Macht. Sie war eben immer vom Wohlwollen des Monarchen abhängig gewesen. Bei Wilhelm II. schwand das Wohlwollen bald, obschon er Bismarck anfangs fast vergötterte. »Ich ließe mir stückweise ein Glied nach dem anderen für Sie abhauen, eher, als dass ich etwas unternähme, was Ihnen Schwierigkeiten machen oder Unannehmlichkeiten bereiten würde«, hatte der junge Prinz Wilhelm dem Kanzler noch am 21. Dezember 1887 versichert.

Durch den jähen Übergang der Regentschaft vom Großvater auf den Enkel wurde die Generationenlücke umso sichtbarer. Wilhelm I. war 18 Jahre älter gewesen als Bismarck; sie standen sich altersmäßig also eher nahe, zumal die rückwärtsgewandte Mentalität des Kanzlers den kleinen Altersunterschied aufwog. Wilhelm II. indes war 44 Jahre jünger als Bismarck.

Schon im Januar 1882 hatte Bismarck für möglich gehalten, dass »auf einen langlebigen Kaiser ... ein kurzlebiger folgen« könnte. Die Liberalen, wollte er damit sagen, sollten sich nur keine großen Hoffnungen machen, »dass der alte Kaiser bald gehen und der künftige sie gewähren lassen« würde. Denn der übernächste sei »ganz anders, der will selber regieren, ist energisch und entschieden, gar nicht für parlamentarische Mitregenten, der reine Gardeoffizier«.[602]

In der Tat: Wilhelm II. beabsichtigte von Anfang an, selbst zu regieren, und das durchaus nicht als bloßer Erfüllungsgehilfe Bismarcks. Schon im Oktober 1887 hatte der Kronprinz geäußert, niemand, nicht einmal der mächtige Kanzler, sei unentbehrlich; nach dessen Abgang müssten einige seiner Machtbefugnisse dem Monarchen zurückgegeben werden.[603] »Sechs Monate will ich den Alten verschnaufen lassen, dann regiere ich selbst«, soll Wilhelm II. kurz nach seinem Amtsantritt gesagt haben.[604] Der junge Herr und sein alter Diener tasteten sich eineinhalb Jahre lang ab, ehe es zum Eklat kam.

Einerseits verehrte Wilhelm II. den Staatsmann, der »mit Blut und Eisen« die Macht geschaffen hatte, die ihm als Kaiser nun gehörte. Andererseits ertrug er nur schlecht den schulmeisterlichen Ton, in dem ihn der Kanzler über deren rechten Gebrauch belehrte.[605] »Wenn ich jünger wäre und jeden Tag mit ihm zusammen, wie mit dem alten Herrscher, würde ich ihn um den Finger wickeln«, sinnierte Bismarck noch im Dezember 1889, »aber so lässt er sich von einzelnen Menschen, von Adjutanten, überhaupt von den Militärs beeinflussen.«[606]

Bismarck stürzte durch genau jene Art von Palastintrige, die ihn an die Macht gebracht hatte: durch die geheimen Manöver einer inoffiziellen Kamarilla, der neben dem jungen Prinzen Wilhelm dessen Freund Philipp zu Eulenburg sowie Friedrich von Holstein (die »graue Eminenz« des Auswärtigen Amtes, einst ein ergebener Bewunderer Bismarcks) und Alfred von Waldersee (Moltkes Nachfolger als Generalstabschef) angehörten.[607]

Während einer Italienreise Wilhelms II. im Herbst 1888 lobte Holstein die »Regsamkeit« des jungen Kaisers, die »für uns unbezahlbar ist als Korrektiv für die zunehmende Apathie des Reichskanzlers«. Er fuhr fort: »Wo wir hinkommen würden, wenn der jetzt noch ebenso wie unter den beiden vorigen Kaisern der allein maßgebende Faktor wäre, darüber mag ich gar nicht nachdenken ... Man fühlt, dass mal wieder ein Herrscher da ist, nicht bloß ein Kanzler.« Bismarck folge »dem Triumphzug des jungen Kaisers mit den Empfindungen einer versauerten alten Kokotte«.[608]

Alfred von Waldersee schrieb am 7. April 1889: »Der Kanzler, der den Kaiser nicht oft sieht, ist entschieden gealtert. Er ist ja noch sehr wertvoll dem Ausland gegenüber; dort ist sein Ansehen noch ungeschwächt. Im Innern verliert er langsam an Boden und hat ja auch in der Tat innerhalb der letzten drei Vierteljahr große Fehler gemacht. Er ist im 75. Jahre und daher ohne Tatendrang.«[609]

Ziel der von Eulenburg, Holstein und Waldersee angeführten Clique um Wilhelm II. war nicht die Entlassung Bismarcks; die Ratgeber waren sich durchaus bewusst, welche Konsequenzen ein spektakulärer Rücktritt des Reichsgründers haben würde. Vielmehr versuchten sie, hinter der Fassade der vorerst noch fortdauernden bismarckschen Kanzlerschaft die Macht des Kaisers zu festigen und auszubauen. Um Wilhelm II. mehr Entscheidungsfreiheit zu verschaffen, war zweierlei erforderlich: Zum einen mussten die Bismarckianer unter den Hofbeamten und Flügeladjutanten aus der Umgebung des Monarchen entfernt und zum andern das Informationsmonopol der Bismarcks durchbrochen werden.[610]

Wilhelm II. wollte auch ein »König der Armen« sein. Es müsse etwas für die ausgebeuteten Arbeiter getan werden, monierte er. Bei der Eröffnung des preußischen Landtags im Januar 1889 gab er bekannt, dass man einen Gesetzentwurf zur Reform der Einkommensteuer vorlegen werde mit dem Ziel, »die den minder Begüterten bereits gewährten Erleichterungen zu erweitern«.

Der auf mehr soziale Gerechtigkeit zielende Steuerplan, den sein seit sieben Jahren getreuer Finanzminister Adolf Scholz entsprechend der kaiserlichen Leitlinie präsentierte, versetzte Bismarck in Schrecken: »Den Gedanken einer progressiven Besteuerung vermag ich nicht zu akzeptieren«, rief er aus, »wir geraten damit auf die sozialistischen Wege. Wird in der Besteuerung überhaupt eine Progression zugelassen, so gibt es keinen rationellen Grund, an irgendeiner Stelle anzuhalten.«[611]

Diese Haltung zeigte sehr deutlich, dass Bismarcks Denken zunehmend erstarrte und er immer weniger zu einer realistischen Lagebeurteilung imstande war. Dies wurde besonders deutlich, als im Mai 1889, just als der Reichstag die Gesetze zur Alters- und Invalidenversicherung verabschiedete, ein großer Bergarbeiterstreik in Westfalen ausbrach, dem sich bald auch die Kumpel im Saarland, in Sachsen und in Schlesien anschlossen. Es waren die bis dahin größten Arbeitsniederlegungen in der Geschichte der deutschen Industrie. Auf dem Höhepunkt des Streiks befanden sich rund 150000 Kumpel im Ausstand, je nach Region zwischen 30 und fast 90 Prozent der Beschäftigten. Bei Zusammenstößen mit der Polizei kamen bis zum Ende des Arbeitskampfes Anfang Juni 45 Menschen ums Leben.[612]

Im Gegensatz zum Kaiser und den Ministern war Bismarck an einer raschen Beendigung des Streiks nicht gelegen. Es werde zur Nachahmung reizen, meinte er, wenn Lohnerhöhungen »auf dem Wege der Arbeitseinstellung rasch und leicht« durchgesetzt werden könnten.[613] Außerdem, erklärte er dem Kaiser, würde er es »als politisch nützlich ansehen, wenn die Beilegung dieses Streiks und seiner traurigen Folgen nicht zu glatt und rasch erfolgte, letztere sich vielmehr der liberalen Bourgeoisie fühlbar machten«. Bismarck wollte die Streiks nutzen, um den Liberalen zu zeigen, wie nützlich das Sozialistengesetz doch war.[614]

Obwohl Bismarck wusste, dass die Ratgeber des jungen Kaisers gegen ihn intrigierten, blieb er monatelang der Hauptstadt fern. Von Ende Mai 1889 bis Ende Januar 1890 hielt er sich in Friedrichsruh auf, nur von kurzen Abstechern nach Berlin unterbrochen. Wahrscheinlich glaubte er, dass er Streit mit dem Kaiser vermeiden könne, wenn er ihm aus dem Weg ginge. Im Übrigen sollte sein Sohn Herbert das politische Geschehen aus der Nähe verfolgen.[615]

Bismarck verlor den persönlichen Kontakt zum Kaiser und erlag einer Fehleinschätzung, was sein Verhältnis zu Wilhelm II. betraf. Noch am 9. Oktober 1889 sagte Bismarck zu Zar Alexander III., als dieser zu einem Staatsbesuch nach Deutschland kam und der Kanzler deshalb ein paar Tage in Berlin weilte: »Ich bin von dem Vertrauen Kaiser Wilhelms II. überzeugt, und ich glaube nicht, dass ich jemals werde gegen meinen Willen entlassen werden.« Der Zar erwiderte ahnungsvoll: »Es sollte mich freuen, wenn Ihre Zuversicht voll begründet ist.«[616]

Bismarck, sonst stets misstrauisch, täuschte sich in Wilhelm II. Er glaubte nicht, dass der junge Kaiser, der auch noch 1888 seine Anhänglichkeit und Verehrung für den Kanzler beteuerte, ihn aufs Altenteil verjagen könnte. Und er hielt es für möglich, dass Wilhelm II. mitziehen würde, die gefürchtete Sozialdemokratie militärisch niederzuschlagen. Die soziale Frage sei »nicht mit Rosenwasser« zu lösen, meinte Bismarck, sondern nur mit Blut und Eisen. Notfalls skrupellos vorzugehen, gerade das traute er dem neuen Kaiser zu.[617]

Im Reichstag hatten die Kartellparteien eine komfortable Mehrheit. Diese wollte Bismarck ausnutzen, um das Sozialistengesetz im Herbst 1889 mit verschärften Bestimmungen und ohne zeitliche Begrenzung verlängern zu lassen. Jetzt wollte er alles auf eine Karte setzen. Schon ein Jahr zuvor hatte er erklärt, es sei besser, den Wachhund sterben zu lassen, als ihm die Zähne zu ziehen. Wenn die Öffentlichkeit die

Exzesse des von Anarchisten und Revolutionären aufgehetzten Pöbels erst einmal erlebt hätte, würde sie gewiss noch viel drastischeren Maßregeln folgen.[618]

Die Nationalliberalen verlangten allerdings, dass die Polizeibefugnis, sozialdemokratische Agitatoren aus ihrem Wohnort vertreiben zu können, gestrichen werde. Diese Bestimmung war ihnen denn doch zu peinlich. Bismarck aber bestand darauf. Er wollte die Gangart verschärfen.

Für den 24. Januar 1890, einen Tag vor der Schlussabstimmung im Reichstag, hatte der Kaiser eine Kronratssitzung der preußischen Regierung einberufen. Drei Stunden vor Beginn ließ Bismarck seine Minister antreten und befahl ihnen, auf der Ausweisungsbefugnis zu bestehen. Wilhelm II. erschien und erklärte, die Ausweisungsbefugnis sei doch nicht so wichtig. Er fügte hinzu: »Es wäre jedoch beklagenswert, wenn ich den Anfang meiner Regierung mit dem Blut meiner Untertanen färben müsste.«[619]

Bismarck widersprach, Nachgiebigkeit hätte »verhängnisvolle Folgen«. Wenn der Kaiser »in einer so wichtigen Frage« anderer Meinung sei, dann wäre er als Kanzler »wohl nicht mehr recht an seinem Platz«. Sollte das Gesetz nicht in der von der Regierung vorgeschlagenen Form beschlossen werden, so müsse man sich »ohne dasselbe behelfen und die Wogen höher gehen lassen«. Ein »Zusammenstoß« sei dann allerdings nicht auszuschließen.[620]

Der Kaiser befragte dann jeden Minister einzeln um seine Ansicht, und alle, von Bismarck eingeschüchtert, erklärten, sie teilten den Standpunkt des Kanzlers. Wilhelm II. nahm es mit »großartiger Selbstbeherrschung« hin, wie Holstein berichtete, aber alle waren »in Hundelaune«.[621] Die Runde ging »mit ungelösten Differenzen, mit dem Gefühl auseinander, dass ein irreparabler Bruch zwischen Kanzler und Souverän erfolgt war«, wie ein anderer Teilnehmer, Lucius von Ballhausen, in seinem Tagebuch vermerkte.[622]

Bismarcks Sturz

Die Kronratssitzung läutete das unvermeidliche Ende ein. Indem Bismarck die Minister vorab verpflichtet hatte, sein unnachgiebiges Festhalten an dem verschärften Sozialistengesetz zu unterstützen, glaubte er seine Position zu festigen. Aber das Gegenteil war der Fall. Bismarck hatte dem jungen Kaiser eine Demütigung zugefügt, die dieser weder vergeben noch vergessen konnte. Wilhelm war zutiefst empört darüber, dass die Autorität des Kanzlers bei den Ministern offenbar mehr galt als die des Souveräns. »Es kochte in ihm«, vermerkte Lucius von Ballhausen in seinem Tagebuch, aber der Kaiser habe »große Selbstbeherrschung« gezeigt.[623]

Bismarck räumte zwei Tage später ein, dass er »neulich wohl etwas weiter gegangen sei« als nötig. Man müsse sich »mit dem Monarchen einrichten wie mit dem Wetter«, versuchte er zu scherzen, daran könne man ja auch nichts ändern. Feierlich setzte er hinzu: Er liebe Wilhelm »als Sohn seiner Vorfahren und als Souverän«.[624]

Die Macht drohte ihm jedoch bereits zu entgleiten. »Es muss an die Nachfolge Bismarcks gedacht werden«, schrieb am 30. Januar 1890 Albrecht von Stosch, der von 1872 bis zu seiner von Bismarck betriebenen Entlassung 1883 Chef der Admiralität gewesen war, an Waldersee. Der Kanzler habe »in den letzten Jahren trotz aller fortbestehenden Anerkennung seiner Verdienste um Vergangenheit und Zukunft in der öffentlichen Meinung sowohl als in der freiwilligen Unterordnung seiner Untergebenen verloren«, weil er »ein Hemmschuh in der inneren Entwicklung des Reiches und Preußens« geworden sei. »Das Alter hat ihn egoistisch und arbeitsscheu gemacht.«[625]

Das Gesetz wurde, wie zu erwarten war, im Reichstag von einer überwältigenden Mehrheit (169 gegen 98 Stimmen) abgelehnt, quer durch alle Farben des politischen Spektrums. Damit lief das Sozialistengesetz Ende September 1890 aus. Ein neues Gesetz konnte allenfalls der nächste Reichstag nach der Wahl am 20. Februar 1890 beschließen. Als der Kaiser am 4. Februar in zwei Erlassen eine umfangreiche Gesetzgebung zum Arbeiterschutz ankündigte und im *Reichsanzeiger* veröffentlichen ließ, war jedoch klar, dass der Kanzler sein verschärftes Sozialistengesetz nicht noch einmal vorlegen konnte. Erst recht konnte er keine Situation herbeiführen, in der er Militär gegen Arbeiter einsetzen wollte.[626]

Bismarck bekundete, dass er es »tief bedauere, seinen kaiserlichen Herrn diesen Weg wandeln zu sehen«. Die in den Erlassen vertretenen Ideen seien Utopien. Sie seien darauf gerichtet, die Popularität der niedersten Klassen zu gewinnen. Das werde der Kaiser noch zu bereuen haben, denn diesen Klassen würde damit eine Macht gegeben, die das Königtum verliert. Wenn Utopien verfolgt würden und vom Thron nach Popularität gehascht werde, so führe dies zum Parlamentarismus und zum Niedergang der monarchischen Gewalt.[627]

Bismarck versuchte, die Minister gegen den Kaiser zu mobilisieren, und berief sich dabei auf die königliche Kabinettsorder aus dem Jahr 1852, die dem Ministerpräsidenten das Recht gab, in alle Gespräche zwischen dem Monarchen und einzelnen Ministern eingeschaltet zu werden. Der Konflikt zwischen Kaiser und Kanzler um die Sozialpolitik eskalierte zur Machtfrage.[628]

Die Reichstagswahl brachte den Kartellparteien eine krachende Niederlage. Bismarcks Koalition verlor 85 ihrer bisher 220 Mandate. Das Zentrum, das seine 98 Mandate auf 106 ausbauen konnte, erreichte seinen Zenit im Kaiserreich. Doch die moralischen Sieger der Wahl waren die Sozialdemokraten. Obwohl sie aufgrund der ungerechten Wahlkreiseinteilung nur 35 Abgeordnete ins Parlament schicken konnten (zuvor elf), hatten sie doch die erstaunliche Zahl von

1 427 300 Stimmen auf sich vereinigen können – fast doppelt so viel wie 1887. Von allen deutschen Parteien hatten sie mit 19,7 Prozent der Stimmen die größte Wählerbasis.[629]

Nun wurde das Parlament von Bismarcks »Reichsfeinden« beherrscht: Zentrum (106), Sozialisten (35) und Fortschrittspartei (66) verfügten zusammen über 207 der 397 Sitze.[630] Bismarck hatte die Niederlage des Kartells herbeigeführt, indem er es starrsinnig abgelehnt hatte, den Nationalliberalen zuliebe beim Ausweisungsparagraphen nachzugeben. Sie bezahlten dafür mit einer gewaltigen Wahlschlappe. Die Partei Bebels und Liebknechts aber, die sich kurz darauf in Sozialdemokratische Partei Deutschlands (SPD) umbenannte, war nach der Stimmenzahl die stärkste im Land geworden.

Am 2. März überraschte Bismarck König und Kabinett mit einem neuen, tollkühnen Plan: Er beabsichtigte, ein Sozialistengesetz einzubringen, das noch strenger war als dasjenige, das der vom Kartell dominierte Reichstag fünf Wochen zuvor abgelehnt hatte. Das Gesetz sah vor, dass sozialdemokratische »Agitatoren« mit dem Entzug des aktiven und passiven Wahlrechts sowie mit der Ausweisung aus dem Land bestraft werden könnten. Sobald der Reichstag erwartungsgemäß das Gesetz abgelehnt hätte, wollte Bismarck das Parlament auflösen und Neuwahlen ansetzen. Wenn dann, wovon Bismarck ausging, Freisinnige und Sozialisten siegten, würde er ein neues Wahlgesetz verkünden, mit dem das allgemeine Wahlrecht aufgehoben würde.

Da das Deutsche Reich nicht auf einem Staaten-, sondern einem Fürstenbündnis gegründet sei, erklärte Bismarck laut Sitzungsprotokoll des preußischen Staatsministeriums, »könnten nötigenfalls die Fürsten ... den Beschluss fassen, von dem gemeinschaftlichen Vertrage allseitig zurückzutreten«. Er fügte hinzu: »Auf diese Art würde es möglich sein, sich von dem Reichstag loszumachen, wenn die Wahlen fortgesetzt schlecht ausfallen sollten.« Bismarck zeigte sein wahres Gesicht: Eher würde er die Verfassung brechen als die Macht abgeben.[631]

Dass er selbst einen Eid auf diese Verfassung abgelegt hatte, bekümmerte ihn nicht. Die Fürsten hatten ja nicht auf sie geschworen. Außerdem: »Ich habe zwar geschworen, die Reichsverfassung gewissenhaft zu beobachten, wie aber, wenn mein Gewissen mir gebietet, sie nicht zu beobachten?«[632]

Eine denkbare Alternative, ohne Verfassungsbruch an der Macht bleiben zu können, bestand für Bismarck darin, sich eine neue Mehrheit im Reichstag zu suchen. Rein rechnerisch kam auch eine Verbindung von Zentrum und Konservativen in Frage. Zusammen hätten diese Parteien mit 199 Mandaten gerade die absolute Mehrheit der 397 Sitze im Reichstag gehabt. Notfalls hätten vielleicht auch ein paar bislang verketzerte »Reichsfeinde« wie Polen und Elsässer aushelfen müssen.

Daher unternahm Bismarck einen verzweifelten Versuch, eine solche politische Kombination in die Wege zu leiten. Er wollte dem Zentrum anbieten, für die Zustimmung zum Sozialistengesetz und zu einem neuen Militär-Septennat die noch bestehenden Beschränkungen für die katholische Kirche aufzuheben. Durch Vermittlung seines Bankiers Bleichröder empfing der Kanzler am 12. März seinen bisherigen Erzfeind Windthorst, der nun die stärkste Reichstagsfraktion repräsentierte, zu einer fast zweistündigen Unterredung.

Bismarck hieß seinen alten Gegner herzlich willkommen, ließ ihn auf dem Sofa Platz nehmen und schüttelte ihm Kissen als Rückenstützen zurecht. Dann erklärte er seinem Besucher, er brauche seinen Beistand, und fragte Windthorst nach seinem Preis. Der nannte seine Bedingungen: Aufhebung des Expatriierungsgesetzes, Abschwächung der Anzeigepflicht, Wiederzulassung der Jesuiten und ganz allgemein die Wiederherstellung des Status quo ante in allen katholischen Angelegenheiten. Das sollte zu machen sein, soll Bismarck erklärt haben, nicht sofort natürlich, aber schrittweise. Windthorst spürte jedoch, dass die Tage des Kanzlers gezählt waren. Hinterher bekannte der Zentrumsmann: »Ich komme vom politischen Sterbebett eines großen Mannes.«[633]

Als das Gespräch bekannt wurde, opponierten Nationalliberale und Konservative. Wenn die Regierung Unterstützung beim Zentrum statt bei den rechten Liberalen suche, erklärte der freikonservative Abgeordnete Hans Delbrück, würde sie »die zuverlässigsten Elemente der nationalen Staatsbildung zerstören«.[634] Otto von Helldorff, der Fraktionsvorsitzende der Deutschkonservativen Partei, bezeichnete Bismarck gegenüber dem Kaiser sogar als »nationale Kalamität«.[635] Helldorff schwor seine Abgeordneten darauf ein, weder beim Septennat noch bei Religions- und Erziehungsfragen irgendwelche Zugeständnisse zu machen. Damit stand fest, dass ein Bündnis mit dem Zentrum ausgeschlossen und eine Mehrheit auf diesem Weg nicht zu erreichen war.[636]

Es war eine Ironie der Geschichte, dass der bloß taktisch gemeinte Versuch einer Aussöhnung zwischen Bismarck und Windthorst zur Entlassung des Kanzlers beitrug. Als der Kaiser am frühen Morgen des 15. März überfallartig im Auswärtigen Amt erschien und Bismarck von dem durch Bleichröder vermittelten Besuch des Zentrums-Führers berichtete, fiel ihm Wilhelm ins Wort: »Nun, Sie haben ihn doch natürlich zur Tür hinauswerfen lassen?« Auf Bismarcks Bemerkung, er empfange jeden Parlamentskollegen, dessen Manieren nicht unerträglich seien, warf ihm der Monarch vor: »Sie verhandeln mit Katholiken und Juden hinter meinem Rücken.«[637]

Bismarck wurde so wütend, dass der Kaiser fürchtete, »er würde mir das Tintenfass an den Kopf werfen«. Er habe, sagte Wilhelm, »nicht geglaubt, dass der Fürst imstande sei, so sehr jeden schuldigen Respekt vor seinem König zu vergessen«.[638] Aber Wilhelm reizte den Kanzler noch mehr. Als Nächstes verlangte er die Aufhebung der Kabinettsorder von

1852, damit er mit den Ministern direkt in Kontakt treten könne; der Kanzler, der nach dieser Vorschrift seine Zustimmung geben und anwesend sein musste, halte sich ja ständig außerhalb von Berlin auf.

Schließlich teilte der Kaiser auch noch mit, dass er die Militärvorlage abändern werde, damit ihre Annahme im Reichstag gewährleistet sei. Damit entfiel Bismarcks letzte Chance auf ein politisches Überleben: Bei einem Scheitern des Gesetzes hätte er nochmals eine Auflösung des Reichstags betreiben können. Diese Möglichkeit war ihm nun auch genommen. Der Countdown zu seiner Entlassung lief.

Am 18. März 1890 reichte Bismarck das von Wilhelm II. geforderte Entlassungsgesuch ein. »Nach gewissenhafter Erwägung der Allerhöchsten Intentionen, zu deren Ausführung ich bereit sein müsste, wenn ich im Dienst bliebe«, könne er »nicht anders als Eure Majestät alleruntertänigst zu bitten«, ihn aus seinen Ämtern als Reichskanzler, preußischer Ministerpräsident und Außenminister »in Gnaden und mit der gesetzlichen Pension entlassen zu wollen«.[639] Der Kaiser hatte den Machtkampf für sich entschieden.

Innerhalb kürzester Zeit musste Bismarck seine Wohnung und die Arbeitszimmer in der Wilhelmstraße räumen, in die sein Nachfolger Leo von Caprivi einzog. »Wir wurden wie Hausdiebe auf die Straße gesetzt und haben beim überhasteten Bergen unserer Sachen vielerlei Eigentum verloren«, klagte der Exkanzler.

Wilhelm II. rechtfertigte die Entlassung des Kanzlers am 3. April 1890 in einem 20-seitigen Brief an den österreichischen Kaiser Franz Joseph: »In tiefem Schmerz und wunden Herzens sah ich nun klar, dass der Dämon der Herrschsucht den hehren, großen Mann erfasst hatte und dass er jede Angelegenheit, welcher Natur sie war, benutzte zum Kampf gegen den Kaiser. Er wollte allein alles machen und herrschen und der Kaiser nicht einmal mitarbeiten dürfen. Mit dem

Augenblick war es mir klar, dass wir uns trennen mussten, sollte nicht alles moralisch ruiniert und zugrunde gerichtet werden ... Ich ließ ihn noch einmal bitten, die Aufhebung der Order einzusenden und sich meinen ihm früher ausgesprochenen Wünschen und Bitten zu akkommodieren, was er glatt verweigerte ... Da riss mir die Geduld ... Jetzt galt es, den alten Trotzkopf zum Gehorsam zu zwingen oder die Trennung herbeizuführen; denn jetzt hieß es, der Kaiser oder der Kanzler bleibt oben.«[640]

Bismarck war über ein anachronistisches System gestürzt, das er selbst am Leben erhalten hatte. Er hatte das absolute Recht des Monarchen verteidigt, weil er dadurch in der Lage gewesen war, seinen eigenen Willen brachial durchzusetzen. Doch nun zeigte sich, dass seine Allgewalt immer nur eine vom Königtum abgeleitete Macht war. Da er die parlamentarische Opposition kaltgestellt, seine Minister an der kurzen Leine geführt und sich nie zu irgendwelchen Loyalitäten verpflichtet gefühlt hatte, waren ihm nun, als er sie gebraucht hätte, keine Verbündeten mehr geblieben.[641]

Den Titel eines Herzogs von Lauenburg, den ihm Wilhelm II. zu seiner Entlassung verlieh, wies Bismarck brüsk zurück. Der Alte im Sachsenwald ließ auch ein Jahr danach kein gutes Haar an dem jungen Kaiser: »Er will der Große werden – möge ihm Gott die Gaben dazu verleihen! Ich bin der dicke Schatten, der zwischen ihm und der Ruhmessonne steht, er kann nicht wie sein Großvater zugeben, dass von dem Glanze der Regierung etwas auf seine Minister falle ... Es ist ganz undenkbar, dass er und ich je zusammengehen, sogar der gegenseitige Anblick würde uns peinlich sein.«[642]

Jahrelang gingen sie sich aus dem Weg. Aber der Kaiser wurde von seinen Beratern bedrängt, mit dem Altkanzler Frieden zu schließen. So ließ er Bismarck schließlich zu einer Aussprache nach Berlin bitten. Das Treffen am 26. Januar 1894 wurde als großes Versöhnungsfest inszeniert, die Öffentlichkeit war darüber begeistert. Am 19. Februar 1894 stattete Wilhelm II. Bismarck einen Gegenbesuch in Friedrichsruh ab. Dabei herrschte, wie ein Augenzeuge berichtete, eine unvermindert knisternde Spannung: »Mühsam bändigten sie ihren hitzigen Wunsch, einander die Wahrheit zu sagen. Noch eine Minute, und sie wären explodiert.«[643]

Wenige Tage vor Bismarcks 80. Geburtstag ließ der Kaiser am 26. März 1895 in Friedrichsruh eine Militärparade abhalten. Bismarck dankte reserviert: »Eure Majestät wollen gestatten, Ihnen meinen untertänigsten Dank zu Füßen zu legen. Meine militärische Stellung Eurer Majestät gegenüber gestattet mir nicht, Eurer Majestät meine Gefühle weiter auszusprechen.«[644]

An Bismarcks geringschätzigem Urteil über Wilhelm II. änderte sich nichts. Noch auf dem Sterbebett sagte er: »Der Kaiser wird immer ein dummer Junge bleiben.«[645] Den Groll nahm Bismarck mit ins Grab. Auf dem Sarkophag, der im Mausoleum im Friedrichsruh steht, ließ er als letzte Rache die Inschrift einmeißeln: »Ein treuer Diener Kaiser Wilhelms I.«

MYTHOS

Das Abschiedsgesuch

An dem Tag, als Bismarck die Hauptstadt in Richtung Friedrichsruh verließ, am 29. März 1890, waren die Straßen vom Reichskanzlerpalais bis zum Lehrter Bahnhof von einer riesigen Menschenmenge gesäumt. Zwar kam der Kaiser nicht, wie allgemein erwartet wurde, um sich von Bismarck persönlich zu verabschieden. Aber eine »Eskadron Gardekürassiere mit Regimentsmusik und Standarte« war »auf dem Perron aufmarschiert«, wie Bismarcks langjähriger Weggefährte Robert Lucius von Ballhausen emphatisch schilderte. »Während der Zug sich in Bewegung setzte, stimmte das Publikum die ›Wacht am Rhein‹ an. Damit ist also der Schlussakt beendet, und ein Ereignis von unberechenbarer Tragweite hat sich vollzogen.«[646]

Ludwig Bamberger, der zeitweilige Bismarck-Verehrer und spätere Bismarck-Gegner, notierte nüchtern in sein Tagebuch: »Heute Abreise. Beginnt die Bismarcklegende. Wären die Nationalliberalen nicht Knechte, sie könnten sich daran wieder großziehen. Er ist doch als Großer Teufel gegangen, der seine Nation überragt.«[647]

Auf ihre Weise sollten beide recht behalten. Es war eine epochale Zäsur, deren Folgen noch nicht absehbar waren.

Und es war die Geburtsstunde eines Bismarck-Mythos, mit dem sich das konservative und nationalliberale Bürgertum identifizierte, der aber auch nationalistischen Volksverführern in den folgenden Jahrzehnten verderblichen Auftrieb gab.

Genau genommen hatte die Legendenbildung bereits am 18. März begonnen, als Bismarck sein Abschiedsgesuch verfasste. Auf Geheiß des Kaisers musste der Kanzler ausdrücklich seine Demission erklären, obwohl Wilhelm II. ihn auch ohne viele Worte hätte entlassen können. Damit wäre der Monarch aber in der Öffentlichkeit als jemand erschienen, der einen langjährigen, treuen Diener nach getaner Arbeit in die Wüste schickt. Also nutzte Bismarck die Gelegenheit, die Fakten auf den Kopf zu stellen. Der vor der Entlassung stehende Kanzler, der noch in den vergangenen Wochen Pläne für einen Staatsstreich geschmiedet hatte, wollte sich nun als Verteidiger der Verfassung gegen eine absolutistische Restauration aufspielen.[648]

Während sein Nachfolger, der Infanteriegeneral Leo von Caprivi, in einem Nebenzimmer in der Wilhelmstraße bereits die Regierungsgeschäfte aufnahm, brütete Bismarck an seinem Schreibtisch noch über seinem Entlassungsgesuch, das, wie er stets betonte, im Grunde das Gegenteil war: eine Kampfschrift, mit der er die Richtigkeit seiner Politik beweisen wollte. Diesem Dokument sollte die Nachwelt entnehmen, wie er wegen seiner unnachgiebigen Verfassungstreue in Misskredit geraten sei.[649]

Vor allem pochte Bismarck auf die Kabinettsorder aus dem Jahr 1852, die bestimmte, dass preußische Minister jeden Vortrag beim Monarchen zuvor mit dem Ministerpräsidenten abzustimmen hätten. Nur der Ministerpräsident und der Kriegsminister hatten das Recht des unmittelbaren Zugangs zum Monarchen.[650] Jahrelang hatte sich niemand um diese Vorschrift gekümmert – wie hätte sie bei Bismarcks monatelangen Abwesenheiten auch praktiziert werden sollen? Jetzt aber gab Bismarck die Order als bedeutenden Reformschritt aus, hinter den er auch nicht auf Befehl des Kaisers zurückgehen mochte. »In der absoluten Monarchie«, argumentierte Bismarck, sei eine solche Bestimmung »entbehrlich und würde es auch heute sein, wenn wir zum Absolutismus, ohne ministerielle Verantwortlichkeit zurückkehrten«; doch nach den »zu Recht bestehenden verfassungsmäßigen Einrichtungen« sei »eine präsidiale Leitung des Ministerkollegiums« auf der Basis der Kabinettsorder »unentbehrlich«.[651]

Mit der feinsinnig formulierten Prosa suchte der Kanzler sein eigensüchtiges Interesse zu verschleiern: dass er in dem Intrigengespinst, das sich um ihn zusammenzog, direkte Kontakte zwischen seinen Ministern und dem Kaiser unterbinden wollte. Denn um seine Staatsstreichpläne – von der Abschaffung des allgemeinen Wahlrechts bis zur möglichen Auflösung des Reiches – umsetzen zu können, musste er seine Minister auf Linie bringen und unter Kontrolle halten.

Der zweite Aspekt, den Bismarck geltend machte, betraf Berichte des deutschen Konsuls in Kiew, die den Anschein erweckten, Russland rüste zum Krieg und werde demnächst Österreich überfallen. In einem offenen Handschreiben hatte der Kaiser seinen Kanzler gerüffelt: »Sie hätten mich schon längst auf die furchtbare, drohende Gefahr aufmerksam machen können. Es ist die höchste Zeit, die Österreicher zu warnen und Gegenmaßregeln zu treffen.« Nun erklärte Bismarck, er sehe sich außerstande, die vom Kaiser getroffenen Anordnungen auszuführen, wenn er nicht die Beziehungen zu Russland, »unter ungünstigen Verhältnissen erlangt« und von »großer Bedeutung für die Gegenwart«, aufs Spiel setzen wolle.[652]

Aus alledem schließe er, dass Seine Majestät »der Erfahrungen und Fähigkeiten eines treuen Dieners Ihrer Vorfahren« nicht mehr bedürfe. Dies gestatte ihm, »aus dem öffentlichen Leben zurückzutreten, ohne zu befürchten, dass mein Entschluss als unzeitig verurteilt werde«. Damit hatte Bismarck dem Kaiser den Schwarzen Peter für seine Abberufung zugeschoben. Mit keinem Wort erwähnte Bismarck seine angegriffene Gesundheit und seine schwächer werdenden Kräfte, mit denen er seine früheren, nicht ernst gemeinten Entlassungsgesuche an Wilhelm I. stets begründet hatte. Ebenso wenig erwähnte er die Meinungsverschiedenheiten über den Umgang mit der Sozialdemokratie, die doch der wichtigste Grund ihres Zerwürfnisses waren.

Natürlich war die Abrechnung mit dem Kaiser für die Öffentlichkeit bestimmt. Aber als Hermann von Lucanus, der Chef des Zivilkabinetts Wilhelms II., von Bismarcks Absicht hörte, das Rücktrittsschreiben publik zu machen, erinnerte er den scheidenden Kanzler daran, dass der »Arnim-Paragraph« ein solches Vorgehen verbiete. Bismarck selbst hatte einst diesen Zusatz zum Strafgesetz veranlasst, um Beamte strafrechtlich verfolgen zu können, die vertrauliche Regierungsdokumente offenbarten. Ungewiss ist, ob sich Bismarck tatsächlich aufgrund der Warnung von Lucanus gegen eine Veröffentlichung entschied.[653] Erst nach Bismarcks Tod 1898, dann allerdings gleich am folgenden Tag, ließ sein langjähriger Presseagent Moritz Busch das Entlassungsgesuch im *Berliner Tagesanzeiger* publizieren.[654]

Zwar hatten Bismarck nahestehende Zeitungen sogleich dessen Version des Rücktritts verbreitet, aber anonym, ohne aus dem Schreiben zu zitieren. Deshalb fand in der Bevölkerung die kaiserliche Heuchelei mehr Aufmerksamkeit. In seiner Antwort auf das Abschiedsgesuch schrieb Wilhelm II., er habe gehofft, »dem Gedanken, mich von Ihnen zu trennen, bei unseren Lebzeiten nicht näher treten zu müssen«. Überschwänglich rühmte der Kaiser die Leistungen des Fürsten für Preußen, Deutschland und das Haus Hohenzollern. Er sei entschlossen, Bismarcks »weise und tatkräftige Friedenspolitik« zur Richtschnur seines eigenen Handelns zu machen.[655]

Die letzten Jahre

Die deutsche Öffentlichkeit reagierte zunächst gelassen auf Bismarcks Sturz, sogar Freude und Erleichterung waren zu spüren. Der Reichstagspräsident widmete dem Rücktritt nur wenige Worte, im preußischen Abgeordnetenhaus wurde das Ereignis überhaupt nicht erwähnt. »Es ist ein Glück, dass wir ihn los sind«, gab Theodor Fontane die weitverbreitete Stimmung über Bismarck wieder. »Er war eigentlich nur noch Gewohnheitsregent, tat, was er wollte, und forderte immer mehr Devotion. Seine Größe lag hinter ihm.«[656]

Im Ausland wurde der Machtwechsel eher mit gemischten Gefühlen aufgenommen. Bismarck galt stets als verlässlicher Garant einer friedlichen Außenpolitik. Die Sorge um deren Fortgang brachte die berühmte Karikatur »Der Lotse geht von Bord« zum Ausdruck, die am Tag der Abreise Bismarcks aus Berlin in dem britischen Magazin *Punch* erschien.

Die Ovationen, die ihm bei seinem Abschied aus der Reichshauptstadt zuteilwurden, bestärkten Bismarck darin, den Kampf gegen alle vermeintlichen Bösewichter noch einmal aufzunehmen. Von Friedrichsruh aus führte der Exkanzler bald seinen privaten Bürgerkrieg gegen das von ihm installierte Reich und gegen die verhasste Regierung in Berlin. Hass und Rachsucht waren stets starke Antriebskräfte für ihn gewesen. Jetzt hatte er noch mehr Zeit zu hassen.

Die Presse hatte Bismarck schon immer für sich zu instrumentalisieren gewusst. Nachdem ihm seit seiner Entlassung die alten Propagandakanäle verschlossen waren, baute er ein neues Netzwerk zur Selbstvermarktung und Mythenbildung auf. Über ihm ergebene Schreiberlinge fütterte er die Öffentlichkeit ununterbrochen mit politischen Stellungnahmen und historischen Rückblicken. Im Mittelpunkt stand der hanseatische Verleger Emil Hartmeyer, der stolz darauf war, Bismarck

»das gesamte weiße Papier der *Hamburger Nachrichten* zur Verfügung zu stellen«. Seine eigenen Texte ließ Bismarck als redaktionelle Kommentare tarnen, damit nicht auf den tatsächlichen Verfasser geschlossen werden konnte. Schon von Ende April an empfing er in rascher Folge auch ausländische Journalisten, um seine Sicht der Dinge zu verbreiten. Vom Fürstenschloss Friedrichsruh, einem umgebauten ehemaligen Hotel, ließ Bismarck Hofberichterstattung betreiben.[657]

Der Kaiser und die Regierung fürchteten, Bismarck könnte versuchen, als eine Art Oppositionsführer in die aktive Politik zurückzukehren. Tatsächlich kandidierte er im April 1891 in einem hannoverschen Wahlkreis für einen Sitz im Reichstag, gewann ihn aber erst in der Stichwahl. Sein Mandat hat er nie wahrgenommen.[658] Um die Jahreswende 1892/93 liebäugelte er vorübergehend sogar mit der Gründung einer »Nationalpartei«.[659]

Auftrieb, ein politisches Comeback zu versuchen, hatte ihm eine triumphale Deutschlandrundreise im Sommer 1892 gegeben, als Bismarck zur Hochzeit seines Sohnes Herbert nach Wien fuhr. Wilhelm II. trug ungewollt zu dem Rummel um Bismarck bei, indem er den österreichischen Kaiser Franz Joseph schriftlich ersuchte, dem »ungehorsamen Subjekt« keine Audienz zu gewähren, »bis er zu mir kommt und peccavi sagt« – also Abbitte leistet. Als im *Reichsanzeiger* obendrein ein Erlass Caprivis veröffentlicht wurde, der Staatsbediensteten jeden Kontakt mit Bismarck auf dessen Wienreise untersagte, lösten diese Boykottversuche einen Sturm der Entrüstung und eine Welle der Sympathiebekundungen für den Exkanzler aus.[660] Die Monarchen, deren Länder Bismarck auf seiner Reise durchquerte, flohen auf ihre Landschlösser, um ihn nicht empfangen zu müssen; aber die Bürger und Stadtoberhäupter begrüßten ihn wie einen Messias.[661]

Zunehmend verbittert über das »persönliche Regiment« Wilhelms II. und den »neuen Kurs« der Regierung Caprivi, gingen die konservativen und nationalliberalen Eliten des Kaiserreichs dazu über, den »Eisernen Kanzler«, wie er sich auch selbst nannte, im Rückblick zu verklären. Je heftiger die Kritik an der Tagespolitik nach Bismarcks Abgang wurde und je weiter sein Abschied aus dem Amt zurücklag, »desto offenbarer schien sein Genie, desto tragischer seine Entlassung, desto gähnender die Leere, die er hinterlassen hatte«.[662]

Schon die konziliante Haltung des neuen Reichskanzlers gegenüber Zentrum und Freisinnigen rief bei Konservativen und Nationalliberalen Unwillen hervor. Als Caprivi 1893 auch noch Zollschranken abbaute, um den Export von Industrieprodukten zu fördern, führte dies zu heftigen Protesten der konservativen Großgrundbesitzer, die an der protektionistischen Politik Bismarcks festhalten wollten.[663]

Aus Boshaftigkeit gegenüber seinen vermeintlich unfähigen Nachfolgern setzte sich Bismarck, der ewige Parlamentsverächter, 1892 sogar für eine Stärkung der Volksvertretung ein. Ohne einen Reichstag, der »die Regierung kritisiert, kontrolliert, warnt« und »imstande ist, dasjenige Gleichgewicht zu verwirklichen, das unsere Verfassung zwischen Regierung und Volksvertretung hat schaffen wollen« – ohne einen solchen Reichstag sei er »in Sorge für die Dauer und Solidität unserer nationalen Institutionen«.[664] Dass er zu seinen aktiven Zeiten alles getan hatte, den Parlamentarismus und die Parteiendemokratie zu schwächen, unterschlug er.

Die Jahre der Ära Caprivi, schrieb der Bismarck-Enthusiast Paul Liman, seien »der Nährboden eines immer tiefer dringenden Pessimismus geworden«; sie hätten »den nationalen Gedanken verdunkelt und die Fortentwicklung gelähmt«. Also zogen die Enttäuschten »in hellen Scharen um Trost zum Sachsenwalde«.[665]

Bismarck wurde zum Erlöser und Friedrichsruh zum Wallfahrtsort seiner Gläubigen. Der Kult um den Exkanzler nahm geradezu religiöse Züge an. Die Bismarck-Verehrung wurde zur patriotischen Pflicht aller Vaterlandsliebenden. Aus allen Gegenden des Reiches fuhren Sonderzüge in den Sachsenwald; Korpsstudenten in vollem Wichs und Hochschulrektoren in ihren Talaren, Schützenvereine und Bürgerabordnungen pilgerten zu Zehntausenden in Bismarcks Einsiedelei, wo der Fürst von einem niedrigen Balkon aus improvisierte Ansprachen an seine Jünger hielt. Zu Bismarck kamen alle, die mit Hof und Regierung in Berlin unzufrieden waren – ausgenommen natürlich die Sozialdemokraten und Katholiken, die aber allmählich ihren Frieden mit ihm machten. Der »Eiserne Kanzler«, waren die Bismarck-Pilger überzeugt, würde alles anders und natürlich alles besser gelöst haben.

Es gibt keinen deutschen Politiker, um den schon zu Lebzeiten ein ähnliches Spektakel betrieben worden ist wie um Bismarck. Offenbar hatte er auch »Spaß an dem Kultus, der mit ihm getrieben« wurde, wie sein Hausmaler Franz von Lenbach beobachtete. Erst recht florierte der Kult nach Bismarcks Tod. Keinem Kaiser oder König, keinem Dichter oder Denker wurden mehr Denkmäler errichtet. Etwa 240 Bismarcktürme und rund 100 teils monumentale Standbilder, zudem Büsten, Gedenksteine und Wandtafeln wurden ihm zu Ehren geschaffen.[666]

Die plötzliche Verehrung ist erstaunlich, denn charismatisch war Bismarck nicht.[667] Charisma wurde ihm erst nach seinem Rücktritt oder gar erst nach seinem Tod zugeschrieben. Die klassische Charisma-Definition stammt von dem Soziologen Max Weber; danach ist Charisma »die Autorität der außeralltäglichen persönlichen *Gnadengabe*, die ganz persönliche Hingabe und das persönliche Vertrauen zu Offenbarungen, Heldentum und anderer Führereigenschaften eines Einzelnen«.[668] Weber hat es vermieden, Bismarck als charismatisch zu bezeichnen, er nannte sein Regime »cäsaristisch«.[669]

Bismarck hatte als Regierungschef keine öffentlichen Versammlungen durch seine Reden mitreißen können. Seine

Selbstinszenierung im Parlament war nüchtern und bürokratisch. Nicht einmal seine eigenen Anhänger beschrieben ihn mit Begriffen aus der religiösen oder übernatürlichen Sphäre. Der Bismarck-Mythos darf daher nicht mit charismatischer Herrschaft verwechselt werden.[670]

Bismarcks Beitrag zur Reichsgründung nahm indes beinahe sakrosankten Charakter an. Der Basler Historiker Jacob Burckhardt bekam im Nachhinein recht: Bereits zur Jahreswende 1872/73 hatte er über die unkritische Mythologisierung der nationalen Vereinigung durch die Mehrheit der deutschen Öffentlichkeit bissig angemerkt, bald werde »die ganze Weltgeschichte von Adam an siegesdeutsch angestrichen und auf 1870/71 orientiert sein«.[671]

Bismarck wurde zur Leitfigur eines brachialen Nationalismus und eines Weltmachtstrebens, das gar nicht im Sinne des Reichsgründers war. »Wir wollen niemand in den Schatten stellen, aber wir wollen auch unseren Platz an der Sonne«, postulierte 1897 Bernhard von Bülow, damals Staatssekretär im Auswärtigen Amt, später Reichskanzler.[672]

Speerspitze der imperialistischen Bewegung war der kleine, aber rührige und einflussreiche Alldeutsche Verband, dessen Ehrenmitglied Bismarck 1895 wurde. Der pangermanisch-militaristische Verband suchte »den Zeitpunkt des nationalen Wiedererwachens zu beschleunigen« und »dem deutschnationalsten Manne unseres Vaterlandes ..., unserem Nationalheros, unserem Bismarck« nachzueifern.[673] Unzählige Wehr-, Flotten- und Kriegervereine bemächtigten sich seines Namens.

Bismarck bastelte am eigenen Mythos in den acht Jahren nach seinem erzwungenen Abschied von der Macht kräftig mit. Dies geschah, neben den aktuellen Verlautbarungen, vor allem in seinen Memoiren, die Bismarck zwischen Oktober 1890 und Dezember 1891 seinem langjährigen Mitarbeiter Lothar Bucher in die Feder diktierte. Beim Auszug aus der

Reichskanzlei hatte er nur wenige Akten mitnehmen können, und ein Tagebuch hatte er nie geführt. So erzählte er, nur teilweise auf private Papiere gestützt, frei aus dem Gedächtnis, das allerdings sehr selektiv war.[674]

Bucher hatte, wie Lothar Gall trefflich formulierte, »alle Hände voll zu tun ..., um den mit seiner Gegenwart und seinen Nachfolgern hadernden Autor wenigstens einigermaßen in den Bahnen der historischen Wahrheit zu halten«.[675] Bucher selbst berichtete: »Nicht nur, dass sein Gedächtnis mangelhaft ... ist, sondern er fängt an, auch absichtlich zu entstellen, und zwar selbst bei klaren, ausgemachten Tatsachen und Vorgängen. Bei nichts, was misslungen ist, will er beteiligt gewesen sein.«[676]

Die Geschehensabläufe so zurechtzubiegen, wie er sie gesehen haben wollte, war schon immer Bismarcks Art gewesen. Sein Erinnerungswerk steckte voller Halbwahrheiten und Lügen. Den Kulturkampf schob er dem Kultusminister Falk in die Schuhe, das Sozialistengesetz erwähnte er überhaupt nicht. Die spanische Thronfolgekrise stellte er nachweislich falsch dar.

Jahrelang war Bismarck noch »eifrig beschäftigt«, die Aufzeichnungen »durch eigenhändige Nachträge« zu ergänzen, wobei er »ganze Kapitel ... noch in den letzten beiden Jahren« seines Lebens »in neue Formen umgegossen hat«, wie es im Vorwort zur ersten Ausgabe heißt.[677] Seine *Gedanken und Erinnerungen*, literarisch eines der großartigsten Memoirenwerke in deutscher Sprache, gerieten zu einer politischen Streitschrift. Ende November 1898, vier Monate nach Bismarcks Tod, kamen die ersten beiden Bände auf den Markt, schon nach wenigen Tagen waren mehr als 300 000 Exemplare verkauft. Der dritte Band, der vor allem die Person Wilhelms II. und die Entlassung des Kanzlers behandelte, erschien nach langem Tauziehen erst 1921, als die Monarchie bereits untergegangen war.[678] Mit insgesamt fast 500 000 Exemplaren wurden die *Gedanken und Erinnerungen* das meistverkaufte Memoirenwerk des 19. Jahrhunderts.

Einer, der das Werk kritisch unter die Lupe nahm, war Ludwig Bamberger. Auch wenn sich ihre Wege getrennt hatten, war er durchaus ein Bewunderer Bismarcks geblieben, freilich ohne die dämonischen Seiten des Misantropen zu übersehen.[679] Bamberger würdigte einerseits, dass Bismarck »für die staatliche Erhebung seiner Nation Größtes getan« habe; andererseits erhob er den Vorwurf, der Reichsgründer sei auch für die zunehmende »Brutalisierung« der politischen Umgangsformen verantwortlich gewesen. In den Memoiren, gewidmet »den Söhnen und Enkeln zum Verständnis der Vergangenheit und zur Lehre für die Zukunft«, entlarve sich ein politischer Stil, dem es »an Bedenklichkeit nicht fehlt«, monierte Bamberger: »Wenn ein Buch wie dieses von der Jugend verschlungen zu werden bestimmt ist, in welchem auf vielen Blättern die Worte ›Humanität‹ und ›Zivilisation‹ nie anders erwähnt werden als im Sinne der unbedingten Verspottung und der hohlen Phraseologie, so scheint die Befürchtung nicht unbegründet, dass das fragwürdige Ideal der soldatischen ›Schneidigkeit‹ mit allen seinen Auswüchsen zum höchsten Ausdruck des Nationalcharakters ausgebildet werde.«[680]

Bismarck versuchte, wie jeder Memoiren schreibende Staatsmann, sein Bild in der Geschichte selbst zu gestalten. Seine Verdrehungen, Weglassungen und Übertreibungen schienen jedoch einem Größenwahn entsprungen zu sein, der keinen anderen neben sich duldete. Auch verletzter Narzissmus und Groll über die Umstände der Entlassung aus dem Amt haben gewiss eine wichtige Rolle gespielt. Doch der Bismarck-Kult, der in den 1890er Jahren – also noch vor der Veröffentlichung der Memoiren – entstand und nach dem Tod des Exkanzlers einen nie dagewesenen Boom erlebte, beruhte weniger auf Bismarcks literarischen Absichten als auf der Begeisterung der Massen, die Züge der Vergötterung annahm.[681]

Selbst an seinen bevorstehenden Tod knüpfte das Publikum die Erwartung, die »Weltenleuchte« werde spektakulär erlöschen. Seine Verehrer hofften, »den Ragenden werde eines Tages ein Streich aus der Fülle der Lebenskraft reißen, ein dem Blitz jäh folgender Donnerschlag mit gewaltigem Wurf entwurzelt zu Boden werfen«, wie es der publizistische Bismarck-Apologet Maximilian Harden ausmalte. Doch es kam anders: Bismarcks Ende wurde »ein langsames Absterben, ein leidvolles Verwittern«.[682]

Als Bismarck starb, konnten sich sogar nüchterne Beobachter der Wirkung, die dieser Jahrhunderttod hervorrief, nicht entziehen: »Ein Schauern und ein Zittern ergreift einen – auch wenn man nicht will«, schrieb der damals noch junge Theaterkritiker Alfred Kerr. »In dieser Sekunde fühlt man, mag eine Art Hass die Grundempfindung gewesen sein, wie tief man ihn immer grollend geliebt hat. Ein Stück von Deutschland ist es, das in die Fluten des Weltgeschehens für alle Ewigkeit versank.«[683]

Das politische Erbe

Bismarcks Tod bot allerdings auch dem Kaiser Gelegenheit, den Mythos nun für eigene Zwecke zu instrumentalisieren. Noch im Herbst 1896 hatte Wilhelm II. im Zorn gedroht, den »bösen alten Mann« in der Festung Spandau einsperren zu lassen, weil er den geheimen Rückversicherungsvertrag mit Russland offenbart hatte. Nun versuchte er, größtmöglichen politischen Nutzen aus diesem Tod zu ziehen. Obwohl die Familie Bismarck das angeordnete Staatsbegräbnis in der Berliner Kaiser-Wilhelm-Gedächtniskirche ablehnte, verblassten bald nach Bismarcks Tod die Misshelligkeiten zwischen Kaiser und Kanzler, und der Bismarck-Mythos konnte vom Staat vereinnahmt werden. Im *Deutschen Reichs- und Preußischen Staatsanzeiger* war in diesem Sinne zu lesen: »Das Vaterland hat seinen größten Sohn verloren.« Doch lediglich die sterbliche Hülle sei verschieden, der Name Bismarck werde »ein Wahrzeichen und eine Verkündigung bleiben für alle Zeiten«.[684]

Bismarck konnte zum Identifikationssymbol werden, weil sein Werk, das kleindeutsche Kaiserreich und die daraus hervorgegangene Großmachtstellung Deutschlands, Dreh- und Angelpunkt im politischen Weltbild vieler Deutscher war.[685] Die Reichsgründung durch Bismarck erschien als Happy End einer langen, unglücklichen Nationalgeschichte. Bismarcks umstrittene Innenpolitik wurde dagegen aus dem kollektiven Gedächtnis verdrängt.

Bismarck blieb in weiten Teilen der Bevölkerung mehr als genialer Staatsmann in Erinnerung denn als diktatorischer Machtmensch und ostelbischer Junker.[686] Der freisinnige Reichstagsabgeordnete Friedrich Naumann wandte sich 1899 entschieden gegen die willkürliche politische Ausdeutung des Reichsgründers: »Keinesfalls entspricht die Legende der Geschichte. Die Phantasie greift aus dem Leben heraus, was ihr passt, gruppiert es und umspinnt es mit glitzernder Lüge. Dieser Vorgang ist halb ein Naturvorgang und halb eine bewusste Arbeit interessierter Kreise ... Wenn der Kaiser industrialistisch regiert mit Handelsvertrag, Kanal, Flotte, Sozialreform, wenn er dazu die vereinigten Linken gewinnt, dann steigt aus Ostelbien der Riesenjunker Bismarck empor, der Bauer, der den Staat gegründet hat, der Mann, der für Kavallerie und Infanterie war, aber nicht für Kolonie und Flotte, der Schöpfer des Sozialistengesetzes, der Vater des Getreidezolles ...«[687]

Im Juli 1917 warf der Soziologe Max Weber in einem Artikel über die Notwendigkeit einer Verfassungsreform dem »Eisernen Kanzler« vor allem vor, dass er dem Parlament keine politische Macht gegeben habe. Noch deutlicher schrieb Weber über »Bismarcks politisches Erbe« im Mai 1918: »Die heutige Lage unseres parlamentarischen Lebens ist eine Hinterlassenschaft der langjährigen Herrschaft des Fürsten Bismarck in Deutschland und jener inneren Stellung, welche die Nation seit dem letzten Jahrzehnt seiner Reichskanzlerschaft zu ihm einnahm.«

Schonungslos resümierte Weber, Bismarck habe »eine Nation ohne alle und jede politische Erziehung« hinterlassen, »tief unter dem Niveau, welches sie in dieser Hinsicht zwanzig Jahre zuvor bereits erreicht hatte«. Die Nation »ohne allen und jeden politischen Willen« sei es daher »gewohnt, dass der große Staatsmann an der Spitze für sie die Politik schon besorgen werde«.[688]

Der Schaden der bismarckschen Epoche, zog der Althistoriker Theodor Mommsen am Ende seines Lebens an der Jahrhundertwende resignierend Bilanz, sei »unendlich viel größer« gewesen als ihr Nutzen: »Die Gewinne an Macht waren Werte, die bei dem nächsten Sturme der Weltgeschichte wieder verlorengehen; aber die Knechtung der deutschen Persönlichkeit, des deutschen Geistes, war ein Verhängnis, das nicht mehr gutgemacht werden kann.« Ludwig Bamberger sprach von den »Verwüstungen, welche das bismarcksche System im Geiste und in der Gesetzgebung des Landes anrichtete«.[689]

Als Deutschland 1914 in den Ersten Weltkrieg zog, wurde der Bismarck-Mythos fester Bestandteil der Kriegspropaganda. Dass der erhoffte schnelle militärische Erfolg ausblieb, schadete dem Bismarck-Mythos als mobilisierendem Propagandainstrument nicht, im Gegenteil: Zu seinem 100. Geburtstag am 1. April 1915 wurde Bismarck in zahllosen populärwissenschaftlichen Publikationen, Bildbänden und Gedächtnisfeiern zum Schutzheiligen der deutschen Truppen ausgerufen.[690]

Nach dem Ende des wilhelminischen Kaiserreichs kehrte sich die politische Stoßrichtung des Bismarck-Mythos um. In der Monarchie half er, die Staatsform zu stützen, in der

Republik diente er zu deren Ablehnung. Er vergiftete die demokratische Kultur. Der Publizist Richard Lewinsohn schrieb 1921 in der *Weltbühne*: »Die Bismarck-Legende fängt an, eine Gefahr zu werden.« Nicht nur, dass Bismarck »in allen entscheidenden Fragen unrecht behalten« habe: »im Kulturkampf; im Kampf gegen die Sozialdemokratie; mit der kleindeutschen Lösung; mit der Annexion Elsass-Lothringens; mit den Balancierkünsten seines Bündnissystems, das für seine Nachfolger unmöglich gewesen wäre, auch wenn er sie nicht in kleinlicher Rachsucht falsch informiert hätte«. Lewinsohn resümierte: »Um den Namen Bismarck sammelt sich alles, was rückwärts will. Mit dem Phantom Bismarck fängt man die Schwankenden und die Ahnungslosen. Die Hohenzollern sind unpopulär. Das Werk Wilhelms des Zweiten steht noch zu frisch in aller Erinnerung. Das Reich Bismarcks aber hat schon die Gloriole des goldenen Zeitalters.«[691]

Der liberaldemokratische Freiburger Rechtswissenschaftler Hermann Kantorowicz mahnte im selben Jahr, die Wirkung der ständigen Inanspruchnahme des Reichsgründers als politische Waffe gegen die Republik nicht zu unterschätzen. Bismarck habe das politische und ethische Wertesystem des Bürgertums in vollkommen negativer Weise verändert und sei *die* Verkörperung des autoritären Staates. »Solange Bismarcks Schatten über den jungen Baum der deutschen Demokratie fällt, kann dieser nicht gedeihen und für die äußere und innere Politik Früchte tragen.«[692]

In einer englischen Zeitschrift schrieb Kantorowicz 1927: »Es ist ein allgemeiner, unter meinen Landsleuten verbreiteter und von vielen Ausländern geteilter Fehler, Bismarck als Begründer der deutschen Einheit zu betrachten. Er tat das Gegenteil: Indem er Katholiken, Sozialisten und Demokraten als Vaterlandsfeinde brandmarkte, die einer Teilhabe an der Macht nicht würdig seien, spaltete er das Volk in eine Vielzahl von Parteien, die sich gegenseitig misstrauten und hassten, und machte das politische Leben zu der trübseligen Angelegenheit, die es heute noch in meinem Lande ist.«[693]

Aus den fatalen Entwicklungen nach 1890 haben viele Historiker den irrigen Schluss gezogen, dass Bismarcks Sturz die Ursache allen Übels gewesen sei. Doch Bismarck war zum Zeitpunkt seiner Entlassung bereits 75 Jahre alt und ist mit 83 gestorben, an den Rollstuhl gefesselt und zu keiner Arbeit mehr fähig. Was wäre also anders gekommen, wenn er noch ein paar Jahre im Amt verblieben wäre?

Schon zur regelmäßigen Führung der Geschäfte war der Kanzler zuletzt nicht mehr in der Lage gewesen. Sein Sohn wurde für ihn unentbehrlich, weil dieser ihn auf die ständigen Widersprüche aufmerksam machen musste, in die der Vater sich verstrickte. »Wenn Herbert verschwinden sollte«, unkte Friedrich von Holstein, »dann blamiert sich der Alte in kurzer Zeit, weil niemand mehr da ist, der ihn von einer irrtümlichen Entscheidung zurückbringen kann.«[694]

Zudem waren bereits Bismarcks letzte Dienstjahre von Misserfolgen und Rückschlägen überschattet, in der Außenwie in der Innenpolitik. Die Fehler, die er in den 1860er- und 1870er-Jahren gemacht hatte, holten ihn in den 1880er-Jahren ein. Der Kanzler war mit seinem Latein am Ende und hinterließ seinen Nachfolgern kein arbeitsfähiges Regierungssystem.[695]

Anstatt die Legendenbildung zu widerlegen oder zumindest zu korrigieren, beteiligte sich die etablierte Geschichtswissenschaft an dem byzantinischen Bismarck-Theater. Nur akademische Außenseiter und sozialdemokratische Publizisten wie Franz Mehring kratzten schon 1895 an der »Bismarck-Abgötterei«.[696]

Die Deutungshoheit über das Wirken Bismarcks gewannen dessen blinde Verehrer. Es entstand eine lange nachwirkende hagiographische Geschichtsschreibung. Sie war geprägt vom Primat einer als erfolgreich angesehenen Außenpolitik, während die innenpolitischen Konflikte und Fehlentscheidungen als nachrangig betrachtet wurden.

Kein anderer Historiker prägte das Bismarckbild der Weimarer Republik stärker als Erich Marcks, dessen Biographie es zwischen 1915 und 1935 auf 28 Auflagen brachte. Marcks hatte Bismarck 1893 in Friedrichsruh besucht und war von der Begegnung ganz verzückt: »Ich habe ihn gesehen, gehört, in seiner Welt geatmet, die Erinnerung bleibt mir für alle Tage meines Lebens ein kostbarer Schatz.«[697] Marcks wurde die treibende Kraft hinter der »Friedrichsruher Ausgabe« von Bismarcks Werken, die zwischen 1914 und 1935 in 19 Bänden erschien. Sie sollte, den Herausgebern zufolge, ein »Denkmal« sein, das »Deutschland in seiner tiefsten Erniedrigung dem Reichsgründer errichtet«. Diese Absicht beeinflusste erkennbar die manipulative Auswahl der veröffentlichten Dokumente.[698]

Die Herausgabe diente allein dem klar erkennbaren politischen Zweck, den einer der Bearbeiter, Friedrich Thimme, in einem Schreiben an Marcks im August 1931 auch unverblümt benannte: nämlich »unserer heranwachsenden Jugend und der kommenden Führerschicht unseres Volkes ... ein leuchtendes Vorbild« zu geben, »in welcher Weise sie das Ziel, Deutschlands Macht und Größe wiederherzustellen, erreichen kann«.[699]

Historiker, die das vorherrschende Bismarck-Bild in Frage zu stellen wagten, mussten wüste Beschimpfungen ihrer Kollegen und berufliche Ächtung gewärtigen. Das Ausmaß der unkritischen Bismarck-Verehrung beschrieb 1924 der liberale Geschichtswissenschaftler Walter Goetz: »Am Werke Bismarcks Kritik zu üben galt selbst in Historikerkreisen für einen Mangel an nationalem Empfinden – das historische Urteil schien ein für alle Mal festgelegt.«[700] Als Johannes Ziekursch in seiner zwischen 1925 und 1930 veröffentlichten dreibändigen *Politischen Geschichte des neuen deutschen Kaiserreichs* den Standpunkt vertrat, Bismarck habe das Reich dem »Geist der Zeit entgegen« gegründet (womit er eine Formulierung Friedrich Nietzsches aufgriff), weshalb es von Anfang an »den Keim des Zerfalls in sich trug«, attackierten ihn die Fachkollegen auf das Heftigste.[701]

Bismarck wurde der Heros aller Antidemokraten. Die »Reichsfeinde« von einst waren jetzt die »Systemparteien«, die sich mit der Republik identifizierten. Zentrum, Sozialdemokraten und Fortschrittsliberale (jetzt in der Deutschen Demokratischen Partei organisiert) waren fast durchgängig an allen Reichsregierungen beteiligt. Sie betrachteten ihr Aufbauwerk als überfällige Korrektur der fehlentwickelten Reichsgründung Bismarcks und knüpften an das Vermächtnis der Revolution von 1848 an, um dem völkisch-nationalistischen Bismarck-Mythos etwas entgegenzuhalten. Doch diese Tradition wurde nur von wenigen Deutschen hochgehalten. In den Augen der großen Mehrheit war die Revolution von 1848 ein katastrophaler Fehlschlag gewesen, der bewiesen habe, dass Parlamente zur erfolgreichen Politikgestaltung unfähig seien.[702]

Der Bismarck-Mythos hat den Aufstieg Adolf Hitlers zumindest indirekt begünstigt. Er stärkte und popularisierte zwei zentrale Elemente der rechten Agitation gegen die Weimarer Republik: Er diskreditierte den Parlamentarismus als »westliche«, mit der deutschen Geschichte unvereinbare Staatsform der Sieger des Ersten Weltkriegs, und er festigte den Glauben, dass nur ein starker Führer in der Lage sei, die drängendsten Probleme der Zeit zu lösen.[703]

So bereitete der Bismarck-Mythos den Weg für die zweite große Katastrophe des 20. Jahrhunderts. Erst durch die Niederlage im Zweiten Weltkrieg gelangte die lange unterdrückte Demokratisierung in Deutschland endlich zum Durchbruch – nun allerdings auf Kosten des einheitlichen Nationalstaats. Bismarcks Reich existierte gerade einmal 74 Jahre und ging 1945 endgültig unter.

ANHANG

Dank

Dieses Buch wäre ohne eine Reihe von kundigen Helfern nicht zustande gekommen. Zuallererst ist Tanja Ruzicska zu nennen, die Lektorin im Propyläen Verlag, die mich mit der Idee zu dieser Biographie angesprochen hat. Mit Christian Seeger, dem Programmleiter des Propyläen Verlags, habe ich das Konzept entwickelt. Beide haben meine Arbeit am Manuskript mit wertvollen Ratschlägen begleitet. Ihnen danke ich vor allem auch für den Vertrauensvorschuss, den sie mir entgegengebracht haben.

Thomas Karlauf, Martin Rupps und Petra Schlitt haben Ideen zur Gliederung beigesteuert und mir stilistische Verbesserungsvorschläge gemacht, denen ich gern gefolgt bin. Der Historiker und *Spiegel*-Dokumentationsjournalist Walter Lehmann-Wiesner hat die dargestellten Fakten auf sachliche Richtigkeit geprüft. Der Lektor Andy Hahnemann schließlich hat den Text sorgfältig und einfühlsam redigiert.

Ihnen allen sage ich herzlichen Dank für ihre Beiträge zum Gelingen dieses Werks.

Zeittafel

1815	Otto von Bismarck wird am 1. April in Schönhausen in der Altmark geboren; auf dem Wiener Kongress wird am 9. Juni der Deutsche Bund gegründet.
1822–1827	Bismarck besucht die Plamannsche Lehranstalt in Berlin.
1827–1832	Friedrich-Wilhelm-Gymnasium und Gymnasium zum Grauen Kloster in Berlin
1832–1833	Studium der Rechts- und Staatswissenschaften in Göttingen
1833–1835	Fortsetzung des Studiums in Berlin
1836–1838	»Auskultator« am Berliner Kammergericht, Regierungsreferendar in Aachen und Berlin
1838	Bismarck bricht sein Referendariat ab und leistet Militärdienst als »Einjährig-Freiwilliger«.
1839	Tod der Mutter; Bismarck quittiert den Staatsdienst endgültig und übernimmt mit seinem Bruder Bernhard die Bewirtschaftung der pommerschen Güter Kniephof, Külz und Jarchlin.
1843	Bismarck begegnet Marie von Thadden und dem pommerschen Pietistenkreis mit den Brüdern Leopold und Ludwig von Gerlach.
1845	Tod des Vaters
1846	Tod Marie von Thaddens; Bismarck übernimmt das väterliche Gut Schönhausen und wird zum Deichhauptmann von Jerichow für das rechte Elbufer ernannt.
1847	Verlobung mit Johanna von Puttkamer und Heirat; Abgeordneter im Vereinigten Preußischen Landtag

1848/49	Bismarck engagiert sich gegen die Revolution in Preußen und beteiligt sich am »Junkerparlament« in Berlin.
1849	Wahl Bismarcks in die Zweite Kammer des Preußischen Landtags
1850	Abgeordneter und Schriftführer im Parlament der »Union« in Erfurt; am 3. Dezember Rede zur Verteidigung der »Olmützer Punktation«
1851–1859	Preußischer Gesandter am Bundestag in Frankfurt am Main
1859–1862	Gesandter in St. Petersburg
1862	Gesandter in Paris; 23. September: Berufung zum preußischen Ministerpräsidenten; Auseinandersetzung mit der liberalen Opposition im Preußischen Abgeordnetenhaus über die Heeresvorlage; 30. September: »Blut und Eisen«-Rede in der Budgetkommission
1863	Bismarck nötigt Wilhelm I., dem Fürstentag in Frankfurt fernzubleiben; Österreichs Antrag auf Reform des Deutschen Bundes scheitert an Preußen; Gespräche mit Ferdinand Lassalle.
1864	Preußen und Österreich führen Krieg gegen Dänemark und verwalten Schleswig und Holstein nach dem Sieg gemeinsam.
1866	7. Mai: Attentat auf Bismarck Unter den Linden in Berlin; Krieg Preußens gegen Österreich (eigentlich ein Krieg gegen den Deutschen Bund); 3. Juli: Sieg Preußens bei Königgrätz; Vorfrieden von Nikolsburg und Prager Frieden (Auflösung des Deutschen Bundes, Annexion Hannovers, Kurhessens, Nassaus und der Freien Stadt Frankfurt am Main durch Preußen); der Verfassungskonflikt mit dem preußischen Abgeordnetenhaus wird durch Indemnitätsgesetz und nachträgliche Billigung der Heeresvorlage beigelegt.
1867	Der Norddeutsche Bund wird gegründet und erhält eine im Wesentlichen von Bismarck konzipierte Verfassung; Wilhelm I. übernimmt das Bundespräsidium, Bismarck wird Bundeskanzler; von einer Dotation des Königs kauft Bismarck das Gut Varzin in Hinterpommern.

1870	Leopold von Hohenzollern-Sigmaringen nimmt zunächst die Kandidatur für die spanische Thronfolge an, verzichtet dann aber unter dem Druck Frankreichs; die von Bismarck redigierte Emser Depesche löst den Deutsch-Französischen Krieg aus; 2. September: Sieg bei Sedan und Gefangennahme Kaiser Napoleons III.; Ausrufung der Republik in Frankreich; Paris wird belagert bis zur Kapitulation im Januar 1871.
1871	18. Januar: Kaiserproklamation in Versailles; Bismarck wird in den erblichen Fürstenstand erhoben, zum Reichskanzler ernannt und bekommt vom Kaiser den Sachsenwald geschenkt; Frieden mit Frankreich: Abtretung von Elsass-Lothringen und Zahlung von fünf Milliarden Goldfrancs als Kriegsentschädigung
1872	Der »Kulturkampf« gegen die katholische Kirche und die Zentrumspartei beginnt.
1873	Dreikaiserabkommen zwischen Wilhelm I., Franz Joseph I. und Alexander II.
1874	13. Juli: Attentat auf Bismarck in Bad Kissingen
1875	»Krieg in Sicht«-Krise
1877	»Kissinger Diktat«
1878	Bismarck nimmt zwei Attentate auf Wilhelm I. zum Vorwand, das »Sozialistengesetz« beschließen zu lassen; Bismarck präsidiert dem Berliner Kongress zur Beilegung des Balkankonflikts.
1879	Zweibund mit Österreich-Ungarn; die Schutzzollgesetze werden verabschiedet.
1881	Dreikaiservertrag zwischen dem Deutschen Reich, Österreich-Ungarn und Russland (wird 1884 erneuert)
1882	Dreibundvertrag zwischen dem Deutschen Reich, Österreich-Ungarn und Italien
1883	Beginn der Sozialgesetzgebung: Krankenversicherung (1883), Unfallversicherung (1884), Invaliditäts- und Altersversicherung (1889)
1884	Erwerb deutscher Kolonien in Afrika
1884/85	Kongo-Konferenz in Berlin
1887	»Rückversicherungsvertrag« mit Russland

1888	»Dreikaiserjahr«: Wilhelm I. stirbt, Friedrich III. regiert 99 Tage bis zu seinem Tod, Wilhelm II. besteigt den Thron.
1890	Der Reichstag lehnt eine Verlängerung des Sozialistengesetzes ab; Bruch zwischen dem Kaiser und seinem Kanzler wegen innen- und außenpolitischer Meinungsunterschiede; Wilhelm II. entlässt Bismarck am 20. März.
1892	Bismarck reist zur Hochzeit seines Sohnes Herbert nach Wien, die Fahrt durch Deutschland wird zum Triumphzug.
1894	Offizielle Aussöhnung mit Wilhelm II.; Tod Johannas
1895	Der Reichstag lehnt eine Glückwunschadresse zu Bismarcks 80. Geburtstag ab.
1896	Bismarck enthüllt in den *Hamburger Nachrichten* den »Rückversicherungsvertrag«.
1898	Bismarck stirbt am 30. Juli in Friedrichsruh.

Literatur

Winfried Baumgart: *Deutschland im Zeitalter des Imperialismus*, Kohlhammer Verlag, Stuttgart 1982

Otto Baumgarten: *Bismarcks Glaube*. Verlag J. C. B. Mohr (Paul Siebeck), Tübingen 1915

Gerhard Besier: *Kirche, Politik und Gesellschaft im 19. Jahrhundert*. Oldenbourg Wissenschaftsverlag, München 1998

Otto von Bismarck: *Die gesammelten Werke, Friedrichsruher Ausgabe*, Deutsche Verlagsgesellschaft, Berlin 1924–1935 [GW]

Otto von Bismarck: *Gedanken und Erinnerungen*. Die drei Bände in einem Bande. J. G. Cotta'sche Buchhandlung Nachfolger, Stuttgart 1898/1921 [GuE]

Otto von Bismarck: *Gespräche*. Herausgegeben von Willy Andreas. 3 Bände. Verlag Schibli-Doppler, Birsfelden-Basel o.J. [Gespräche]

Eric Buchmann: *Ursachen und Auswirkungen des Zweibundes von 1879*. Grin Verlag, Norderstedt 2013

Francis L. Carsten: *Geschichte der preußischen Junker*. Suhrkamp Verlag, Frankfurt am Main 1988

Christopher Clark: *Preußen. Aufstieg und Niedergang 1600–1947*. Deutsche Verlags-Anstalt, München 2007

Ludwig Dehio: *Deutschland und die Weltpolitik im 20. Jahrhundert*. S. Fischer Verlag, Frankfurt am Main 1961

Deutsches Historisches Museum (Hg.): *Bismarck. Preußen, Deutschland und Europa*. Nicolaische Verlagsbuchhandlung, Berlin 1990 [DHM]

Ernst Engelberg: *Bismarck*. Band 1: *Urpreuße und Reichsgründer*. Siedler Verlag, Berlin 1986

Ernst Engelberg: *Bismarck*. Band 2: *Das Reich in der Mitte Europas*. Siedler Verlag, Berlin 1990
Erich Eyck: *Bismarck und das Deutsche Reich*. Eugen Rentsch Verlag, Erlenbach-Zürich/Stuttgart 1955
Lothar Gall: *Bismarck. Der weiße Revolutionär*. Ullstein Taschenbuch, Berlin 2008
Geo Epoche: *Otto von Bismarck 1815–1898*. Verlag Gruner + Jahr, Hamburg 2011
Robert Gerwarth: *Der Bismarck-Mythos. Die Deutschen und der Eiserne Kanzler*. Siedler Verlag, München 2007
Sebastian Haffner: *Von Bismarck zu Hitler*. Kindler Verlag, München 1987
Sebastian Haffner: *Im Schatten der Geschichte*. Deutscher Taschenbuch Verlag, München 1987
Manfred Hank: *Kanzler ohne Amt. Fürst Bismarck nach seiner Entlassung*. Tuduv Verlagsgesellschaft, München 1977
Robert von Keudell: *Fürst und Fürstin Bismarck*, Berlin/Stuttgart 1902
Oskar Klein-Hattingen: *Bismarck und seine Welt*. Berlin 1902–1904. Neuausgabe Adamant Media Corporation, Boston 2002
Eberhard Kolb: *Bismarck*. C. H. Beck Verlag, München 2014
Ulrich Kühn: *Der Grundgedanke der Politik Bismarcks*. J. H. Röll Verlag, Dettelbach 2001
Johannes Kunisch (Hg.): *Bismarck und seine Zeit*. Verlag Duncker & Humblot, Berlin 1992
Lothar Machtan: *Bismarcks Tod und Deutschlands Tränen*. Wilhelm Goldmann Verlag, München 1998
Lothar Machtan (Hg.): *Bismarck und der deutsche National-Mythos*. Edition Temmen, Bremen 1994
Golo Mann: *Deutsche Geschichte des 19. und 20. Jahrhunderts*. S. Fischer Verlag, Frankfurt am Main 1958
Frank Lorenz Müller: *Der 99-Tage-Kaiser. Friedrich III. von Preußen – Prinz, Monarch, Mythos*. Siedler Verlag, München 2013
Thomas Nipperdey: *Deutsche Geschichte 1800–1866. Bürgerwelt und starker Staat*, C. H. Beck Verlag, München 1995
Thomas Nipperdey: *Deutsche Geschichte 1866–1918*. Band 1: *Arbeitswelt und Bürgergeist*. C. H. Beck Verlag, München 1995
Thomas Nipperdey: *Deutsche Geschichte 1866–1918*. Band 2:

Machtstaat vor der Demokratie. C. H. Beck Verlag, München 1995
Otto Pflanze: *Bismarck.* Band 1: *Der Reichsgründer.* C. H. Beck Verlag, München 1997
Otto Pflanze: *Bismarck.* Band 2: *Der Reichskanzler.* C. H. Beck Verlag, München 1998
Ludwig Reiners: *Bismarcks Aufstieg 1815–1864.* Deutscher Taschenbuch-Verlag, München 1980
John C. G. Röhl: *Wilhelm II. Der Aufbau der Persönlichen Monarchie 1888–1900.* C. H. Beck Verlag, München 2012
Gian Enrico Rusconi: *Cavour und Bismarck. Zwei Staatsmänner im Spannungsfeld von Liberalismus und Cäsarismus.* Oldenbourg Wissenschaftsverlag, München 2013
Ulrich Schlie: *Das Duell. Der Kampf zwischen Habsburg und Preußen um Deutschland.* Propyläen Verlag, Berlin 2013
Manfred G. Schmidt: *Sozialpolitik in Deutschland. Historische Entwicklung und internationaler Vergleich.* Verlag für Sozialwissenschaften, Wiesbaden 2005
Gregor Schöllgen: *Jenseits von Hitler. Die Deutschen in der Weltpolitik von Bismarck bis heute.* Propyläen Verlag, Berlin 2005
Gregor Schöllgen: *Die Macht in der Mitte Europas. Stationen deutscher Außenpolitik von Friedrich dem Großen bis zur Gegenwart.* C. H. Beck Verlag, München 1992
Jonathan Steinberg: *Bismarck. Magier der Macht.* Propyläen Verlag, Berlin 2012
Fritz Stern: *Gold und Eisen. Bismarck und sein Bankier Bleichröder.* Rowohlt Taschenbuch Verlag, Reinbek 1999
Volker Ullrich: *Bismarck.* Rowohlt Taschenbuch Verlag, Reinbek 1998
Volker Ullrich: *Die nervöse Großmacht 1871–1918. Aufstieg und Untergang des deutschen Kaiserreichs.* S. Fischer Verlag, Frankfurt am Main 1997
Hans Ulrich Wehler: *Deutsche Gesellschaftsgeschichte 1849–1914.* Band 3. C. H. Beck Verlag, München 2007
Monika Wienfort: *Patrimonialgerichte in Preußen.* Vandenhoeck & Ruprecht Verlag, Göttingen 2001
Heinrich August Winkler: *Der lange Weg nach Westen.* Band 1:

Deutsche Geschichte vom Ende des Alten Reiches bis zum Untergang der Weimarer Republik. C. H. Beck Verlag, München 2012

Heinrich August Winkler: *Geschichte des Westens. Von den Anfängen in der Antike bis zum 20. Jahrhundert*. C. H. Beck Verlag, München 2012

Übersicht der Kurzformen

[DHM]: Deutsches Historisches Museum (Hg.): *Bismarck. Preußen, Deutschland und Europa*. Nicolaische Verlagsbuchhandlung, Berlin 1990

[Gespräche]: Otto von Bismarck: *Gespräche*. Herausgegeben von Willy Andreas. 3 Bände. Verlag Schibli-Doppler, Birsfelden-Basel o.J.

[GuE]: Otto von Bismarck: *Gedanken und Erinnerungen*. Die drei Bände in einem Bande. J. G. Cotta'sche Buchhandlung Nachfolger, Stuttgart 1898/1921

[GW]: Otto von Bismarck: *Die gesammelten Werke, Friedrichsruher Ausgabe,* Deutsche Verlagsgesellschaft, Berlin 1924–1935

Anmerkungen

Vorwort

1 Michael Stürmer: »Eine schwierige Vaterfigur«, in *Die Zeit*, 10. Oktober 1980.
2 Rudolf Augstein: »Nicht umsonst regiert man die Welt«, in *Der Spiegel*, 2. September 1985.
3 Christopher Clark: »I could bite the table«, in *London Review of Books*, 31. März 2011.

Leben

4 Engelberg I, S. 16.
5 Bismarck an Johanna von Puttkamer, 4. März 1847, in GW XIV, S. 83.
6 Schloss I wurde 1958 auf Betreiben der DDR-Führung gesprengt, lediglich ein Seitenflügel blieb erhalten.
7 Carsten, S. 10.
8 Ebd., S. 55 ff.; ALR II 9, § 1.
9 Vgl. Steinberg, S. 43 f.
10 Pflanze I, S. 46.
11 Bismarck an Johanna von Puttkamer, 23. Februar 1847, in GW XIV, S. 67; die amerikanische Historikerin Charlotte Sempell entdeckte durch einen Vergleich mit dem Original, dass die Herausgeber der GW einige entscheidende Passagen weggelassen hatten; »Unbekannte Briefstellen Bismarcks«, in *Historische Zeitschrift* 207 (1968), S. 609 ff.

12 Engelberg I, S. 40, S. 44.
13 Steinberg, S. 50.
14 Hedwig von Bismarck: Erinnerungen aus dem Leben einer 95jährigen, Halle (Saale) 1910, S. 86, zitiert nach Engelberg I, S. 107.
15 Angeblich aus dem Tagebuch Wilhelmine von Bismarcks, zitiert nach Engelberg I, S. 61.
16 Pflanze I, S. 52.
17 Bismarck an Johanna von Puttkamer, 23. Februar 1847, in GW XIV, S. 67, zitiert nach Steinberg, S. 47.
18 Engelberg I, S. 84.
19 Ebd., S. 89.
20 Keudell, S. 160.
21 Ebd., S. 93 f.
22 Pflanze I, S. 49.
23 Robert Lucius von Ballhausen, zitiert nach ebd., S. 48.
24 GuE, S. 39.
25 GW VII, S. 88.
26 Zitiert nach Engelberg I, S. 104.
27 GuE, S. 39.
28 Eyck, S. 13.
29 Steinberg, S. 59.
30 GuE, S. 39.
31 Engelberg I, S. 117; Pflanze I, S. 56.
32 Paukbuch des Corps Hannovera, Göttingen 1831/32, zitiert nach DHM, S. 122.
33 Briefwechsel von John Lothrop Motley I, S. 12 f., zitiert nach Engelberg I, S. 116.
34 Pflanze I, S. 56.
35 Vom jungen Bismarck. Briefwechsel Otto von Bismarcks mit Gustav Scharlach, Berlin 1912, S. 6.
36 Pflanze I, S. 53.
37 So Bismarcks Arzt Eduard Cohen, zitiert nach ebd., S. 553.
38 Zitiert nach Achim Engelberg: »Bismarck war kein Magier«, in *Freitag*, 20. Oktober 2012, www.freitag.de/autoren/der-freitag/bismarck-war-kein-magier, besucht am 22.9.2014.
39 Gall, S. 35 f.
40 GuE, S. 40.

41 Bismarck an Gustav Scharlach, 5. Mai 1834, in GW XIV, S. 9.
42 Bismarck an Gustav Scharlach, 7. April 1834, in ebd., S. 4.
43 Clark, S. 592.
44 Steinberg, S. 66f.
45 Bismarck an Gustav Scharlach, 18. Juni 1835, in GW XIV, S. 5, zitiert nach Steinberg, S. 68.
46 Engelberg I, S. 131.
47 Pflanze I, S. 59ff.
48 Engelberg I, S. 132ff.; Pflanze I, S. 60f.; Steinberg, S. 73.
49 Bismarck an Gustav Scharlach, 9. Januar 1845, in GW XIV, S. 30.
50 Paul Bronsart von Schellendorf: Kriegstagebuch, Bonn 1954, S. 249 (Eintragung vom 23. Dezember 1870).
51 Pflanze I, S. 583.
52 GW XIV, S. 14ff. (Abschrift für den Vater).
53 Ebd., S. 57, dort jedoch unvollständig wiedergegeben; vgl. Sempell: »Unbekannte Briefstellen Bismarcks«, in *Historische Zeitschrift* 207 (1968), S. 610 u. S. 613.
54 Keudell, S. 14; Steinberg, S. 79f.
55 Pflanze I, S. 564; Steinberg, S. 80.
56 Bismarck an Louis von Klitzing, 10. September 1843, in GW XIV, S. 21, zitiert nach Engelberg I, S. 180.
57 Engelberg I, S. 181; Gall, S. 52.
58 Engelberg I, S. 182.
59 Steinberg, S. 83.
60 Gall, S. 55.
61 Ein Bruder war im Kindesalter gestorben, siehe Steinberg, S. 94.
62 GW XIV, S. 45.
63 Ebd., S. 46.
64 Zitiert nach Engelberg I, S. 236.
65 Bismarck an seinen Bruder Bernhard, 31. Januar 1847, in GW XIV, S. 50.
66 Bismarck an seine Schwester Malwine, 12. Januar 1847, in ebd., S. 49.
67 Bismarck an Johanna, 19. August 1862, zitiert nach Steinberg, S. 245.
68 Pflanze I, S. 573.
69 Ebd., S. 572.

70 Zitiert nach Ullrich, Bismarck, S. 33.
71 Engelberg I, S. 214 f.
72 Wienfort, S. 15; Steinberg, S. 46.
73 Engelberg I, S. 223 ff.
74 Zitiert nach ebd., S. 225.
75 Zitiert nach Wienfort, S. 113.
76 Ebd., S. 23.
77 Engelberg I, S. 230.
78 Pflanze I, S. 73.
79 Vgl. Gall, S. 18 f.
80 Bismarck an Johanna von Puttkamer, 18. Mai 1847, in GW XIV, S. 89.
81 Bismarck an Johanna von Puttkamer, 21. Mai 1847, in ebd., S. 89.
82 Keudell, S. 9.
83 Mann, S. 322.
84 Gall, S. 21.
85 Steinberg, S. 116.
86 GuE, S. 53.
87 Waldemar Graf von Roon (Hg.): Denkwürdigkeiten aus dem Leben des Generalfeldmarschalls Kriegsministers Grafen von Roon, Breslau 1897, zitiert nach Carsten, S. 105.
88 GuE, S. 55.
89 Gall, S. 77 f.
90 Zitiert nach Engelberg I, S. 273 f.
91 Zitiert nach Gall, S. 77.
92 GuE, S. 58.
93 Ebd.
94 Waldemar Graf von Roon (Hg.): Denkwürdigkeiten aus dem Leben des Generalfeldmarschalls Kriegsministers Grafen von Roon, Breslau 1897, S. 103 f., S. 135, S. 152 f., zitiert nach Carsten, S. 106.
95 Carsten, S. 106.
96 GuE, S. 62 f.
97 Ebd., S. 72 f.
98 Robert Lucius von Ballhausen: Bismarck-Erinnerungen, Stuttgart 1920, S. 20, Tagebucheintrag vom 14. April 1872, zitiert nach Steinberg, S. 142.
99 Engelberg I, S. 13; Ullrich, Bismarck, S. 40.

100 Carsten, S. 108.
101 Ebd., S. 108 ff.
102 Bismarck, Gespräche I, S. 27.
103 Pflanze I, S. 73.
104 Ebd., S. 29.
105 Eyck, S. 31.
106 Carsten, S. 117.
107 Kolb, S. 28.
108 Wienfort, S. 362.
109 Pflanze I, S. 78.
110 Zitiert nach ebd., S. 15.
111 GW XIV, S. 440.
112 GW XV, S. 585.
113 GW V, S. 515.
114 GW VI, S. 120.
115 Ludwig Bamberger: »Monsieur de Bismarck«, zuerst in *Revue moderne*, Paris 1867.
116 Henry A. Kissinger hat die Formulierung als Überschrift für einen Essay gewählt, Lothar Gall hat sie als Untertitel seiner Bismarck-Biographie übernommen; Henry A. Kissinger: »Der weiße Revolutionär. Reflexionen über Bismarck«, in Lothar Gall (Hg.): Das Bismarck-Problem in der Geschichtsschreibung nach 1945, Köln/Berlin 1971, S. 392 ff.; Lothar Gall: Bismarck. Der weiße Revolutionär, Berlin 1980.
117 Karl Marx/Friedrich Engels: Werke (MEW), Bd. 22, Berlin/DDR 1956–1968, S. 516.
118 Heinz Wolter: »Bismarck und das Problem der Revolution im 19. Jahrhundert«, in Kunisch, S. 191.
119 Karl Marx/Friedrich Engels: Werke, Bd. 21, S. 428.
120 So Friedrich von Holstein, 1885, zitiert nach Stern, S. 330.
121 So der Diplomat Albert Graf von Pourtalès, 16. Oktober 1853, zitiert nach Gall, S. 185.
122 August Ludwig von Rochau: Grundsätze der Realpolitik, angewendet auf die staatlichen Zustände Deutschlands, Stuttgart 1853.
123 Lothar Gall: »Bismarck – Preußen, Deutschland und Europa«, in DHM, S. 30.
124 Zitiert nach Pflanze I, S. 93 f.

125 GW IX, S. 397ff., zitiert nach ebd., S. 92f.
126 Zitiert nach Carsten, S. 122f.
127 Zitiert nach ebd, S. 123.
128 Ebd., S. 124f.
129 Ebd., S. 126.
130 Ebd., S. 135, S. 137.
131 Alfred Vagts: »Bismarcks Vermögen« in ders.: Bilanzen und Balancen, Frankfurt am Main 1979, S. 115.
132 Steinberg, S. 366.
133 Pflanze I, S. 578f.
134 Leopold Gerlach: Fürst Bismarck als Redner, Dessau/Leipzig 1892, S. 1.
135 Christian Jansen: »Otto von Bismarck. Modernität und Repression, Gewaltsamkeit und List«, in Frank Möller (Hg.): Charismatische Führer der deutschen Nation, München 2004, S. 70.
136 Hans-Peter Goldberg: Bismarck und seine Gegner. Die politische Rhetorik im kaiserlichen Reichstag, Düsseldorf 1998, S. 377f.
137 Jansen, S. 71; nur einmal, 1889, wurde die Stimme Bismarcks mittels eines Phonographen auf einer Wachswalze aufgezeichnet, die 2012 in den USA wiederentdeckt wurde.
138 Mann, S. 435.
139 Gall, S. 283.
140 Steinberg, S. 260.
141 Ebd., S. 383.
142 Zitiert nach ebd., S. 384.
143 Ebd., S. 386f.
144 Zitiert nach Pflanze I, S. 786.
145 Ebd., S. 790.
146 Bismarck zum französischen Botschafter Armand Vicomte Gontaut-Biron, 8. Dezember 1876, zitiert nach Pflanze II, S. 90.
147 GuE, S. 562.
148 Pflanze II, S. 86f.
149 Zitiert nach Engelberg II, S. 512.
150 Bismarck zu seinem Leibarzt Eduard Cohen, 6. Januar 1881, in Gespräche II, S. 335.
151 Interview mit Bernd Jürgen Wendt, in *Geo Epoche* Nr. 52 (2011).

152 Zitiert nach Mann, S. 414f.
153 GW XIV, S. 975, zitiert nach Gall, S. 60.
154 Engelberg II, S. 639f.
155 Pflanze II, S. 663.
156 Machtan, Bismarcks Tod, S. 61.
157 Ebd., S. 66; Lothar Machtan: »Fotoplatten im Eiskeller«, in *Der Spiegel*, Nr. 28/1998.

Charakter

158 Pflanze I, S. 56.
159 Bismarck an Caroline von Bismarck-Bohlen, Abschrift des Briefes an Bismarcks Vater, 29. September 1838, in GW XIV, S. 15.
160 Beispiele: Ansprache an holsteinische Militärvereine, 3. Mai 1894; Ansprache an alte Korpsstudenten, 27. April 1895 in Horst Kohl: Otto von Bismarck. Die politischen Reden. Band XIII, Stuttgart 1905, S. 257 und 383, zitiert nach Kühn, S. 152.
161 Tischgespräch mit dem Baumschulenbesitzer John Booth und dem Gymnasiallehrer Oskar Jäger in Bad Kissingen, 15. Juli 1892, in Gespräche III, S. 218.
162 John Lothrop Motley, Morton's Hope or the Memoirs of a Provincial, Bd. 2, hg. von Susan und Herbert St. John Mildmay, London/New York 1910, S. 164; zitiert nach Steinberg, S. 63.
163 Nipperdey, Deutsche Geschichte 1866–1918, Band II, S. 66.
164 Forckenbeck im preußischen Abgeordnetenhaus, 24. September 1862.
165 Horst Kohl (Hg.): Die politischen Reden des Fürsten Bismarck 1847–1897, Bd. II, Stuttgart 1892–1905, S. 30, zitiert nach Pflanze I, S. 187.
166 Ebd., S. 81.
167 GW VII, S. 140, zitiert nach Pflanze I, S. 321.
168 Ebd., S. 211.
169 Ebd., S. 210f.
170 Eyck, S. 76.

171 Pflanze I, S. 824, Fn. 33.
172 Ludwig Bamberger: Bismarck posthumus, Berlin 1899, S. 18, S. 22f.
173 Tischgespräch in Friedrichsruh, 5. Januar 1891, zitiert nach Kühn, S. 16f.
174 Zuerst in Friedrich Nietzsche: Morgenröte, Chemnitz 1881; Nietzsche plante auch ein Werk unter dem Titel »Der Wille zur Macht«, das er aber nicht vollendete.
175 Rede Schieders, 14. November 1962, in *Historische Zeitschrift*, 196 (1963), S. 320.
176 *Der Tag*, 10. September 1914.
177 Hans Joachim Schoeps: Was ist der Mensch?, Göttingen 1960.
178 »Bismarck – Ich ängstige mich«, *Der Spiegel*, Nr. 14/1965.
179 Bismarck an Johanna, 28. April 1851, zitiert nach Pflanze I, S. 66.
180 Bismarck an Johanna, 20. Juli 1864, zitiert nach Kühn, S. 202.
181 Tischgespräch in Ferrières, 28. September 1870, in GW VII, S. 361.
182 Baumgarten, S. 15.
183 Herbert von Bismarck (Hg.): Fürst Bismarcks Briefe an seine Braut und Gattin, Stuttgart 1900, S. 2.
184 Hans Rothfels (Hg.): Bismarck-Briefe, Göttingen 1955, S. 30.
185 Tischgespräch in Friedrichsruh, 5. Januar 1891, in Max Bewer: Bei Bismarck, Dresden 1891, zitiert nach Kühn, S. 16f.
186 Reiners, S. 38.
187 Ebd., S. 18.
188 Reinold von Thadden-Trieglaff: War Bismarck Christ?, Hamburg 1950, S. 24f.
189 Bismarck an den Bruder, 31. Januar 1847, in GW XIV, S. 50, zitiert nach Engelberg I, S. 237f.
190 Reinold von Thadden-Trieglaff: War Bismarck Christ?, Hamburg 1950, S. 25.
191 Ebd., S. 4.
192 Ludwig Bamberger: Bismarck posthumus, Berlin 1899, S. 19.
193 Pflanze I, S. 67.
194 Ernst Engelberg: »Der Staat war saturiert, der Gründer noch hungrig« (Rezension der Bismarck-Biographie von Otto Pflanze) in *Frankfurter Allgemeine Zeitung*, 14. Oktober 1997.

195 Bismarck an Hans von Kleist-Retzow, 4. Juli 1851, in Joachim von Muralt: Bismarcks Verantwortlichkeit, Göttingen 1955, S. 89 f.
196 Graf Alexander Keyserling: Ein Lebensbild aus seinen Briefen und Tagebüchern, Bd. 2, Berlin 1902, S. 598, zitiert nach Kühn, S. 172.
197 Klein-Hattingen, Bd. 2, S. 175 f.
198 Thomas Stamm-Kuhlmann: »Der Mantel der Geschichte. Die Karriere eines unmöglichen Zitats«, in Thomas Stamm-Kuhlmann u. a. (Hg.): Geschichtsbilder. Festschrift für Michael Salewski zum 65. Geburtstag, Stuttgart 2003, S. 214 ff.
199 Erich Marcks: »Nach den Bismarcktagen. Eine biographische Betrachtung«, in *Biographische Blätter*, 1895.
200 Paul Liman: Fürst Bismarck nach seiner Entlassung, Berlin 1904, S. 3.
201 Arnold Oskar Meyer: Bismarcks Glaube. Nach neuen Quellen aus dem Familienarchiv, München o. J., S. 64.
202 Besonders der Kieler Theologe Otto Baumgarten: Bismarcks Glaube, Tübingen 1915.
203 Zitiert nach Pflanze I, S. 95.
204 Ebd.
205 Ebd., S. 96.
206 Bismarck an Johanna, 3. Mai 1851, in GW XIV, S. 208.
207 Bismarck an Johanna, 28. April 1851, in ebd., S. 206.
208 Engelberg I, S. 367 f.; Steinberg, S. 160 f.
209 Bismarck an Johanna, 24. September 1862, zitiert nach Kühn, S. 192 f.
210 Steinberg, S. 464 ff.
211 GW X, S. 90, zitiert nach Pflanze I, S. 94 f.
212 GW XIV, S. 538.
213 Pflanze I, S. 785.
214 Ebd., S. 741 f.
215 Engelberg II, S. 97 ff.
216 Pflanze I, S. 741 ff.; Steinberg, S. 471.
217 Eyck, S. 266 ff.; GuE, S. 461 ff.
218 Pflanze II, S. 368 f.
219 Steinberg, S. 655.
220 Pflanze II, S. 315 ff.

221 Zitiert nach Röhl, S. 339.
222 Zitiert nach Steinberg, S. 644.
223 GW XIV, S. 464.
224 Heinrich von Poschinger: »Aus den Denkwürdigkeiten von Heinrich von Kusserow«, in *Deutsche Revue*, Nr. 33/1908, S. 270, zitiert nach Pflanze I, S. 866f., Fn. 45.
225 Zitiert nach Steinberg, S. 522f.
226 Christian Jansen: »Otto von Bismarck. Modernität und Repression, Gewaltsamkeit und List. Ein absolutistischer Staatsdiener im Zeitalter der Massenpolitik«, in Frank Möller (Hg.): Charismatische Führer der deutschen Nation, München 2004, S. 68.
227 Christoph von Tiedemann: Sechs Jahre Chef der Reichskanzlei unter dem Fürsten Bismarck, Leipzig 1909, S. 495f.
228 Ebd., S. 222, Tagebucheintrag vom 22. Januar 1878, zitiert nach Steinberg, S. 475f.
229 Christoph von Tiedemann: Sechs Jahre Chef der Reichskanzlei unter dem Fürsten Bismarck, Leipzig 1909, S. 484, zitiert nach Pflanze I, S. 566.
230 Ebd., S. 567.
231 Pflanze II, S. 332.
232 Zitiert nach ebd., S. 358.
233 Ebd., S. 335.
234 Ebd., S. 359ff.
235 Bismarck zu dem Verleger Anton Memminger, 16. August 1890, in GW IX, S. 82.
236 Pflanze II, S. 436.
237 Zitiert nach Pflanze I, S. 558.
238 Zitiert nach ebd., S. 549.
239 Ebd., S. 548.
240 Stern, S. 170f.; Pflanze I, S. 593.
241 Bismarck an seinen Bruder Bernhard, 6. Juli 1867, zitiert nach Ulrich Küntzel: Die Finanzen großer Männer, Wien/Düsseldorf 1964, S. 479.
242 Pflanze I, S. 580ff.
243 Ebd., S. 548.
244 Ulrich Küntzel: Die Finanzen großer Männer, Wien/Düsseldorf 1964, S. 506.

245 Pflanze I, S. 592.
246 Ulrich Küntzel: Die Finanzen großer Männer, Wien/Düsseldorf 1964, S. 501.
247 Theodor Fontane: Briefe. Hg. von Otto Drude u.a. München 1976–1994, Bd. 4, S. 81 f.
248 Zitiert nach Frank-Lothar Kroll: »Fontane und Bismarck«, www.berliner-lesezeichen.de.
249 Theodor Fontane und Martha Fontane. Ein Familienbriefnetz. Hg. von Regina Dieterle, Berlin/New York 2002, S. 465.

Erfolge

250 Pflanze I, S. 82.
251 Reinhold von Thadden-Trieglaff, in Gespräche I, S. 12.
252 Jürgen Luh: Der Große. Friedrich II. von Preußen, München 2011, S. 9.
253 Pflanze I, S. 82.
254 Zitiert nach Hans-Ulrich Wehler: Deutsche Gesellschaftsgeschichte, Bd. 2, München 1987, S. 131.
255 Hans-Ulrich Wehler: »Der Aufstieg des deutschen Nationalismus 1815–1890«, in ders.: Land ohne Unterschichten? Neue Essays zur deutschen Geschichte, München 2010, S. 49 ff.
256 GW XV, S. 199.
257 Steinberg, S. 342.
258 Pflanze I, S. 80.
259 Robert von Keudell, S. 33, zitiert in Gespräche I, S. 31 f.
260 GW X, S. 39.
261 Bismarck an seine Frau, 16. September 1849, in GW XIV, S. 143.
262 Bismarck an seine Frau, 28. August 1849, in ebd., S. 134, zitiert nach Pflanze I, S. 83.
263 Rede am 6. September 1849, in Bismarck-Reden I, S. 110 ff., zitiert nach ebd.
264 Winkler, Der lange Weg nach Westen, Bd. 1, S. 125.
265 Heidemarie Anderlik: »Der Diplomat«, in DHM, S. 207.
266 Kolb, S. 30.
267 Engelberg I, S. 355; Gall, S. 122.

268 Horst Kohl (Hg.): Bismarck-Jahrbuch, Bd. 3, Berlin 1896, S. 415, zitiert nach Engelberg I, S. 359.
269 GW XIV, S. 181 f., zitiert nach Pflanze I, S. 86.
270 GuE, S. 95.
271 Ebd.
272 GW X, S. 103.
273 Winkler, Der lange Weg nach Westen, Bd. 1, S. 126.
274 GuE, S. 96.
275 Steinberg, S. 154.
276 Bismarck an Ludwig von Gerlach, 8. Juli und 6. September 1850, zitiert nach Gall, S. 132.
277 Zitiert nach ebd., S. 134.
278 Eyck, S. 37.
279 GuE, S. 262 f.
280 Pflanze I, S. 98 f.
281 Ebd., S. 100 f.
282 Ebd., S. 101.
283 Eyck, S. 40.
284 Pflanze I, S. 109.
285 Bismarck an Otto von Manteuffel, 13. Februar 1856, in GW II, S. 120.
286 GW II, S. 142; GW XIV, S. 441, zitiert nach Pflanze I, S. 109.
287 Zitiert nach Beatrice Heuser: Clausewitz lesen!, München 2005, S. 72.
288 Pflanze I, S. 140 ff.
289 Ebd., S. 142 f.
290 Ebd., S. 143.
291 Eyck, S. 52 f.
292 Gespräche I, S. 49 ff.
293 Pflanze I, S. 149 f.
294 Engelberg I, S. 509.
295 Zitiert nach Heidemarie Anderlik/Burkhard Asmuss/Hartwin Spenkuch: »›Eisen und Blut‹ – Der deutsche Weg zum Nationalstaat«, in DHM, S. 243 f.
296 Eyck, S. 61.
297 Ebd., S. 29.
298 Gall, S. 274 ff.
299 Zitiert nach Engelberg I, S. 517.

300 GuE, S. 246.
301 Keudell, S. 110, zitiert nach Engelberg I, S. 525.
302 GuE, S. 247.
303 Zitiert nach Gall, S. 248.
304 Ebd.
305 Horst Kohl (Hg.): Bismarck-Briefe 1836–1872, Bielefeld/Leipzig 1897, S. 316.
306 Pflanze I, S. 187.
307 Max Cornicelius (Hg.): Heinrich von Treitschkes Briefe, Bd. 2, Leipzig 1914, S. 238.
308 Zitiert nach Eyck, S. 73.
309 Zitiert nach Pflanze I, S. 185.
310 GuE, S. 559 f.
311 Eyck, S. 64, S. 70.
312 Gall, S. 257 f.
313 Pflanze I, S. 181.
314 GuE, S. 345.
315 Engelberg II, S. 514.
316 Ebd., S. 513.
317 GuE, S. 302; Gall, S. 334; Engelberg I, S. 541.
318 Steinberg, S. 274 f.
319 Eyck, S. 80.
320 GuE, S. 344.
321 Bismarckbriefe 1836–1872, S. 334; Eyck, S. 100.
322 Ebd., S. 115.
323 Herbert von Bismarck an Erich Marcks, 1. November 1902, zitiert nach Engelberg I, S. 553 f.
324 Zitiert nach Pflanze I, S. 265.
325 Eyck, S. 120 ff.
326 Roon an Blanckenburg, 1. August 1865, zitiert nach Steinberg, S. 322.
327 Bohuslav Graf von Chotek an Außenminister Alexander Graf von Mensdorff-Pouilly, 12. August 1865, zitiert nach Stern, S. 323.
328 Bismarck an Eulenburg, 18. August 1865, zitiert nach Steinberg, S. 323.
329 Ebd., S. 328 f.
330 Pflanze I, S. 297.

331 Ebd., S. 298.
332 Roon an Moritz von Blanckenburg, 26. März 1866, in Waldemar Graf von Roon: Denkwürdigkeiten aus dem Leben des Generalfeldmarschalls Kriegsministers Grafen von Roon, Breslau 1892, S. 400.
333 Bismarck an Roon, 27. März 1866, ebd., S. 401.
334 Steinberg, S. 331.
335 Friedrich Wilhelm an Schweinitz, 1. April 1866, zitiert nach ebd., S. 332.
336 Ebd., S. 333.
337 Ebd., S. 334.
338 Eyck, S. 142.
339 Zitiert nach ebd., S. 142 f.
340 *The Spectator*, 14. April 1866.
341 Kleist an Ludwig von Gerlach, 10. April 1866, zitiert nach Steinberg, S. 335.
342 *Neue Preußische Zeitung*, 8. Mai 1866 (die Zeitung wurde jeweils bereits am Nachmittag des Vortages verkauft), zitiert nach ebd., S. 337.
343 Zitiert nach Gerd Fesser: »Warten auf Fritz«, in *Die Zeit*, 21. August 1992.
344 Zitiert nach Volker Ullrich: Fünf Schüsse auf Bismarck. Historische Reportagen, München 2002, S. 41.
345 Zitiert nach Gall, S. 416.
346 Julius H. Schoeps: Bismarck und sein Attentäter, Zürich/München 1998; Volker Ullrich: »Fünf Schüsse auf Bismarck«, in *Die Zeit*, 23.7.1998.
347 GuE, S. 299.
348 Keudell, S. 261.
349 Jakob von Gerlach (Hg.): Ernst Ludwig von Gerlach. Aufzeichnungen aus seinem Leben und Wirken, Schwerin 1903, Bd. 2, S. 287, zitiert nach Dagmar Bussiek: »›Mit Gott für König und Vaterland!‹. Die *Neue Preußische Zeitung (Kreuzzeitung)* 1848–1892«, Münster 2002, S. 199 f.
350 Ebd., S. 200.
351 Ebd., S. 200, Fn. 872.
352 Rusconi, S. 130.
353 Dagmar Bussiek, ›Mit Gott für König und Vaterland!‹. Die

Neue Preußische Zeitung (Kreuzzeitung) 1848–1892«, Münster 2002, S. 201.
354 Steinberg, S. 348.
355 Eyck, S. 159 f.
356 GW VII, S. 136, zitiert nach Keudell, S. 291.
357 Bismarck zum britischen Gesandten Lord Loftus, 15. Juni 1866, zitiert nach Steinberg, S. 344, und Eyck, S. 159, der dazu anmerkt: »Niemand, der Bismarck kennt, wird bezweifeln, dass er in der Tat eine Niederlage nicht überlebt hätte.«
358 Eyck, S. 164 f.
359 Schlie, S. 11.
360 Pflanze I, S. 318 f.
361 Eyck, S. 170.
362 Friedrich Ferdinand Beust: Aus drei Viertel-Jahrhunderten, Bd. 2, Stuttgart 1887, S. 117.
363 Zitiert nach Eyck, S. 186.
364 Tischgespräch am 22. September 1870 in Ferrières, Tagebuchaufzeichnung von Moritz Busch, in Gespräche I, S. 305.
365 Engels an Bebel, 18. November 1884, zitiert nach Winkler, Der lange Weg nach Westen, Bd. 1, S. 184.
366 Ebd., S. 185 f.
367 Zitiert nach Haffner, Im Schatten der Geschichte, S. 39.
368 Pflanze I, S. 335.
369 Ebd., S. 345 ff.
370 Henry A. Kissinger: »Der weiße Revolutionär. Gedanken über Bismarck«, in *Merkur*, Heft 273, 1971.
371 Zitiert nach Haffner, Von Bismarck zu Hitler, S. 37 f.
372 Bismarck an Georg von Werthern, den preußischen Gesandten in München, 26. Februar 1869, zitiert nach Pflanze I, S. 457.
373 Ebd., S. 453.
374 Steinberg, S. 392.
375 Eyck, S. 220.
376 Zitiert nach Steinberg, S. 396; Pflanze I, S. 471.
377 Zitiert nach Hellmut Diwald: Szenen der Geschichte: ein Querkopf braucht kein Alibi, Berlin 1991, S. 147.
378 Jhering an Julius Glaser, 1. Mai 1866, in Helene Ehrenberg (Hg.): Rudolf von Jhering in Briefen an seine Freunde, Leipzig 1913, S. 196.

379 Jhering an Bernhard Windscheid, 19. August 1866, ebd., S. 206.
380 Jhering an Oskar von Bülow, 5. August 1870, zitiert nach Eberhard Kolb: Der Weg aus dem Krieg. Bismarcks Politik im Krieg und die Friedensanbahnung 1870/71, München 1989, S. 114.
381 Marie-Louise von Plessen: »Reichsgründung im Krieg«, in DHM, S. 312.
382 Steinberg, S. 400.
383 GW XVI, S. 785, zitiert nach Pflanze I, S. 477.
384 GW VIb, S. 469 f., VII, S. 344 ff., XIV, S. 793, zitiert nach Pflanze I, S. 479.
385 GW VIb, S. 504, VII, S. 373, zitiert nach Pflanze I, S. 479.
386 Zitiert nach Engelberg I, S. 735 f.
387 Bismarck an den preußischen Botschafter in London, Albrecht von Bernstorff, 21. August 1870, zitiert nach Gall, S. 507.
388 Pflanze I, S. 481.
389 Engelberg I, S. 751 ff.; Pflanze I, S. 498 ff.
390 Pflanze I, S. 434 ff.
391 GuE, S. 312.
392 Werthern an Bismarck, 19. November 1870, zitiert nach Hermann Rumschöttel: Ludwig II. von Bayern, München 2011, S. 62 ff.
393 GuE, S. 311.
394 Pflanze I, S. 503.
395 GuE, S. 426.
396 Bismarck an seine Frau, 12. Dezember 1870, zitiert nach Engelberg I, S. 755.
397 Pflanze I, S. 506.
398 Oberstleutnant Paul Bronsart von Schellendorff, Eintrag vom 17. Januar 1871, zitiert nach Hagen Schulze, »Versailles«, in Etienne François/Hagen Schulze (Hg.): Deutsche Erinnerungsorte, Bd. 1, München 2002, S. 411.
399 Ebd.
400 Bismarck an seine Frau, 21. Januar 1871, in GW XIV, S. 810.
401 Ullrich, Die nervöse Großmacht, S. 19.
402 Engelberg II, S. 51.
403 GuE, S. 431.
404 Zitiert nach Ullrich, Die nervöse Großmacht, S. 21.

405 Josef Becker: »›Provozierter Defensivkrieg‹ 1870, ›Emser Legenden‹ und ›Sybel-Syndrom‹ in der Bismarck-Historiographie«, in *Forschungen zur Brandenburgischen und Preußischen Geschichte*, Band 21, Heft 1 (2011).
406 Bismarck bei einem Tischgespräch in Varzin, 21. Oktober 1877, zitiert nach Kühn, S. 217.
407 Gall, S. 168; Eberhard Kolb: »Großpreußen oder Kleindeutschland? Zu Bismarcks deutscher Politik im Reichseinigungsjahrzehnt«, in Kunisch, S. 13.

Widersprüche

408 Brief von Marx und Friedrich Engels an den Ausschuss der Sozialdemokratischen Arbeiterpartei, 2. August 1870, und Marx: Zweite Adresse des Generalrats über den Deutsch-Französischen Krieg an die Internationale Arbeiterassoziation, 6.–9. September 1870, in Karl Marx/Friedrich Engels: Werke (MEW), Bd. 17, Berlin/DDR 1962, S. 268 f.
409 Joseph Jules Marquis de Gabriac: »Souvenirs diplomatique« in *Revue des deux mondes*, 1896, zitiert nach Heinrich von Poschinger: Fürst Bismarck und die Diplomaten 1852–1890, Berlin 1900, S. 379.
410 Zitiert nach Haffner, Von Bismarck zu Hitler, S. 56.
411 Pflanze I, S. 761.
412 Dehio, S. 13.
413 George E. Buckle: The Life of Benjamin Disraeli, New York 1920, V, S. 133 f., zitiert nach Pflanze I, S. 760.
414 Von Bismarck verfasste und verlesene Kaiserproklamation, 18. Januar 1871, zitiert nach Adolf Matthias: Bismarck. Sein Leben und sein Werk, Nachdruck Bremen 2013, S. 346.
415 Haffner, Von Bismarck zu Hitler, S. 13.
416 Zitiert nach Eyck, S. 240 f.
417 Moritz Busch: Tagebuchblätter, Leipzig 1899, III, S. 57.
418 GW VIII, S. 87.
419 Runderlass Bismarcks an die Kaiserlichen Missionen, 24. August 1871, zitiert nach Steinberg, S. 451.
420 Zitiert nach Eyck, S. 238.

421 Buchmann, S. 7.
422 Zitiert nach Pflanze I, S. 771.
423 Eyck, S. 244f.; Pflanze I, S. 772.
424 Winifred Taffs: »Conversations between Lord Odo Russell and Andrássy, Bismarck and Gorchakov in September 1872«, zitiert nach David Clay Large: Berlin. Biographie einer Stadt, München 2002, S. 51.
425 Engelberg II, S. 95.
426 Nikolaas Japikse: Europa und Bismarcks Friedenspolitik. Die internationalen Beziehungen von 1871 bis 1890, Berlin 1927, S. 29ff., zitiert nach Pflanze I, S. 772f.
427 Zitiert nach Gall, S. 590.
428 Zitiert nach Gordon A. Craig: Deutsche Geschichte 1866–1945, München 1980, S. 126.
429 Zitiert nach Josef Joffe: »Ein Daueranfall von Paktomanie. Bismarck und die deutsche Außenpolitik«, in Hilke Günther-Arndt u.a. (Hg.): Geschichtsbuch. Von der Antike bis zum Ende des 19. Jahrhunderts, Berlin 1995, S. 240ff.
430 Eyck, S. 245.
431 Bismarck an den deutschen Botschafter in Wien, Hans Lothar Schweinitz, 4. Juni 1873, zitiert nach Pflanze I, S. 775.
432 *Provincial-Correspondenz*, 12. August 1874; zitiert nach Eyck, S. 245.
433 Japikse, S. 36ff.; zitiert nach Pflanze I, S. 777.
434 Pflanze I, S. 778.
435 Ebd., S. 784.
436 Steinberg, S. 485.
437 Zitiert nach Schöllgen, Jenseits von Hitler, S. 20.
438 Pflanze II, S. 142.
439 Bernd Jürgen Wendt: »Bismarcks Außenpolitik von 1871 bis 1890«, Vortrag am 20. Oktober 1999 in Hamburg, Manuskript.
440 *Punch*, 4. Mai 1878.
441 Zitiert nach Ullrich, Bismarck, S. 100.
442 Bismarck an Reuß, 29. November 1862, zitiert nach Gall, S. 591.
443 Bismarck im Reichstag, 5. Dezember 1876. Zitiert nach Gregor Schöllgen: Die Macht in der Mitte Europas, S. 32.

444 Ebd.
445 Gall, S. 591 f.
446 Pflanze II, S. 148.
447 Diktat Bismarcks, 6. September 1875, in Immanuel Geiss: Das Deutsche Reich und die Vorgeschichte des Ersten Weltkriegs, München/Wien 1978, S. 90.
448 Telegramm des deutschen Militärbevollmächtigten in St. Petersburg, Bernhard von Werder, an das Auswärtige Amt in Berlin, 1. Oktober 1876, zitiert nach Pflanze II, S. 150.
449 Zitiert nach Schöllgen, Die Macht in der Mitte Europas, S. 33.
450 Ebd., S. 34.
451 Ebd.
452 Pflanze II, S. 151.
453 Bernd Jürgen Wendt: »Bismarcks Außenpolitik von 1871 bis 1890«, Vortrag am 20. Oktober 1999 in Hamburg, Manuskript, S. 5.
454 Institut für Auswärtige Politik in Hamburg (Hg.): Die Auswärtige Politik des Deutschen Reiches 1871–1914, Bd. 1, Berlin 1928, S. 58 f.
455 Winkler, Geschichte des Westens, Bd. 1, S. 865.
456 Diktat Bismarcks, 2. November 1878, zitiert bei Max Müller: Die Bedeutung des Berliner Kongresses für die deutsch-russischen Beziehungen, Leipzig 1927, S. 83.
457 Zitiert nach Bernd Jürgen Wendt: »Bismarcks Außenpolitik von 1871 bis 1890«, Vortrag am 20. Oktober 1999 in Hamburg, Manuskript, S. 8.
458 Zitiert nach Pflanze I, S. 766 f.
459 Ullrich, Die nervöse Großmacht, Kindle Edition, ohne Seitenangabe.
460 GuE, S. 213.
461 Pflanze II, S. 233; Steinberg, S. 532 ff.
462 Eyck, S. 334.
463 Robert Lucius von Ballhausen: Bismarck-Erinnerungen, Stuttgart 1920, S. 177 ff., zitiert nach Gespräche II, S. 288 f.
464 Schöllgen, Jenseits von Hitler, S. 27.
465 Zitiert nach Bernd Jürgen Wendt: »Bismarcks Außenpolitik von 1871 bis 1890«, Vortrag am 20. Oktober 1999 in Hamburg, Manuskript, S. 10.

466 George F. Kennan: The Decline of Bismarck's European Order. Franco-Russian Relations, Princeton 1979, S. 36, zitiert nach Buchmann, S. 19.
467 Marx-Engels-Gesamtausgabe (MEGA) I/31, Berlin 2002, S. 609.
468 Schöllgen, Die Macht in der Mitte Europas, S. 37.
469 Mann, S. 457.
470 Ebd., S. 458.
471 Johannes Ziekursch: Politische Geschichte des neuen deutschen Kaiserreiches, 3 Bände, Frankfurt am Main 1925–1930, zitiert nach Engelberg II, S. 349.
472 Schöllgen, Jenseits von Hitler, S. 30f.
473 Mann, S. 459.
474 Pflanze I, S. 370.
475 Denkwürdigkeiten des Botschafters General v. Schweinitz, Bd. 2, Berlin 1917, S. 404.
476 Philip Bauer: »Der Erste Weltkrieg«, http://www.blz.bayern.de/blz/web/erster_weltkrieg/1.html, besucht am 22.9.2014.
477 24. Oktober 1870 in GW VII, S. 384, zitiert nach Horst Gründer: Geschichte der deutschen Kolonien, Paderborn 1985, S. 55.
478 Heinrich von Poschinger: Fürst Bismarck und die Parlamentarier, Bd. 3, Breslau 1896, S. 54.
479 Winfried Baumgart: »Bismarcks Kolonialpolitik«, in Kunisch, S. 141ff.
480 Hans-Ulrich Wehler: Bismarck und der Imperialismus, Köln 1976, S. 422.
481 Leonore Koschnick: »›Zu neuen Ufern‹. Koloniale Erwerbungen«, in DHM, S. 435f.
482 Norman Rich/Max Henry Fisher (Hg.): Die geheimen Papiere Friedrich von Holsteins, Bd. 2: Tagebuchblätter, Göttingen 1957, S. 174, zitiert nach Horst Gründer: Geschichte der deutschen Kolonien, Paderborn 1985, S. 61.
483 Helmuth Plessner: Die verspätete Nation, Stuttgart 1959. Zuerst unter den Titel: Das Schicksal deutschen Geistes im Ausgang seiner bürgerlichen Epoche, Zürich 1935.
484 Vgl. Ulrich Noack: Bismarcks Friedenspolitik und das Problem des deutschen Machtverfalls, Leipzig 1928.
485 Gall, S. 713f.

486 Zitiert nach ebd., S. 715.
487 Winfried Baumgart: »Bismarcks Kolonialpolitik«, in Kunisch, S. 146.
488 Gall, S. 715 f.
489 Engelberg II, S. 370 f.
490 Müller, S. 66 f.
491 Norman Rich/Max Henry Fisher (Hg.): Die geheimen Papiere Friedrich von Holsteins, Bd. 2: Tagebuchblätter, Göttingen 1957, S. 174.
492 Eyck, S. 347 f.
493 Bismarck auf einen Brief Friedrich Wilhelms vom 3. September 1863, zitiert nach Gall, S. 790.
494 Horst Gründer: Geschichte der deutschen Kolonien, Paderborn 1985, S. 57.
495 Norman Rich/Max Henry Fisher (Hg.): Die geheimen Papiere Friedrich von Holsteins, Bd. 2: Tagebuchblätter, Göttingen 1957, S. 64.
496 Der Erlass wurde von den Bismarck-Apologeten, die seine Gesammelten Werke herausgaben, unterschlagen; entdeckt wurde er 1956 von dem englischen Historiker William Norton Medlicott, veröffentlicht in ders.: Bismarck, Gladstone, and the Concert of Europe, London 1956, S. 341 ff.
497 Hans-Ulrich Wehler: Bismarck und der Imperialismus, Köln/Berlin 1969, S. 364.
498 Bismarck zu dem englischen Schriftsteller Sidney Whitman, Mitte Oktober 1891 in Varzin, in Gespräche III, S. 169.
499 Baumgart, S. 86.
500 Engelberg II, S. 508.
501 Winkler, Der lange Weg nach Westen, Bd. 1, S. 256.
502 Friedrich von Holstein: Die geheimen Papiere, Bd. 1: Erinnerungen und politische Denkwürdigkeiten, Göttingen 1956, S. 126.
503 Zitiert nach Baumgart, S. 87.
504 Walter Bußmann (Hg.): Staatssekretär Graf Herbert von Bismarck. Aus seiner dienstlichen Privatkorrespondenz, Göttingen 1964, Nr. 303.
505 Nils Freytag: »Zum Stand der Bismarckforschung« in Nils Freytag/Dominik Petzold (Hg.): Das »lange« 19. Jahr-

hundert. Alte Fragen und neue Perspektiven, München 2007, S. 158 f.
506 Wehler, S. 977.
507 Bismarck an Hatzfeldt, 3. Februar 1887, zitiert nach Schöllgen, Die Macht in der Mitte Europas, S. 40.
508 Mann, S. 458.
509 Christian Wipperfürth: Von der Souveränität zur Angst. Britische Außenpolitik und Sozialökonomie im Zeitalter des Imperialismus, Stuttgart 2004, S. 382.

Fehler

510 Pflanze I, S. 710.
511 Ebd., S. 696.
512 Zitiert nach ebd., S. 701 f.
513 Ebd., S. 694.
514 Ebd., S. 699.
515 Leitartikel vom 19. Juni 1871, zitiert nach Gall, S. 545.
516 Erlass an den bayerischen Gesandten beim Heiligen Stuhl, Karl Graf von Tauffkirchen-Guttenberg, 30. Juni 1871, in GW VI c, S. 9, zitiert nach Gall, S. 545.
517 Moritz Busch: Tagebuchblätter, Bd. 2, Leipzig 1899, S. 589, zitiert nach Engelberg II, S. 119.
518 Zitiert nach Steinberg, S. 286.
519 Pflanze I, S. 711.
520 Zitiert nach Steinberg, S. 441.
521 Mühler an Victor Graf von Schwerin, Mitglied des preußischen Herrenhauses, zitiert nach ebd., S. 441 f.
522 Erich Foerster: Adalbert Falk. Sein Leben und Wirken als Preußischer Kultusminister, Gotha 1927, S. 75.
523 Stephan Skalweit: »Falk, Paul Ludwig Adalbert«, in Neue Deutsche Biographie, Bd. 5 (1961), S. 6.
524 Nipperdey, Deutsche Geschichte 1866–1918, Bd. II, S. 371 f.
525 Mann, S. 423.
526 Steinberg, S. 444.
527 Margaret Lavinia Anderson: Windthorst. Zentrumspolitiker und Gegenspieler Bismarcks, Düsseldorf 1988, S. 159.

528 Der ehemalige hannoversche General und Kriegsminister Eberhard von Brandis zu dem britischen Diplomaten Robert Morier, 13. Februar 1872, zitiert nach Steinberg, S. 446.
529 Engelberg II, S. 132.
530 Besier, S. 23 ff.
531 Pflanze I, S. 718.
532 Engelberg II, S. 139 f.
533 Russell an Lord Granville, 18. Oktober 1872, zitiert nach Steinberg, S. 460.
534 Bismarck, 13. Januar 1974, in Gespräche II, S. 85.
535 Steinberg, S. 461.
536 http://www.koelner-dom.de/index.php?id=18933, besucht am 22.9.2014.
537 Zitiert nach Pflanze I, S. 716.
538 Ebd., S. 884, Fn. 95.
539 Ebd., S. 570 f.
540 Ebd., S. 565, S. 572.
541 Ebd., S. 747.
542 Christoph von Tiedemann: Sechs Jahre Chef der Reichskanzlei unter dem Fürsten Bismarck, Leipzig 1910, S. 14 ff., zitiert nach ebd., S. 753.
543 Zitiert nach ebd., S. 754.
544 Gall, S. 615.
545 Ebd., S. 627 ff.
546 Ebd., S. 644.
547 Pflanze II, S. 256 f.
548 Mann, S. 441.
549 Bismarck zu Heinrich von Sybel und Christoph Tiedemann, 25. Januar 1875, in Gespräche II, S. 125.
550 Nipperdey, Deutsche Geschichte 1866–1918, Bd. 2, S. 382.
551 Zum Beispiel in einem Brief an Friedrich Engels, 3. Februar 1865. MEGA III. Abt. Bd. 13, Berlin 2002, S. 197.
552 Schmidt, S. 21 ff.
553 Steinberg, S. 504.
554 Engelberg II, S. 273; Pflanze II, S. 120.
555 Christoph von Tiedemann: Sechs Jahre Chef der Reichskanzlei unter dem Fürsten Bismarck, Leipzig 1910, S. 263, zitiert nach Steinberg, S. 505.

556 Zitiert nach Eyck, S. 301.
557 Ebd., S. 302 f.
558 Engelberg II, S. 274.
559 Ebd., S. 169.
560 Bismarck an Ludwig II. von Bayern, 12. August 1878, in GuE, S. 322.
561 Winkler, Der lange Weg nach Westen, Bd. 1, S. 219.
562 August Bebel: Aus meinem Leben, Bd. 2, Nachdruck Hamburg 2013, S. 185.
563 Engelberg II, S. 304.
564 Ebd., S. 307.
565 Zitiert nach ebd.
566 Theodor Mommsen: »Was uns noch retten kann«, in *Die Nation* Nr. 11/1902, S. 163 f.
567 Engelberg II, S. 303.
568 Zitiert nach ebd., S. 303 f.
569 Bismarck zu dem englischen Schriftsteller William Harbutt Dawson in Friedrichsruh, 18. April 1892, in Gespräche III, S. 188.
570 Franz Mehring: Geschichte der deutschen Sozialdemokratie, Bd. 4, Stuttgart 1913, S. 232.
571 Engelberg II, S. 412.
572 Gerhard Bäcker/Ernst Kistler: »Bismarcks Sozialgesetze«, http://www.bpb.de/politik/innenpolitik/rentenpolitik/141486/bismarcks-sozialgesetze, besucht am 22.9.2014.
573 Schmidt, S. 33.
574 Gall, S. 664.
575 Engelberg II, S. 311.
576 GW XII, S. 71.
577 Engelberg II, S. 314.
578 Pflanze II, S. 202.
579 GW XIV, S. 910.
580 Engelberg II, S. 319.
581 Eyck, S. 328.
582 Jürgen Malitz: »Auch ein Wort über unser Judentum«, in Josef Wiesehöfer (Hg.): Theodor Mommsen. Gelehrter, Politiker und Literat, Stuttgart 2005, S. 145; Otto Hartwig: Ludwig Bamberger, Bremen 2012, S. 63.

583 Bismarck zu August von Firks-Samiten, 1. April 1885, in GW VIII, S. 518, zitiert nach Pflanze II, S. 398.
584 Großherzog Friedrich I., 4. April 1878, zitiert nach Gall, S. 651.
585 Pflanze II, S. 302 ff.; Nipperdey: Deutsche Geschichte, Bd. 2, München 1992, S. 410.
586 Pflanze II, S. 330.
587 Bismarck in einem Gespräch mit Moritz Busch, 15. November 1881, in Tagebuchblätter III, S. 55 f., zitiert nach ebd., S. 331.
588 Bismarck zu Busch, in Tagebuchblätter III, S. 57 f.; Bismarck zu dem württembergischen Gesandten Hermann von Mittnacht, in GW VIII, S. 433 f., zitiert nach ebd., S. 336.
589 Ebd., S. 337, S. 357.
590 GW VIII, S. 514.
591 Denkwürdigkeiten des Botschafters General v. Schweinitz, Bd. 2, Berlin 1927, S. 317 f., zitiert nach Engelberg II, S. 437.
592 Eyck, S. 360 f.
593 Ebd., S. 356, S. 361.
594 Ebd., S. 363.
595 Ebd., S. 363; Pflanze II, S. 475 ff.
596 Ebd., S. 479 ff.
597 Eyck, S. 365; Steinberg, S. 580 f.; Hubert Wolf: »Politik aus dem Glauben?«, in *Frankfurter Allgemeine Zeitung*, 10. April 2012.
598 Zitiert nach Pflanze II, S. 481.
599 Robert Lucius von Ballhausen: Bismarck-Erinnerungen, Stuttgart 1920, S. 433, zitiert nach ebd., S. 526.
600 Ebd., S. 527.
601 Robert Lucius von Ballhausen, Bismarck-Erinnerungen, Stuttgart 1920, S. 457, zitiert nach Gall, S. 790.
602 GW VIII, S. 452 f., zitiert nach Pflanze II, S. 547.
603 Ebd., S. 541.
604 So kolportierte es der Hofprediger Adolf Stoecker in seinem »Scheiterhaufenbrief« vom 14. August 1888, zitiert nach Gall, S. 789.
605 Pflanze II, S. 561 f.
606 Zitiert nach ebd., S. 548.
607 Steinberg, S. 585.
608 Norman Rich/M. H. Fisher (Hg.): Die geheimen Papiere Fried-

rich von Holsteins, Bd. 1: Erinnerungen und politische Denkwürdigkeiten, Göttingen 1956, S. XLI, S. 126

609 Zitiert nach DHM, S. 460.
610 Röhl, S. 290.
611 Zitiert nach Pflanze II, S. 568.
612 Ebd., S. 571.
613 Engelberg II, S. 543.
614 Pflanze II, S. 574 f.; Engelberg II, S. 544.
615 Engelberg II, S. 560.
616 Zitiert nach Steinberg, S. 607.
617 Engelberg II, S. 523 f., Gall, S. 809.
618 Pflanze II, S. 595.
619 Steinberg, S. 610.
620 Engelberg II, S. 559.
621 Holstein an Philipp zu Eulenburg, 27. Januar 1890, zitiert nach Steinberg, S. 610.
622 Robert Lucius von Ballhausen, Tagebucheintrag vom 24. Januar 1890, zitiert nach ebd.
623 Ebd.
624 Gall, S. 808; Pflanze II, S. 601 f.
625 Aus dem Briefwechsel des Generalfeldmarschalls Alfred Grafen von Waldersee, hrsg. von Heinrich Otto Meisner. Stuttgart 1928, Bd. 1., zitiert nach http://germanhistorydocs.ghi-dc.org/docpage.cfm?docpage_id=1110&language=german, besucht am 22. September 2014.
626 Engelberg II, S. 561.
627 Bismarck zu dem preußischen Finanzminister Adolf von Scholz, 7. Februar 1890, in Gespräche II, S. 573 f.
628 Leonore Koschnick: »Mythos zu Lebzeiten. Bismarck als nationale Kultfigur«, in DHM, S. 455.
629 Pflanze II, S. 604 f.
630 Steinberg, S. 612.
631 Ebd.
632 »Die Papiere des Herrn von Holstein. Glanz und Niedergang des Bismarck-Reichs neu entdeckt im Nachlaß seiner Grauen Eminenz«, *Der Spiegel*, 25. September 1957, http://www.spiegel.de/spiegel/print/d-41758654.html, besucht am 22.9.2014.
633 Pflanze II, S. 612; Steinberg, S. 614 f.

634 Zitiert nach Engelberg II, S. 570.
635 Pflanze II, S. 612.
636 Steinberg, S. 615.
637 Zitiert nach ebd., S. 616.
638 Wilhelm II. zu Philipp zu Eulenburg, zitiert nach ebd.
639 GW VI c, S. 435 ff. Zitiert nach http://www.germanhistorydocs.ghi-dc.org/docpage.cfm?docpage_id=2906&language=german, besucht am 22.9.2014.
640 Zitiert nach John C. G. Röhl: Wilhelm II., Bd. 2, München 2001, S. 361.
641 Steinberg, S. 619.
642 Tagebuch der Baronin Hildegard von Spitzemberg, Eintragung vom 6. März 1891, zitiert nach ebd., S. 627.
643 Zitiert nach Pflanze II, S. 647.
644 Zitiert nach DHM, S. 466.
645 Machtan: Bismarcks Tod, S. 66.

Mythos

646 Robert Lucius von Ballhausen: Bismarck-Erinnerungen, Stuttgart 1920, S. 525, zitiert nach Steinberg, S. 623.
647 Ludwig Bamberger: Bismarcks großes Spiel, Frankfurt a.M. 1932, S. 446.
648 Pflanze II, S. 623.
649 Engelberg II, S. 572; Pflanze II, S. 614.
650 Pflanze I, S. 120.
651 Zitiert nach Engelberg II, S. 572.
652 Zitiert nach Johannes Bühler: Vom Bismarck-Reich zum geteilten Deutschland, Berlin 1960, S. 150 f.
653 Hank, S. 190; Pflanze II, S. 790 f., Fn. 67.
654 Gall, S. 837.
655 Pflanze II, S. 615, S. 617.
656 Theodor Fontane an Georg Friedlaender, 1. Mai 1890, zitiert nach Ullrich, Bismarck, S. 120.
657 Engelberg II, S. 583 f.; Gall, S. 824.
658 Max Weber: Parlament und Regierung im neugeordneten Deutschland, Berlin 1918 (Nachdruck 2011), S. 13.

659 Pflanze II, S. 626.
660 Gerwarth, S. 24, S. 206, Fn. 17; Hank, S. 217 ff.
661 Mann, S. 491.
662 Pflanze II, S. 688.
663 Gerwarth, S. 22.
664 Zitiert nach ebd., S. 93.
665 Paul Liman: Fürst Bismarck nach seiner Entlassung, Berlin 1904, S. 127, zitiert nach Gerwarth, S. 22.
666 Sieglinde Seele: Lexikon der Bismarck-Denkmäler, Petersberg 2005.
667 Entgegen der Ansicht von Wehler, S. 999.
668 Max Weber: Politik als Beruf, München 1919, S. 507.
669 Christian Jansen: »Otto von Bismarck. Modernität und Repression, Gewaltsamkeit und List. Ein absolutistischer Staatsdiener im Zeitalter der Massenpolitik«, in Frank Möller (Hg.): Charismatische Führer der deutschen Nation, München 2004, S. 65.
670 Marcus A. König: Rezension von Frank Möller (Hg.): Charismatische Führer der deutschen Nation, in *Sehepunkte* Nr. 4/2005, www.sehepunkte.de/2005/04/7873.html, besucht am 27.6.2014.
671 Jacob Burckhardt: Briefe, Bd. 5, S. 184, zitiert nach Gerwarth, S. 25.
672 Bülow im Reichstag, 6. Dezember 1897.
673 *Alldeutsche Blätter*, 1. April 1895, zitiert nach Gerwarth, S. 23.
674 Pflanze II, S. 655 f.
675 Gall, S. 838.
676 Zitiert nach Pflanze II, S. 656.
677 GuE, S. 7.
678 Gall, S. 837.
679 Ernest Hamburger: Juden im öffentlichen Leben Deutschlands, Tübingen 1968, S. 286.
680 Ludwig Bamberger: Bismarck posthumus, S. 5, zitiert nach Gerwarth, S. 31 f.
681 Pflanze II, S. 661 f.
682 Maximilian Harden: »Bismarck«, in *Die Zukunft*, 6. August 1898, zitiert nach Machtan, Bismarcks Tod, S. 33.

683 Alfred Kerr: Wo liegt Berlin? Briefe aus der Reichshauptstadt, hg. von Günther Rühle, Berlin 1997, S. 407, zitiert nach ebd., S. 9.
684 Gerwarth, S. 30f.
685 Machtan, Bismarck und der deutsche National-Mythos, S. 15.
686 Gerwarth, S. 25.
687 Friedrich Naumann: »Die Bismarcklegende«, in *Die Hilfe*, V (1899), 6. August 1899, zitiert nach ebd., S. 33.
688 Max Weber: »Bismarcks Erbe in der Reichsverfassung« und »Die Erbschaft Bismarcks« in Gesammelte Schriften, S. 242 und S. 311ff., zitiert nach Gerwarth, S. 40.
689 Zitiert nach Gall, S. 820.
690 Gerwarth, S. 36f.
691 Richard Lewinsohn: »Die Bismarck-Legende«, in *Die Weltbühne*, 13. Januar 1921, 17. Jg., S. 33ff.
692 Hermann Kantorowicz: Bismarcks Schatten, Freiburg 1921, S. 5, zitiert nach Gerwarth, S. 74.
693 Hermann Kantorowicz: »The New German Constitution in Theory and Practice«, in *Economica*, No. 19/1927, S. 37ff.
694 Zitiert nach »Die Papiere des Herrn von Holstein. Glanz und Niedergang des Bismarck-Reichs neu entdeckt im Nachlaß seiner Grauen Eminenz«, *Der Spiegel*, 25. September 1957, http://www.spiegel.de/spiegel/print/d-41758654.html, besucht am 22. September 2014.
695 Mann, S. 494.
696 Rudolf Walther: »Zwingherr zur Deutschheit«, in *Die Zeit*, 2. Dezember 1994.
697 Erich Marcks: »Bei Bismarck 1893«, in Gespräche III, S. 299.
698 Seit 2004 gibt die Otto-von-Bismarck-Stiftung sukzessive eine »Neue Friedrichsruher Ausgabe« heraus, die die Einseitigkeiten und Verzerrungen der alten korrigiert.
699 Zitiert nach Volker Ullrich: Das erhabene Ungeheuer. Napoleon und andere historische Reportagen, München 2008, S. 54f.
700 Walter Goetz: »Die deutsche Geschichtsschreibung der Gegenwart«, in *Die deutsche Nation*, 1. November 1924.
701 Gerwarth, S. 66f.
702 Ebd., S. 58f.
703 Ebd., S. 14f.

Personenregister